N. Wecklein

Aeschylus Prometheus

N. Wecklein

Aeschylus Prometheus

ISBN/EAN: 9783741168093

Hergestellt in Europa, USA, Kanada, Australien, Japan

Cover: Foto ©Andreas Hilbeck / pixelio.de

Manufactured and distributed by brebook publishing software (www.brebook.com)

N. Wecklein

Aeschylus Prometheus

AESCHYLUS
PROMETHEUS

NEBST DEN BRUCHSTÜCKEN

DES

ΠΡΟΜΗΘΕΥΣ ΛΥΟΜΕΝΟΣ

FÜR DEN SCHULGEBRAUCH ERKLÄRT

VON

N. WECKLEIN.

LEIPZIG,
DRUCK UND VERLAG VON B. G. TEUBNER.
1872.

VORWORT.

Die Erklärung und allgemeine Auffassung des Aeschylischen Prometheus gipfelt in der Erkenntniss des religiösen Charakters und des inneren Zusammenhangs der trilogischen Composition. Darum betrachtete ich es als meine Hauptaufgabe diese vielbehandelte Frage einer neuen und eingehenden Untersuchung zu unterziehen und soweit es möglich ist zur Entscheidung zu bringen. Dabei habe ich mich überzeugt, dass Schömann in seinen ausgezeichneten Abhandlungen das richtige Princip gezeigt, bei der Durchführung des Princips aber den sicheren Standpunkt verloren hat. Die Ueberlieferung musste sorgfältiger berücksichtigt, die Andeutungen des Dichters die unabsichtlichen wie die absichtlichen genauer beobachtet, die Zwecke und Mittel seines Schaffens gründlicher verfolgt werden. Dass dieses freilich mir in ausreichender Weise gelungen sei, wage ich nicht zu hoffen. Die ausführlichere Begründung der entscheidenden Punkte habe ich in meinen Studien zu Aeschylus, Berlin, W. Weber gegeben.

Im Commentare habe ich eine allseitige Erklärung des Stückes angestrebt, eine durchgängige grammatische und sachliche Erläuterung und die Erörterung des Zusammenhangs, wo es geboten schien. Manche werden vielleicht die eine oder andere grammatische Bemerkung für überflüssig halten; mir war es um die genaue Darlegung des tragischen und Aeschylischen Sprachgebrauchs zu thun. Bei einer Schulausgabe musste ich natürlich von dem forterbenden Eigenthum der Ausgaben in Citaten und Parallelstellen Gebrauch machen; ich hoffe auch meinen schuldigen Beitrag geliefert zu haben. Bei diesen Stellenangaben von Schütz, Blomfield, Schoemann, Dindorf u. a. und bei solchen grammatischen Bemerkungen, die nicht das Eigenthum eines einzelnen sind, hielt ich es nicht für nöthig besonders Namen anzugeben; bei eigentlich selbstständigen

Gedanken und Ansichten aber habe ich mich dem herkömmlichen Gebrauch der Schulausgaben nicht anschliessen können; die Angabe der Autorschaft (im Text der Anmerkungen oder im Anhang) dürfte auch weiteren Studien förderlich sein. — Das Zusammensuchen, die Auswahl und Ordnung der sachlichen Erklärungen, welche für einzelne Particeen dieses Stückes besonders nothwendig sind, war nicht der leichteste Theil der Arbeit. — Wenn ich die Gliederung des Dialogs und der Reden durch den Druck kenntlich gemacht habe, so soll damit nicht eine künstliche, sondern eine natürliche Symmetrie hervorgegangen aus einem feineren Gefühl für Ebenmaass und Form angezeigt sein. Darum tritt neben der Regelmässigkeit auch die Unregelmässigkeit hervor.

Für die Kritik des Textes habe ich meine Grundsätze in meinen Studien zu Aeschylus dargelegt. Im Anhange wurden auch solche Emendationsversuche erwähnt, welche ich durchaus nicht billige, wenn sie nur als das Werk eindringlichen Studiums erschienen; denn jede geistige Thätigkeit enthält eine Anregung. Halt- und gehaltlose Vermuthungen habe ich bei Seite gelassen. Wahrscheinliche Ergänzungen sind durch ⟨ ⟩, offenbare Interpolationen durch [ ] von dem anderen Texte geschieden.

Was ich habe erreichen wollen, ist gesagt; wieviel ich erreicht habe, werden andere anders beurtheilen als ich. Hier habe ich nur noch den Herren Prof. H. Brunn und W. Christ für einzelne Andeutungen meinen besten Dank zu sagen.

München, im November 1871.

Der Verfasser.

Einleitung.

I. Die Prometheussage vor Aeschylus.

Wunderbar ist für den im Naturzustande lebenden Menschen die Gewinnung des Feuers, wenn der niederfahrende Blitz einen Baum entzündet oder wenn einem Holze durch Reiben der glänzende Funke entlockt wird. Wunderbar wird die Wirkung des Feuers, dieser Himmelskraft, welcher der Mensch dankt, was er bildet, was er schafft. Im Besitze des Feuers und mit der Kenntniss sich seiner zur Bereitung der Nahrung und zu Gewerb- und Kunstbetrieb zu bedienen erhebt sich die Menschheit aus dem rohen Naturzustande zu einem cultivierten und verfeinerten Leben. Der Uebergang zur Selbständigkeit, zum bewussten Handeln, die gewonnene Möglichkeit, sich durch eigene Klugheit und Vorsicht vor Noth und Elend zu wahren, die Erhöhung des Wohlstandes und der Einsicht — alles das führt einen Bruch mit den bisherigen beschränkten, ängstlichen und an ein enges Dasein gebundenen Anschauungen herbei; was man früher nur von göttlicher Gnade erwartete und durch Opfer zu erbitten hoffte, glaubt man jetzt durch eigene Kunst und Geschicklichkeit erlangen zu können. So knüpft sich an diesen Uebergang von dem Naturzustande zur Cultur die Vorstellung von einem titanischen Streben der Menschen Gott gleich zu sein, von einer Verkürzung der Götter zu Gunsten der Sterblichen, von Trotz und Empörung gegen die Gottheit.

Diese Gedanken und Beobachtungen liegen in allmähliger Ausbildung dem vielgestaltigen Prometheusmythus zu Grunde. Der Ursprung dieser Sage reicht in die Zeit des Zusammenlebens der indogermanischen Völker hinauf.*) Das Feuer fährt entweder im Blitze vom Himmel auf die Erde nieder und entzündet einen Baum, einen feuerfangenden Strauch oder es wird durch Reiben gewonnen; das erstere ist das ursprüng-

---

*) Vgl. Ad. Kuhn, die Herabkunft des Feuers und des Göttertranks. Berlin 1859. Dazu G. Curtius Grundzüge der griech. Etymologie S. 918³.

lichere und gibt die Grundlage des Mythus. In der alten indischen Sage kommt Agni, das zum Gotte gewordene Feuer, den Menschen vom Himmel herab; er wird, da er von der Erde verschwunden, durch Mâtariçvan von den Göttern zurückgeholt und den Bhṛgu's gegeben oder aus einer Höhle von den Bhṛgu's her entzündet oder auch von den Bhṛgu's selbst geholt und unter die Menschen versetzt; die Bhṛgu's aber sind die „leuchtenden, glänzenden", die Blitze (von bhrāǵ φλέγω, fulgeo). Wenn Agni selbst Mâtariçvan genannt wird, so liegt dem die ursprüngliche Vorstellung zu Grunde, dass das Feuer im Blitze von selber auf die Erde niederfährt. Ein häufiger Beiname des Agni ist Pramati d. i. Vorsorge, vorsehende Klugheit. — Gewonnen aber wurde das Feuer in alter Zeit durch quirlende Drehung eines Holzstückes in der Nabe eines Rades oder einer Scheibe, wie noch jetzt in Indien das reine heilige Feuer entzündet wird. Der Drehstab hiess pramanthas (von math, manth, mathâmi, umdrehen, quirlen), welches Wort in dem ursprünglichen Begriff von Προμηθεύς enthalten ist (bei den Thuriern gab es einen Zeus Προμανθεύς Lycophr. 537). — Durch Verbindung und Vermengung dieser Vorstellungen von der Entstehung des Feuers wird der „Feuerreiber" Προμηθεύς zum Agni Pramati und Mâtariçvan, der Feuerreiber zum vorsorglichen Feuerholer (πυρφόρος), welcher einen feuerfangenden Strauch am Feuer des Himmels entzündet und auf die Erde bringt. So bildet sich der griechische Begriff des „Fürsorgers" Prometheus von unbestimmter mehr bloss übermenschlicher als göttlicher Natur und unbestimmter Abstammung, welcher mit dem Ferulstengel (νάρθηξ vergl. unten zu V. 109) das Feuer von dem Sonnenwagen oder von dem Heerde des Zeus oder auch aus der Feueresse des Hephästos für die Menschen raubt und so Stifter der menschlichen Cultur wird. —

Als reiner Culturgott in friedlichem Vereine mit Hephaestos und Athena erscheint Prometheus in dem attischen Cultus. Zwischen der Stadt und dem Κολωνὸς ἵππιος, welcher dem Poseidon heilig war und dem athenischen Töpferquartiere, dem Kerameikos, den trefflichen Thon zu den weithin berühmten und gesuchten Vasen lieferte, lag der heilige Hain des alten Heros Akademos, die Akademie, wo Prometheus mit Hephaestos und Athena zugleich verehrt wurde. Es stand dort in dem geweihten Raume der Göttin Athena eine alte Bildsäule und ein Altar des Prometheus und am Eingange waren auf einem Sockel Prometheus und Hephaestos zusammen dargestellt, Prometheus als der erstere und ältere Gott, mit dem Scepter in der Rechten, Hephaestos als der zweite und jüngere; auf dem nämlichen Sockel war ein gemeinschaftlicher Altar beider abgebildet. Dem Prometheus zu Ehren wurden alljährlich die

EINLEITUNG.

Προμήθεια gefeiert mit einem Fackelwettlaufe von der Akademie zur Stadt (λαμπαδηφορία, λαμπαδηδρομία), wobei die Fackeln am Altare des Prometheus angezündet wurden und es galt im Laufe den anderen zuvorzukommen ohne die Fackel erlöschen zu lassen (schol. zu Soph. O. C. 56, Paus. I 30, 2). Den Poseidon, dem der Kolonos heilig war, und den Prometheus, den Gott des Wassers und den Gott des Feuers, nennt zusammen Soph. O. Col. 54:

χῶρος μὲν ἱερὸς πᾶς ὅδ᾽ ἔστ᾽· ἔχει δέ νιν
σεμνὸς Ποσειδῶν ἠδ᾽ ὁ πυρφόρος θεὸς
Τιτὰν Προμηθεύς. —

Schon in der indischen Sage kennzeichnet den Bhṛgu ein Zug übermüthiger Kraft, das Vorbild für die Schilderung der den Dhṛgu's gleichstehenden Phlegyer (von φλέγω), ἀνδρῶν ὑβριστάων, οἳ Διὸς οὐκ ἀλέγοντες ἐπὶ χθονὶ ναιετάασκον ἐν καλῇ βήσσῃ Κηφισίδος ἐγγύθι λίμνης (Homer. hymn. II 100 ed. Baumeister). Ganz mit sittlichen Reflexionen und zweckvollen Ergänzungen versetzt tritt uns der Prometheusmythus in der hesiodischen Dichtung (Theogonie 535 ff., Werke und Tage 47 ff.) entgegen. Hier spricht sich eine Art bäuerliche Anschauung von der Cultur aus, welche den Menschen zur Widersetzlichkeit gegen die Gottheit verleitet und zur Strafe das Uebel in die Welt gebracht habe. In der Theogonie wird der Mythus in folgender Weise erzählt: Als sich die Götter und sterblichen Menschen zu Mekone (Sikyon) auseinandersetzten — also zur Zeit, wo mit der Herrschaft des Zeus die Sonderung der Götter und Menschen eintrat und die patriarchalische Gemeinschaft derselben, wie sie unter Kronos bestanden, aufhörte*) —, suchte der gewandte und verschlagene Prometheus, der Sohn des Titanen Iapetos und der Klymene, der Bruder des starkmüthigen Atlas, des hochstrebenden Menoitios und des unklugen Epimetheus, bei der Theilung eines Opferstieres den Sinn des Zeus zu berücken: auf die eine Seite als Theil der Menschen legte er das Fleisch und die fetten Eingeweide, wickelte sie in die Haut und legte den Rindsmagen darüber; auf die andere Seite für Zeus kamen die weissen Knochen, künstlich aufgehäuft und mit gleissendem Fette umhüllt. Zeus stellte ihn wegen der ungleichen Theile zur Rede, Prometheus aber schelmisch lächelnd hiess Zeus wählen. Zeus durchschaute den Trug und ahnte Schlimmes für die sterblichen Menschen, was auch in Erfüllung gehen sollte: er hob mit beiden Händen das Fett auf und erzürnte gewaltig, als er die weissen Knochen darunter erblickte. Zur Strafe wurde den Menschen das Feuer vorenthalten; der Sohn des Iapetos aber, der ihnen gut war, täuschte den Zeus und

---

*) Vgl. Schömann, die hesiodische Theogonie. S. 209.

stahl des Feuers fernstrahlenden Glanz in einem hohlen Ferulstengel. Dafür sandte Zeus den Menschen ein Uebel: er liess durch Hephästos das Weib aus Erde bilden und durch Athene mit allen Reizen schmücken; dann gab er den Menschen das schöne Uebel; denn von dem Weibe stammt das Geschlecht der Frauen, welche als grosses Wehe unter den sterblichen Männern wohnen den Drohnen des Bienenstocks vergleichbar. Der gütige Prometheus aber wurde zur Lehre, dass des Zeus Sinn nicht zu hintergehen sei, an eine Säule gefesselt, indem die Fesseln mitten durch die Säule getrieben wurden (vgl. unten zu V. 64). Dann sandte Zeus einen Adler, welcher dem Prometheus die unsterbliche Leber abfrass; des Nachts wuchs soviel nach, als der Vogel den Tag über verzehrte. Den Adler tödtete Herakles*) und befreite den Sohn des Iapetos von seiner Noth, nicht gegen den Willen des Zeus, auf dass des Herakles Ruhm sich mehre auf der weiten Erde. — Nach den Ἔργα καὶ Ἡμέραι verbirgt Zeus das Feuer, weil Prometheus ihn getäuscht; Prometheus aber entwendet es wieder heimlich dem Zeus. Zur Strafe sendet Zeus die von allen Göttern mit Gaben ausgestattete Pandora**) zu Epimetheus, welcher sie

---

*) Ein Gemälde, auf welchem der noch gefesselte Prometheus mit seinem Befreier Herakles dargestellt war, sah der Periegete Pausanias (V 11 § 2) in dem Tempel des Zeus zu Olympia. Auf der unten zu V. 64 erwähnten Vase entsendet Herakles in halb knieender Stellung hinter dem gepfählten Prometheus seine Pfeile auf den auf Prometheus zufliegenden krummschnabeligen Adler. Prometheus streckt seine zusammengebundenen Hände abwehrend dem Vogel entgegen. Hinter dem Adler steht ein bärtiger Beobachter einen Stab in der Linken haltend. Achilles Tatius III 8 beschreibt ein Gemälde, auf welchem Prometheus dargestellt war mit zusammengezogenen Augenbrauen und Lippen, mit halboffenem Munde, das linke Bein krampfhaft hinunterstreckend, den rechten Schenkel an sich ziehend, halb auf Herakles blickend, welcher mit Bogen und Speer bewaffnet im Begriff ist den Pfeil zu entsenden, halb auf den Vogel, der auf den Schenkel des Prometheus gestützt in dessen Bauch wühlt um die Leber zu suchen. Dieser Beschreibung entspricht ungefähr die Darstellung eines Pompejanischen Wandgemäldes (Zahn, Ornamente II Taf. 80), auf welchem Prometheus in aufrechter Stellung an einem hohen Felsengeklüfte mit beiden Armen angeklammert ist; auf dem etwas vorgebeugten rechten Fusse sitzt der Adler, der seinen Schnabel an die Brust des Prometheus setzt; unten in der Ebene steht Herakles und legt den Bogen auf den Adler an. In ähnlicher Weise ist die Befreiung des Prometheus auf einem Sarkophag des Capitol. Museums und auf dem Wandgemälde eines Columbariums (Jahn, die Wandgemälde des Columbariums in der Villa Pamfili, Taf. I 8) vorgestellt. Auf dem letzteren Bilde hängt Prometheus mit ausgebreiteten angeklammerten Armen an einer Felsenwand, den linken Fuss auf ein Felsenstück gestützt. Der Adler steht rechts neben ihm und während er die linke Kralle an den rechten Fuss des Prometheus setzt, zerfleischt er ihm die Brust und Blut träufelt herab. Dem anlegenden Herakles zeigt die dahinterstehende Göttin Athena das Ziel und bürgt dafür, dass der Pfeil nicht den Prometheus, sondern den Adler treffe.

**) Der Mythus von Pandora ist auf einer Prănestinischen Ciste

gegen die ausdrückliche Warnung seines Bruders aufnimmt und das Uebel erst merkte als er es hatte. Denn vordem lebten die Geschlechter der Menschen auf der Erde frei von Leiden und schwerer Plage, frei von todbringenden Krankheiten; das Weib aber nimmt den Deckel vom Fasse und es fliegen heraus und verbreiten sich über Land und Meer alle Krankheiten und Leiden; nur die Hoffnung bleibt darin, weil Pandora auf den Rath des Zeus den Deckel vorher zuwirft. — Diese beiden Darstellungen suchen zu erklären, wie das Uebel in die Welt gekommen. Ursprünglicher und naiver erscheint die Anschauung, dass sich mit der Verfeinerung der Lebensweise die schlimmen Folgen des Luxus eingestellt haben, als die andere, dass das Weib das Elend in die Welt gebracht habe; beide Anschauungen sind in den Ἔργα καὶ Ἡμέραι verbunden, in welchen Pandora nicht mehr die Stammmutter des menschlichen Geschlechts, sondern ein besonderes Gebilde für sich ist. Prometheus ist als Genius der Menschheit aufgefasst, welche sich durch einen Frevel gegen die Gottheit, indem sich Prometheus weiser dünkt als Zeus (vgl. unten V. 62), die Strafe der Gottheit und damit alle Noth und allen Jammer des Lebens zuzieht. Da Prometheus als Geber des Feuers auch Stifter des Brandopfers sein musste, so ergab sich aus der Beobachtung, dass bei den Opfern den Göttern nur der geringste Theil zufalle (Theog. 556

ἐκ τοῦ δ' ἀθανάτοισιν ἐπὶ χθονὶ φῦλ' ἀνθρώπων
καίουσ' ὀστέα λευκὰ θυηέντων ἐπὶ βωμῶν),

der motivierenden Dichtung die besondere Veranlassung für den Uebermuth des zu hoch strebenden Verstandes und der auf Kosten der alten ängstlichen Götterverehrung selbstständig den Nutzen und das Wohl der Menschen fördernden Intelligenz.

II. Die Prometheussage bei Aeschylus.

Prometheus, Sohn der Themis — des Vaters wird nirgends gedacht —, trat im Titanenkampfe mit seiner Mutter

(Monum. dell' Inst. arch. vol. VI tav. XXXIX vgl. R. Garucci in Annali dell' Inst. 1860 S. 99) in 5 Bildern dargestellt. In dem ersten zeigt Prometheus die entwendete Feuerflamme einer weiblichen Gestalt (Themis?); in dem zweiten reicht er das Feuer dem freudig überraschten Menschen, in dem dritten nimmt Pandora von Zeus das verhängnissvolle Gefäss (eine doppelhenkelige Schale mit hohem Deckel) entgegen; in dem vierten bietet Pandora das Gefäss dem Menschen dar, der sich voll Schrecken und Abscheu abwendet und das Geschenk mit der Hand entschieden abweist. In dem fünften ist Prometheus in schräger Stellung mit ausgebreiteten Händen und zusammengeklammerten Füssen an ein Felsengeklüfte angeschmiedet; an den Füssen steht der Adler voll Wuth und Schrecken nach Herakles umblickend, der dahinter schon mit der Keule ausholt um ihn zu erschlagen.

auf Seite des Zeus, weil er von Themis wusste, dass nicht die blosse Kraft und Stärke, sondern die schlauen Anschläge obsiegen werden, während die Titanen ohne Ueberlegung mit roher Gewalt dareinfuhren und des Prometheus' Rath zu kluger List schnöde abwiesen. Nachdem Kronos sammt den Titanen unter wesentlicher Beihülfe des Prometheus in den Tartarus gestürzt war, entstand bei der Ordnung und Einrichtung der neuen Herrschaft Zwiespalt zwischen Zeus und Prometheus, indem Zeus an Stelle des alten aus der Titanenzeit stammenden Menschengeschlechtes ein neues der neuen Zeit entsprechendes Geschlecht setzen wollte, Prometheus aber sich des alten Menschenstammes annahm und diesem noch blöden und stumpfsinnigen Geschlechte durch die Erweckung strebsamer Thätigkeit, durch die Gabe des den Göttern entwendeten Feuers, durch die Mittheilung jeglicher Kunst und Fertigkeit, überhaupt durch die Entwicklung des Denkens und Bewusstseins (V. 444) das Dasein nicht nur sicherte, sondern auch veredelte und froher machte. Aber die Zeit der Willkür und der Sonderbestrebungen ist vorüber, jedem ist sein Amt und sein Kreis bestimmt, eine allgemeine Weltordnung, an deren Spitze Zeus steht, ist begründet und der Einzelne muss sich dieser Ordnung fügen, mag sie auch im Vergleich zu der früheren Zeit als Unterdrückung des Eigenwillens und der persönlichen Selbstständigkeit (vgl. V. 149 ff.) erscheinen. Darum wird der eigenwillige (V. 543) Eingriff in die neue Ordnung der Dinge und die Auflehnung gegen den höchsten Herrn der Welt an Prometheus hart gestraft, um so härter, als die Herrschaft neu ist (vgl. zu V. 35) und deren Befestigung ein entschiedenes und kraftvolles Auftreten gegen jede Empörung nothwendig macht.

Die Diener des Zeus, deren Wesen der energischen und rücksichtslosen Wahrung der Ordnung entspricht, Kratos und Bia, schleppen Prometheus ans Ende der Welt in eine wüste Einöde des Scythenlandes, wo er von Hephästos an einen hohen Felsen in der Nähe des Meeres angeschmiedet wird. Diese harte Strafe erscheint dem Prometheus als die grösste Undankbarkeit, die Zeus gegen den treuen und starken Bundesgenossen in der Noth und Bedrängniss des Titanenkampfes, sie erscheint ihm als die ärgste Grausamkeit gegen denjenigen, der keine andere Schuld habe als die den Menschen Gutes gethan zu haben. Leicht kann so der gefolterte und starkmüthige Dulder das Gefühl und das Mitleid gewinnen und die Töchter des Okeanos*), gefühlvolle Wesen, welche aufge-

---

*) Auf einem Sarkophagrelief der Blundell'schen Sammlung (Engravings and etchings of the principal statues etc. in the collection of Henry Blundell Taf. 108) sind fünf Okeaniden dargestellt, von denen zwei

EINLEITUNG.

schrockt durch den Schall der Hammerschläge zu ihm kommen, klagen bitter über die Härte und Unbarmherzigkeit des neuen Gewalthabers im Olymp. — Aber Prometheus muss nicht bloss leiden, er kann auch handeln; denn er weiss ein Geheimniss, von dessen Kunde die Zukunft des Zeus abhängt; er weiss, dass Zeus eine Ehe mit Thetis beabsichtigen wird, aus der ein Sohn geboren werden soll mächtiger als sein Vater. Dieses Geheimniss gedenkt Prometheus zu benützen, um an seinem Peiniger bittere Rache zu nehmen. Zeus soll büssen und soll entweder sich demüthigen oder vom Throne stürzen wie Kronos vor ihm und Uranos vor Kronos. In diesem Gefühle dass der Tag der Abrechnung kommen werde nimmt Prometheus die Vermittlung des Okeanos, welcher zu ihm kommt und sich erbietet bei Zeus Fürbitte einzulegen, dass Prometheus wieder zu Gnaden aufgenommen werde, wenn er in sich gehe und sich eine neue Weltanschauung aneigne, nur mit mitleidigem Lächeln auf; er behandelt den Okeanos als einen geflügigen Schwächling, der blos auf seine eigene Sicherheit bedacht sei, der gern Ruhe habe, und lässt sich statt irgendwie an Nachgiebigkeit zu denken, in seinem Widerstand nur noch mehr bestärken. Dieser Widerstand wird zu leidenschaftlicher Heftigkeit gesteigert durch den Anblick der wahnsinnigen Io*), der Tochter des Inachos, welche von Zeus zur Gattin erkoren, aber von der Eifersucht der Hera verfolgt von Land zu Land und Meer

---

knieen und die vorderste in flehender Weise die Füsse des Hephaestos umfängt, der vor dem bereits angeschmiedeten Prometheus sitzt die Mütze auf dem Kopfe, den Hammer in der Rechten (vgl. Welcker, Alte Denkmäler III S. 197).

*) Die Sage von Io, der Tochter des argivischen Flussgottes Inachos, der von Zeus umworbenen Priesterin der argivischen Hera, welche von Hera aus Eifersucht in eine Kuh verwandelt, von dem hundertäugigen Argos bewacht, nach der Tödtung des Argos durch den Stich einer Bremse in die Irre getrieben wird, bis sie in Aegypten ihre ursprüngliche Gestalt wieder erhält und Mutter des Epaphos wird, — diese argivische Sage ist eine Vermengung physikalischer Vorstellungen und ägyptischer Ueberlieferungen, welche letzteren durch die in der Danaossage ausgesprochene frühzeitige Verbindung von Argos und Aegypten nach Argos gebracht wurden. Io ist nämlich ursprünglich der wandelnde Mond (Suid. unter Ἰώ· Ἰοῦς· οὕτω γὰρ τὴν σελήνην ἐκάλουν Ἀργεῖοι): das gewöhnliche Symbol des gehörnten Mondes ist eine Kuh; Io ist Priesterin der Hera, weil Hera die Königin des Himmels ist. Argos Panoptes ist der gestirnte Himmel (Macrob. sat. I 19, 12). Die Bahnen des wandelnden Mondes wurden vom Himmel auf die Erde verlegt und allmählig geographisch bestimmt. Die Motivierung und Weiterbildung der Sage ist das Werk der argivischen Volksdichtung, welche durch die Kunde von der ägyptischen Göttin Isis, die mit Hörnern dargestellt wurde (Herod. II 41 τὸ γὰρ τῆς Ἴσιος ἄγαλμα ἐὸν γυναικήϊον βούκερων ἐστι κατά περ Ἕλληνες τὴν Ἰοῦν γράφουσι), und von dem heiligen Apis, dessen Name in Ἔπαφος gräcisiert ist (Herod. II 153 ὁ δὲ Ἆπις κατὰ τὴν Ἑλλήνων γλῶσσάν ἐστι Ἔπαφος). angeregt worden war. Vgl. Preller Gr. Myth. II⁴ S. 38, E. Plew in Jahrb. f. Philol. 1870 S. 665.

zu Meer, von einer Schauder- und Schreckenscene zur andern gejagt wird. Obwohl Prometheus aus den Weissagungen seiner Mutter Themis weiss, dass Zeus das Geschick der Io zu gutem Ende führen werde und dass aus der Nachkommenschaft des Zeus und der Io sein eigener Retter hervorgehen solle, so drängt doch die Leidenschaft jegliche Ueberlegung zurück, Prometheus sieht nur Gewaltthätigkeit und wird masslos in seinem Grimm und seiner Rachsucht; seine Schuld ist voll: die Heftigkeit seiner Schmährede fordert die Ahndung des Zeus heraus; Hermes erscheint und verlangt unter harter Drohung die Kundgabe des Geheimnisses, auf welches Prometheus übermüthig pocht. Hermes wird mit Hohn und Spott abgefertigt und es erfüllt sich seine Drohung: unter Blitz und Donner und dem Aufruhr aller Elemente wird Prometheus mitsammt dem Felsen, von welchem er umklammert ist, in die Tiefe geschleudert und so seine ausgelassene Rede erstickt (Schluss des Προμηθεὺς δεσμώτης). —

Nach langer, langer Zeit steigt der Felsen, an welchem Prometheus hängt, wieder an die Oberwelt auf die Höhe des Kaukasus empor. Der innere Groll des Titanen ist geblieben; zur Strafe erscheint ein Adler alle drei Tage und hackt ihm die Leber (den Sitz der Leidenschaft) aus, die immer wieder nachwächst. Prometheus, welcher früher darauf trotzte, dass er als unsterblicher Gott von Zeus nicht getödtet werden könne, sehnt sich nach dem Tode (s. unten III. Fragment des Προμηθεὺς λυόμενος). Er ist durch Pein und Schmerz „mürbe gemacht" (V. 512) und für eine Vermittlung ganz anders gestimmt und empfänglich als dazumal für das Anerbieten des Okeanos. Zeus aber hat im Laufe der Zeit die Titanen aus dem Tartarus entlassen und sich mit Kronos ausgesöhnt. So ist der Fluch des Kronos (V. 910) von ihm genommen und die Schuld getilgt, welche seiner Herrschaft noch anhaftete und ihrem Fortbestehen Gefahr drohte. Die Titanen kommen selbst zu Prometheus (s. 1. Fragment) und geben ihm Zeugniss von Versöhnung und Frieden. Zeus hat in freiem Entschlusse die Titanen aus der Haft entlassen; seine Herrschaft ist festgegründet, sie hat keine Empörung zu fürchten; Zeus kann jetzt auch, ohne seiner Würde etwas zu vergeben, dem Prometheus, dessen Trotz gebrochen ist, die Hand zur Versöhnung bieten (σπεύδων σπεύδοντι V. 192). Die Bedingung der Versöhnung ist die Offenbarung des Geheimnisses, welches nur noch eine formelle Bedeutung hat, da ihm durch die Versöhnung zwischen Zeus und Kronos der innere Grund entzogen ist. Es kommt ein Vertrag zu Stande, nach welchem Prometheus das Geheimniss kundgibt, nachdem Zeus versprochen hat ihn von seinen Fesseln zu befreien*)..

---

*) Bei Philodemus περὶ εὐσεβείας (Gomperz Herkulanische Studien.

Prometheus hat erreicht, was er wollte: Zeus hat äusserlich betrachtet zuerst nachgegeben. Aber es ist eben nur äusserlich erreicht ohne Demüthigung für Zeus und schon offenbart sich dem unbefangenen Blicke das Wesen des Zeus als das unendlich höhere und edlere. Der erste Schritt zur Versöhnung ist gethan: das Hinderniss, welches im Wege lag, ist weggeräumt. Die Vermittlungsrolle dabei hatte wahrscheinlich Gäa, die Mutter der Titanen, und wie vorher (im gefesselten Prometheus) mit dem fehlschlagenden Vermittlungsversuche des Okeanos die Zunahme der Erbitterung beginnt, so ist jetzt die Abnahme des Grolles eingetreten*) und wie zur Vollenduug der Erbitterung das Auftreten der Io dient, so ist die Person des Herakles im höchsten Grade geeignet das Werk der Versöhnung zum Ziele zu führen. Herakles wird geschickt von Zeus (mittitur Hercules ut aquilam interficiat Hygin. fab. 54) und tödtet den Adler (s. V. und VI. Fragment), jedoch nicht ohne ein Sühnopfer für nothwendig zu erachten. Herakles hatte nämlich unvorsichtiger Weise den Kentauren Chiron durch einen giftigen Pfeil verwundet und die einzige Erlösung von den qualvollen Schmerzen der unheilbaren Wunde war der Tod. Die Schmerzen, die dieser Gott unverdienter Weise erleidet, bietet Herakles dem Zeus als Ersatz für die verdienten Schmerzen des Prometheus und den bereitwilligen Tod des Chiron als Sühne für die Schuld des Gefesselten**). Auf diese Weise wird feierlich und nachdrucksvoll ausgesprochen, dass Prometheus im Unrecht sei; derjenige, der vorher äusserlich als Sieger gelten konnte, ist jetzt innerlich gedemüthigt und zur Erkenntniss seiner Schuld gebracht. Alles stellt sich in anderem Lichte dar als ehedem. Wie ganz anders erscheint

---

II. S. 41) heisst es: καὶ τὸν Προμηθέα λύεσθαι ποιεῖ Αἰσχύλος ὅτι τὸ λόγιον ἐμήνυσεν τὸ περὶ Θέτιδος ὡς χρεὼν εἴη τὸν ἐξ αὐτῆς γεννηθέντα κρείττω κατασκευάσαι ἀρχήν. Hygin. fab. 54 fide data (von Juppiter) monet (Prometheus) Jovem, ne cum Thetide concumberet.

*) In dem Personenverzeichnisse des Prom. in der Mediceischen Handschrift folgen auf Ὠκεανὸς noch die Namen Γῆ, Ἡρακλῆς. Da Herakles bestimmt im gelösten Prometheus eine Rolle hat, so ist die Vermuthung von Stanley sehr annehmbar, dass die beiden Namen aus dem ursprünglich nebenanstehenden Personenverzeichnisse des gelösten Prom. herrühren. Das Zusammenbringen der beiden Verzeichnisse lag aber dann sehr nahe, wenn auch im zweiten Ἑρμῆς am Schlusse stand, so dass die Personen der beiden Stücke sich wahrscheinlich ebenso entsprachen wie die Scene der Io und des Herakles:
Okeaniden, Okeanos Vater der Okeaniden, Io, Hermes
Titanen, Ge Mutter der Titanen, Herakles, Hermes.

**) Vgl. V. 1026—1029 mit Apollod. II 5, 4, 5 ἀνίατον δὴ ἔχων (Χείρων) τὸ ἕλκος εἰς τὸ σπήλαιον ἀπαλλάσσεται κἀκεῖ τελευτῆσαι βουλόμενος καὶ μὴ δυνάμενος ἐπείπερ ἀθάνατος ἦν, ἀντιδόντος δὲ Διὶ Προμηθείαν τὸν ἀντ' αὐτοῦ γενησόμενον ἀθάνατον οὕτως ἀπέθανεν und ebd. 11, 10 παρέσχε (Ἡρακλῆς) τῷ Διὶ Χείρωνα θνήσκειν ἀθάνατον ἀντ' αὐτοῦ θέλοντα.

jetzt die Liebe des Zeus zur Io? Stammt ja von ihr der Wohlthäter des Menschengeschlechtes, das Musterbild aufopfernder Heldentugend. Wir können von der Ehe des Zeus und der Io sagen, was ein Dichter (Hes. Scut. Herc. 27) von der Liebe des Zeus zur Alkmene sagt: „der Vater der Götter und Menschen sann auf anderen Plan, auf dass er den Göttern und betriebsamen Menschen einen Abwehrer des Verderbens (ἀρῆς ἀλκτῆρα) erzeuge". Io musste viel leiden, aber es durfte sie am Ende nicht reuen, da sie gewürdigt wurde die Stammmutter des hohen Geschlechtes zu werden. „Wer war es, singen die Töchter des Danaos Suppl. 571, wer war es, der endlich zur Ruhe brachte die vielumhergetriebene unglückliche bremsenverfolgte Io? Der in alle Ewigkeit herrschende Zeus, der hat das vollbracht.... Denn wer hätte sonst der arglistigen Irrsal der Hera ein Ziel gesetzt? Das war das Werk des Zeus". Wie Io, muss auch Herakles, bis er zur Ruhe eingeht in die selige Wohnung und die blühende Hebe als Gattin empfängt (Pind. Nem. I 69), unsägliche Beschwerden erdulden; Prometheus schildert ihm, wie früher der Io, alle die Gefahren und Mühsale, welche er auf der Wanderung zu den Hesperiden zu bestehen haben werde (s. VII—IX. Fragment) und giebt ihm unter anderem den Rath, nicht selbst die Aepfel der Hesperiden zu holen, sondern den Atlas dahin zu schicken, dem er so lange die Last des Himmels abnehmen solle*). — Zeus also ist es, der alles zum Guten führt. Das muss Prometheus erkennen und muss jetzt nach dem einst verschmähten Rathe des Okeanos eine neue Anschauung sich zurecht legen. Die Unterwerfung und Demüthigung, welche durch die Annahme einer Stellvertretung ausgesprochen ist, wird besiegelt bei der Lösung vom Felsen, die vielleicht nicht mehr von Herakles, sondern im Auftrage des Zeus von Hermes vollzogen wird. Als freiwillige Busse nämlich setzt Prometheus den Kranz von Keuschlamm (λύγος), einer Weidenart, welche zum Fesseln diente, auf das Haupt und gebietet den Menschen, für welche er gelitten, diesen Kranz als Entgelt für seine Fesseln zu tragen**). Zu der Busse und Demüthigung also, zu welcher

---

*) Apollod. II 5, 11, 11 ὡς δὲ ἧκεν (Ἡρακλῆς) εἰς Ὑπερβορέους πρὸς Ἄτλαντα εἰκόντος Προμηθέως (sicher bei Aeschylus) τῷ Ἡρακλεῖ αὐτὸν ἐπὶ τὰ μῆλα μὴ πορεύεσθαι, διαδεξάμενον δὲ Ἄτλαντος τὸν πόλον ἀποστέλλειν ἐκεῖνον. Hiedurch gewinnt auch die Schilderung der Qual des Atlas Prom. 347 und 425 eine Beziehung auf das folgende Stück.
**) Athen. XV p. 674 D Αἰσχύλος δ' ἐν τῷ λυομένῳ Προμηθεῖ σαφῶς φησιν ὅτι ἐπὶ τῇ τιμῇ τοῦ Προμηθέως τὸν στέφανον περιτίθεμεν τῇ κεφαλῇ ἀντίποινα τοῦ ἐκείνου δεσμοῦ, καίτοι ἐν τῇ ἐπιγραφομένῃ Σφιγγὶ εἰπών „τῷ δὲ ξένῳ γε στέφανον, ἀρχαῖον στέφος δεσμῶν ἄριστος ἐκ Προμηθέως λόγος" und p. 672 E ἱστορεῖται .. θεσπίσαι τὸν Ἀπόλλωνα ποινὴν αὐτοὺς (τοὺς Κᾶρας) ἀποδοῦναι τῷ θεῷ δι' ἑαυτῶν ἑκούσιον καὶ χωρὶς δυσχεροῦς συμφορᾶς, ἣν ἐν τοῖς ἔμπροσθεν χρόνοις

EINLEITUNG. 11

Prometheus einst den Zeus zu zwingen gedachte (ποινὰς τίνειν
V. 176), versteht sich Prometheus am Ende selbst.

III. Dramaturgie.

Solange man den *Προμηθεὺς δεσμώτης* als ein einzelnes
für sich bestehendes Stück betrachtete oder den inneren Zu-
sammenhang desselben mit dem *Προμηθεὺς λυόμενος* ausser
Acht liess, konnte das tief im Hintergrunde stehende Recht
des Zeus verkannt und durch die Gefühl wie Interesse gefangen
nehmenden Reden des Prometheus verdunkelt werden: man
glaubte, der Dichter habe in Zeus das abschreckende Bild eines
leidenschaftlichen, willkürlichen, grausamen, despotischen Ty-
rannen, in Prometheus das anziehende und begeisternde Muster-
bild eines wahren Volksfreundes dargestellt (Schütz); man be-
trachtete Prometheus als Bild der Menschheit im Kampfe mit
den Naturmächten, denen jene nichts als ein unerschüttertes
Wollen und das Bewusstsein ihrer hohen Ansprüche entgegen-
zusetzen habe, und sah den Triumph des Unterliegens als den
erhebenden Gedanken des Dramas an (A. W. v. Schlegel); man
wollte ein anderes Mal den Zweck des Dramas in der Ver-
herrlichung des Schicksals finden, welches als weltregierende
Macht, als das höhere, ewige über dem Kampfe einer grossen
intellektuellen Kraft gegen die Willkür eines undankbaren
Tyrannen, über dem Kampfe der Menschheit mit den gegen sie
verschworenen Naturgewalten und feindseligen Göttern in
herrlicher Freiheit walte, „des grossen, gigantischen Schick-
sals, welches den Menschen erhebt, wenn es den Menschen
zermalmt" (Blümner). Man nahm endlich an, bei Aeschylus
sei ein doppelter Begriff des Zeus zu unterscheiden, der Zeus
der gewöhnlichen Mythologie und der Zeus derjenigen Gottes-
idee, welche sich der Dichter gebildet habe; im Prom. aber
sei nur ein Bild von dem unvollkommenen Zeus der Volkssage
gegeben (G. Hermann). — Aber das uns erhaltene Drama muss
als Theil eines grösseren Ganzen, einer Trilogie, aufgefasst wer-
den (Welcker)*) und erhält seine richtige Beurtheilung erst im
Zusammenhang der Trilogie. Der Glaube des frommen Aeschy-
lus, dass Zeus der ewige, gerechte, allgewaltige Weltherrscher

---

ἀφώρισεν ὁ Ζεὺς τῷ Προμηθεῖ χάριν τῆς κλοπῆς τοῦ πυρὸς λύσας
αὐτὸν ἐκ τῶν χαλεπωτάτων δεσμῶν· καὶ τίσιν ἐποίησεν ἐν ἀλυπίᾳ
κειμένην δοῦναι θελήσαντος ταύτην ἔχειν ἐπιτάξαι τὸν καθηγούμενον
τῶν θεῶν. ὅθεν ἀπ' ἐκείνου τὸν δεδηλωμένον (τῆς λύγου) στέφανον
τῷ Προμηθεῖ περιγενέσθαι καὶ μετ' οὐ πολὺ τοῖς εὐεργετηθεῖσιν ἀνθρώ-
ποις δὴ αὐτοῦ κατὰ τὴν τοῦ πυρὸς δωρεάν.

*) Der Gedanke, dass die drei Prometheus eine Trilogie gebildet
haben, ist zuerst von Siebelis de Aeschyli Persis 1794 p. 24 ausge-
sprochen worden.

sei, hat jedenfalls auch diese Trilogie beherrscht, und was diesem Glauben zu widersprechen scheint, muss in der Komposition des Ganzen seine Berichtigung oder Erklärung gefunden haben (Schoemann). — Dem Aeschylus lag eine doppelte Auffassung des Prometheus vor: die attische Sage kannte Prometheus als reinen Naturgott, als verehrungswürdigen und verehrten segensreichen Culturgott; in der hesiodischen bäuerlich-ethischen Auffassung des Mythus, der die Cultur als eine mit der Gottheit entzweiende Macht erschien, hatte Prometheus als Vertreter der Menschheit den Charakter eines gottlosen Empörers, welcher die Gottheit zum Vortheil der Menschen verkürzt, dafür aber der Menschheit von der Gottheit harte Strafe zuzieht. Aeschylus unternahm es beide Sagen zu vereinigen: bei ihm ist Prometheus zuerst der gottfeindliche, in selbstgefälliger Ueberhebung ($αὐθαδία$) trotzende Empörer, der zwar den Menschen zu Nutz, aber den Göttern zu Trutz und wider Recht die Weltordnung stört, und wird am Ende der gottversöhnte und in dem nunmehr ihm angewiesenen Amte der menschlichen Cultur hochangesehene Gott (ein Gott kann er nicht erst werden; das ist er bei Aeschylus von Anfang an). Auf ähnliche Weise wird in dem Schlussstück der Orestie, den Eumeniden, die unedlere Auffassung der Erinyen zu der humaneren attischen Auffassung der Eumeniden verklärt. — Verschiedene Elemente und Motive der hesiodischen Sage konnte Aeschylus nicht benutzen: der Betrug bei der Theilung des Opferstieres, die Bestrafung der Menschen durch die Sendung des Weibes, die Erdichtung eines Bruders Epimetheus fallen weg. Den Aeschylus konnte die hesiodische Erklärung, wie das Uebel in die Welt gekommen, nicht befriedigen; mit Benützung der hesiodischen Ueberlieferung von der Aufeinanderfolge der verschiedenen Zeitalter und Menschengeschlechter wurde die Herkunft des Uebels von Zeus und den anderen Göttern verneint und eine Erklärung gesucht, welche die Unvollkommenheit der menschlichen Natur mit der Vollkommenheit der Weltregierung des Zeus in Einklang brachte: Zeus wollte, so dachte sich's Aeschylus, beim Antritte seiner Regierung nach der weisen und vollkommenen Ordnung der Welt an die Stelle des aus alter Zeit stammenden und in dem unbewussten, blöden Zustande der alten Zeit fortvegetierenden Menschengeschlechtes ein neues vollkommenes Geschlecht nach seiner Art setzen; er wollte nicht die Menschheit vertilgen aus Eifersucht oder Hass, sondern nur das zeitweilige Menschengeschlecht in weiser Fürsorge für das Ganze. Der kurzsichtige Fürsorger für das Augenblickliche und Einzelne trat dem Plane des Zeus entgegen und wurde zwar der Retter des dermaligen Menschengeschlechtes (wie in einer anderen Wendung der Sage der

Bildner der Menschen), aber auch der Erhalter der menschlichen Unvollkommenheit, welche durch seine Wohlthaten und Verdienste um die Menschheit nicht aufgehoben werden konnte (vgl. V. 546 ff.). Durch den Widerstand des Prometheus hat die Menschheit den Anspruch auf die gute Absicht des Zeus verwirkt; es bleibt beim Alten; Prometheus aber, der nur durch Uebergriffe in die Rechte der Götter den Mängeln des fortbestehenden Menschengeschlechtes nachhelfen kann, wird für seine Auflehnung und sein Unrecht hart gezüchtigt. Der Dichter hat eine männliche Verstandessache einer weiblichen Gefühlssache gegenübergestellt: auf der einen Seite steht der grosse, gewaltige, weitausschauende, Unrecht rücksichtslos strafende und „Lehre durch Leid" ($\pi \acute{\alpha} \vartheta \varepsilon \iota$ $\mu \acute{\alpha} \vartheta o \varsigma$ Ag. 177) gebende Lenker der Welt, dessen Auge auf das Allgemeine, nicht auf das Einzelne gerichtet ist; auf der anderen Seite der leidenschaftliche, in titanischer Selbstgefälligkeit und Masslosigkeit sich überhebende, nach willkürlicher Neigung Gutes thuende, durch seine Wohlthaten zwar Liebe gewinnende, aber nicht den hohen Verstand befriedigende Prometheus. So wird Prometheus ein tragischer Charakter, der durch seine Menschenliebe, seine Thaten und den Starkmuth seines Duldens gross und erhaben ist und unser Interesse und unsere Sympathien in Anspruch nimmt, aber in Folge der Einseitigkeit seines Strebens und der Masslosigkeit seines Thuns schuldig ist und schuldig wird. — Der Dichter hat es verstanden die Empörung des Prometheus in meisterhafter Weise darzustellen. Seinen Zuschauern stand der Glaube an die Weisheit und Gerechtigkeit des Zeus ebenso fest wie ihm selbst; nicht täuschen will und kann er seine Zuschauer dadurch dass er das Recht des Zeus in den Hintergrund treten lässt, sondern für die dramatische Entwicklung interessieren und in Spannung versetzen. Und doch ist die Täuschung künstlerisch gerechtfertigt; denn eine Empörung gegen die göttliche Weltregierung kann nur auf Kurzsichtigkeit beruhen. Kurzsichtigkeit ist es, wenn es scheint, Zeus hasse und neide das Menschengeschlecht, er der seinen Sohn Herakles schickt damit er den Menschen ein Helfer sei; Kurzsichtigkeit lässt die Behandlung der Io als grausame Willkür erscheinen. — Die psychologische Entwicklung der Empörung und der tragischen Schuld wird nicht durch Seelenmalerei, sondern in antiker Weise durch äussere Thatsachen, durch die besondere Beschaffenheit der auftretenden Personen zur Anschauung gebracht. Die innere Gemüthsstimmung offenbart sich an der Art und Weise, wie Prometheus von seinem Geheimnisse spricht, wie er seine Hoffnung auf Demüthigung des Zeus ausdrückt (V. 167, 186, 520, 757, 907). Darin liegt die dramatische Handlung und Bewegung. — Die Empörung ist die Handlung unserer Tragödie. Eine zweck- und ziellose Handlung aber ist keine dramatische Handlung; eine Empörung ohne inneren Halt, ein bloses Hadern ohne Aussicht auf irgend einen Erfolg erweckt keine Spannung und ist gerade für den gottesfürchtigen Zuschauer ein widerwärtiger Anblick. Diese für die dramatische Handlung wesentliche Spannung hat Aeschylus für den Stoff seiner Tragödie durch die Herbeiziehung eines Mythus gewonnen, der ursprünglich mit der Prometheussage in keiner Verbindung stand. Er benützte die bei Pindar. Isthm. VII 60 noch in ihrer älteren Gestalt vorliegende Sage, Themis habe, als Zeus und Poseidon um Thetis freiten, den Rathschluss des Schicksals verkündet, dass die Meeresgöttin einen Sohn gebären solle, der mächtiger als sein Vater sein und wenn Zeus oder Poseidon sich mit ihr verbinde eine Waffe schwingen werde gewaltiger als Wetterstrahl und Dreizack (vgl. unten zu V. 924). Aeschylus liess die Beziehung der Sage auf Poseidon fallen, legte die Kunde jener Schicksalsbestimmung, welche der Schicksalsgöttin Themis zukommt, dem Prometheus bei[*]) und machte zu dem Zwecke den Sohn der Klymene zum Sohne der Themis. Die Kunde dieses Geheimnisses — denn was ursprünglich gelegenheitliche Offenbarung war, musste für den dramatischen Gebrauch als absichtlich zurückgehaltenes Geheimniss gedeutet werden — benützte der Dichter als Hebel der dramatischen Entwicklung, der fortgesetzten Feindschaft und der endlichen Versöhnung. Das Geheimniss wusste von einer Gefahr, welche die Herrschaft des Zeus bedrohe. Diese Gefahr muss ihren Grund haben und zwar bei dem Glauben an die ewige Herrschaft des Zeus einen Grund, welcher nur vorübergehende Geltung hat und zuletzt sich als nichtig herausstellt, so dass die Gefahr selbst bedeutungslos wird. Ein solcher Grund bot sich dem Dichter in dem Widerstreit der Pflichten bei dem Sturze des Kronos. Der Sturz der rohen Naturgewalt durch die Herrschaft der Intelligenz war durch das Weltgesetz bestimmt; bei dem Kampfe gegen die Titanen hatte Zeus das höhere Recht und Themis die Vertreterin heiliger Satzung und ewiger Weltordnung stand auf seiner Seite. Als Weltregent erfüllte Zeus bei der Niederwerfung der Titanengewalt die höhere Pflicht; in persönlicher Weise aber verletzte Zeus die Pietät, da es der Vater war, dem Zeus Gewalt anthun musste, und die Pietät gegen die Eltern war eine der heiligsten Satzungen, für deren Beobachtung die Erinyen auf das sorgsamste wachten[**]). An diese Verletzung der Pietät erinnern die Erinyen

---

[*]) Apollodor. III 13, 5, 2 ἔνιοι (d. h. Aeschylus und andere nach ihm) δέ φασι. Διὸς ὁρμῶντος ἐπὶ τὴν ταύτης (Θέτιδος) συνουσίαν εἰρηκέναι Προμηθία τὸν ἐκ ταύτης αὐτῷ γεννηθέντα οὐρανοῦ δυναστεύσειν.
[**]) Vgl. Suppl. 707 τὸ γὰρ τεκόντων σέβας τρίτον τόδ' ἐν θεσμίοις Δίκας γέγραπται μεγιστοτίμου. Eum. 496 πολλὰ δ' ἔτυμα παιδότρωτα

EINLEITUNG. 15

Eum. 641 mit den Worten „er selbst (Zeus) hat seinen alten Vater Kronos in Fesseln gelegt". So haftete an Zeus eine Schuld, die er den Moiren und Erinyen schuldete (s. V. 516 mit Anmerk. und 910 f.), und alles Schuldige muss untergehen. Durch diese Schuld war also die Gefahr begründet, welche der Herrschaft des Zeus drohte; aber diese Schuld war in noch höherer Weise eine Unschuld als die Schuld des Orestes wegen des Muttermordes, und sie war leicht sühnbar, denn „Fesseln kann man lösen; dafür gibt es Heilung und gar manches Mittel der Befreiung", entgegnet Apollo den Erinyen Eum. 645. Zeus hat die Bande gelöst, hat sich mit Kronos versöhnt und so jeden Schein der Schuld von sich genommen. Bei seiner kurzsichtigen Beurtheilung hat auch hier wieder Prometheus eine Zeit lang den Schein für sich; auch hierin muss er sich am Ende eines Bessern belehren lassen. — Man hat den Zweck unserer Tragödie in einer Entwicklung und Läuterung des Zeus finden wollen (Dissen, Caesar), in einer Aufhebung des Gegensatzes zwischen Zeus und der Moira (vgl. V. 515 ff.) und einer Vervollkommnung des Zeus durch Vereinigung mit der Moira dem Inbegriff der ewigen Weltgesetze (Keck) oder in einer Umwandlung des Zeus in der Weise, dass indem Zeus mit dem Sohne der Themis, des Urgesetzes, zum Vertrag kommt, sich dieses Gesetz selbst mit ihm vereinigt und so Zeus aus einem unverantwortlichen Weltherrn, der durch Gewalt zur Herrschaft gelangt ist, ein der ewigen Moira kundiger und nach der sittlichen Ordnung regierender, weiser, gerechter und keiner Gefahr des Sturzes mehr unterliegender Lenker der Welt wird (Welcker). Aber die Entwicklung des Zeus ist nur Schein; die Milderung seiner Herrschaft und seine versöhnlichere Stimmung ist nicht der Erfolg der dramatischen Handlung, sondern liegt ausserhalb des Drama; dasjenige, was man für ein Zeichen der Entzweiung zwischen Zeus und der Moira gehalten hat, enthält nichts weiter als der Widerstreit einer höheren und einer niederen Pflicht; der Schein einer Schuld des Zeus ist dem Dichter ökonomisches Mittel und dient ihm gerade, um sammt Prometheus alle Welt zu überzeugen, dass Zeus von Anbeginn der weise und gerechte, wenn auch strenge und gewaltige Weltherrscher gewesen ist; konnte doch auch der fromme Dichter unmöglich glauben, dass der höchste Gott zuerst ein unvollkommenes Wesen gewesen und erst durch irgend welche Einwirkungen der gerechte und weise Weltregent geworden sei. Die ganze dramatische Entwicklung hat ihren Gegenstand und ihr Ziel an dem Charakter des Prometheus; an ihm wird gezeigt, dass jede Empörung gegen Zeus eine Verkennung seiner

---

ταῦτα προσμένει τοιούτων μεταθέσις ἐν χρόνῳ (so drohen die Erinyen für den Fall, dass ihr Recht untergehe).

weisen Absichten sei, dass jegliche Schuld, die man ihm andichte und angedichtet habe, auf kurzsichtiger und böswilliger Beurtheilung beruhe, dass auch der verlockendste und verführendste Schein des Rechtes der Empörung als Trug und Täuschung sich herausstelle, kurz dass von Zeus gelte, was die Töchter des Danaos die Nachkommen der Io von ihm singen (Suppl. 86): „des Zeus Streben und Zielen ist nicht leicht zu erspähn und zu erfassen; auch aus der Dunkelheit von Nacht und Leid schafft er lauter Licht für die sterblichen Geschlechter. Sicher fällt und nicht auf den Rücken, was in dem Haupte des Zeus zur Vollendung bestimmt. Denn dunkel ziehen dahin und schattenumhüllt die Pfade seiner Gedanken, unzugänglich dem forschenden Blick. Er stürzt hinab vom Thurmbau ihrer Hoffnungen die frevelnden Menschen, ohne zu Gewalt und Kampf zu rüsten; alles göttliche Thun ist mühelos: hoch oben thronend macht es das Sinnen sofort zur That ohne zu verlassen den geweihten Sitz". —

Diese Idee hat der Dichter in zwei verbundenen Dramen durchgeführt, im Προμηθεύς δεσμώτης und Προμηθεύς λυόμενος. Der äusseren Zeugnisse dafür, dass der Πρ. λυόμενος unmittelbar auf den gefesselten folgte, nämlich der Bemerkungen des Scholiasten zu V. 511 οὔπω μοι λυϑῆναι μεμοίραται· ἐν γὰρ τῷ ἑξῆς δράματι λύεται ὅπερ ἐμφαίνει Αἰσχύλος und zu V. 522 τῷ ἑξῆς δράματι φυλάττει τοὺς λόγους, können wir leicht entrathen, wo innere Gründe jeden Zweifel ausschliessen. Es fragt sich nur, welches das dritte Stück der Trilogie gewesen sei. Das alphabetische Verzeichniss der Aeschyleischen Dramen in der Mediceischen Handschrift zählt auf: προμηθεὺς δεσμώτης προμηθεὺς πυρφόρος προμηθεὺς λυόμενος. Man würde nicht zweifeln, dass damit die drei Stücke der Prometheustrilogie angegeben seien, wenn wir nicht wüssten, dass zu der Trilogie Φινεύς Πέρσαι Γλαῦκος das Satyrdrama Προμηθεύς gehört habe, aus welchem zwei Bruchstücke (218 und 219 bei Herm., 189 und 190 bei Dind.) enthalten sind:

λινᾶ δὲ πίσσα κώμολίνου μακροὶ τόνοι

und τράγος γένειον ἆρα πενϑήσεις σύ γε.

Nun aber wird bei Pollux IX 156 und X 64 ein Προμηθεὺς πυρκαεύς erwähnt. Da der Titel πυρκαεύς ganz passend ist für das Satyrdrama, in welchem der Satyr zu dem angezündeten Feuerchen in freudiger Ueberraschung herbeieilt um es zu küssen und zu umarmen und sich dabei den Bart versengt (Plut. Mor. p. 86 F), so ist kein Grund vorhanden (nach der Vermuthung von Canter nov. lect. VII 21 vgl. Casaubonus de satyr. Graecorum poesi p. 127) den Titel πυρκαεύς nur als eine andere Bezeichnung für πυρφόρος und darum den Πρ. πυρφόρος als Satyrspiel anzunehmen. Vielmehr ist Προμηθεὺς πυρφόρος, der Name des attischen Culturgottes, als der ursprüngliche Titel einer Tragödie zu betrachten, welcher diese von dem Πρ. δεσμώτης und λυόμενος unterschied, während πυρκαεύς als eine von Alexandrinischen Grammatikern herrührende Bezeichnung des ursprünglich schlechthin Προμηθεύς genannten Satyrdramas zu gelten hat, gemacht um das Satyrdrama von den gleichnamigen Tragödien zu unterscheiden*). Dies wird bestätigt durch die beiden nachher anzuführenden Nachrichten über den Προμηθεύς πυρφόρος. — Wenn also die Prometheustrilogie aus den drei Stücken Πρ. δεσμώτης, Πρ. λυόμενος, Πρ. πυρφόρος bestanden hat, so fragt sich weiter, ob der Πρ. πυρφόρος das Anfangs- oder das Endstück der Trilogie gebildet habe. Das erstere nimmt man (seit Welcker) gewöhnlich an und betrachtet als den Inhalt des Πρ. πυρφόρος die Darstellung des furtum Lemnium, wie der Raub des Feuers aus dem Vulkan Mosychlos auf Lemnos, der Feueresse des Hephästos, bei Cicero Tusc. II 10 benannt ist, so dass die drei Stücke der Trilogie der Reihe nach Schuld, Strafe, Sühne vorführten. Allein einmal enthält der Προμηθεύς δεσμώτης keine Voraussetzung, vielmehr ist darin die Exposition und die Erzählung der vorausliegenden Begebenheiten von der Art, dass eine vorhergehende Darstellung derselben Begebenheiten als ästhetische Unmöglichkeit erscheint; dann gibt die Notiz des Schol. zu Prom. 94 ἐν γὰρ τῷ πυρφόρῳ τρεῖς μυριάδας φησὶ δεδέσθαι αὐτόν — wenn man nicht zu dem bedenklichen Auskunftsmittel greift mit Welcker ἐν τῷ λυομένῳ zu corrigieren — nicht nur den Beweis, dass der Πρ. πυρφόρος eine Tragödie gewesen ist, da in dem Satyrdrama Προμηθεύς nach der oben angegebenen Ueberlieferung das Feuer als ganz unbekannte Erscheinung, demnach der Feuerraub als so eben geschehen dargestellt war, sondern lässt auch deutlich erkennen, dass die Bestrafung des Prometheus dem Inhalt des Πρ. πυρφόρος vorausgeht und darin als eine Thatsache der Vergangenheit (δεδέσθαι) erzählt war. Demnach muss man den Προμηθεύς πυρφόρος als das Schlussstück der Trilogie betrachten**). In demselben muss Prometheus als attischer Culturgott, als πυρφόρος θεός Τιτὰν Προμηθεύς (Soph. O. Col. 55) gefeiert worden sein und das Ganze kann

---

*) Die Ansicht, dass der Προμηθεύς πυρκαεύς von dem Προμηθεύς πυρφόρος verschieden und ersterer ein Satyrspiel, letzterer eine Tragödie gewesen sei, hat schon Hemsterhuys zu Pollux IX c. 8 p. 1140 ausgesprochen.
**) Begründet hat diese Ansicht R. Westphal Prolegomena zu Aeschylus Tragoedien. 1869. S. 207 ff., welcher nur darin irrt, dass er glaubt die Befreiung durch Herakles sei im zweiten Stücke gegen den Willen des Zeus erfolgt und das dritte Stück habe die Versöhnung enthalten, was den oben angegebenen bestimmten Ueberlieferungen widerspricht. —

18 .EINLEITUNG.

mit der Einsetzung der Προμήθεια und des Fackelwettlaufes geschlossen haben wie die Orestie mit der Einsetzung des Cultus der Eumeniden*). Wir wissen aber nichts von der dramatischen Handlung dieses Stücks und nur ein einziger Vers ist daraus bei Gellius XIII 19, 4 erhalten:
σιγῶν θ' ὅπου δεῖ καὶ λέγων τὰ καίρια**).

IV. Ueber Personen, Schauplatz und Scenerie.

Die Personen Κράτος und Βία hat Aeschylus aus Hesiod. Theog. 385 ff. entnommen. Nach dieser Stelle sind Κράτος und Βία mit Ζῆλος und Νίκη Kinder des Πάλλας („der in Schwingung versetzt, beben macht") und der Στύξ („Grusel"). Bei dem Titanenkampfe führte die Mutter Styx auf Eingebung des Vaters ihre Kinder dem Zeus zu und zum Lohne wurde Styx mächtiger Schwurzeuge der Götter (μέγας ὅρκος θεῶν), die Kinder aber nahm sich Zeus zu unzertrennlichen Begleitern und Dienern. Βία ist im Stücke nur κωφὸν πρόσωπον (stumme Rolle). Ihre Anwesenheit würde zwecklos sein, wenn nicht die Person des Prometheus durch eine hölzerne Figur vorgestellt würde (vgl. V. 65)***). Diese Figur muss hereingetragen werden und um der Vorstellung, dass der getragene der Gott Prometheus sei, keinen Eintrag zu thun, lässt der Dichter zwei mächtige Gestalten daran schleppen. — Die Rollen werden unter zwei Schauspieler so vertheilt, dass der erste Schauspieler (πρωταγωνιστής) die Rollen des Hephaestos (vgl. Anm. zu V. 81) und Prometheus, der zweite (δευτεραγωνιστής) die des Kratos, des Okeanos, der Io, des Hermes übernimmt. Aeschylus war nämlich damals noch an die Beschränkung ge-

---

*) Die Versöhnungsfeier zwischen Zeus und Prometheus ist auf einer grossen kunstvoll gearbeiteten Trinkschale aus Vulci dargestellt (vgl. Brann in Bullettino arch. 1846 S. 114, Welcker, Alte Denkmäler III S. 194). In dem Bilde auf dem Boden der Schale sitzt Hera auf dem Throne das Scepter und einen Blumenstengel in der linken Hand und reicht dem vor ihr stehenden Prometheus die Nektarschale zum Zeichen, dass er nunmehr Theil habe an dem Mahle der Götter. Prometheus, mit schönem Bart und vollem Stirnhaar, trägt den Lygoskranz auf dem Haupte und hält ein Scepter in der Rechten, welches dem Scepter der Hera vollkommen gleich ist.
**) Der Notiz des Schol. zu Aristides vol. III p. 501, 17 ed. Dind. Αἰσχύλος δὲ ἐν Προμηθεῖ δεσμώτῃ
πολλοῖς γάρ ἐστι κέρδος ἡ σιγὴ βροτῶν
scheint eine Verwechslung zu Grunde zu liegen.
***) Für die Aufführung des Προμηθέως λυόμενος, wo die Lösung vom Felsen den Gebrauch einer Figur ausschloss und die Situation ein anderes Kostüm des Prometheus forderte, welches die Folgen der neuen Pein darstellte, musste in dem ὑποσκηνίον der Schauspieler selbst an die Stelle der hölzernen Figur gebracht werden. — Dass Prometheus im Πρ. δεσμώτης durch ein Bild vorgestellt werde, hat Welcker Tril. S. 30 bemerkt.

bunden, welche erst durch Sophokles' Einfluss aufgehoben wurde, dass der Dichter nur zwei Schauspieler zum Einstudieren der Rollen vom Staate erhielt und desshalb auch nur zwei Personen zu gleicher Zeit auf der Bühne redend einführen durfte. Diese Beschränkung ist in unserem Stücke sehr vortheilhaft benützt: die Oekonomie verlangt das Schweigen des Prometheus im Prologe bis zum Abtreten des Hephaestos; es ist aber ausserordentlich charakteristisch und rührend, wenn Prometheus unter den schrecklichsten Qualen keinen Laut des Schmerzes von sich gibt (vgl. schol. zu V. 436 σιωπῶσι γὰρ παρὰ ποιηταῖς τὰ πρόσωπα ἢ δι' αὐθαδίαν, ὡς Ἀχιλλεὺς ἐν τοῖς Φρυξὶ Σοφοκλέους [vielmehr Αἰσχύλου] ἢ διὰ συμφορὰν ὡς ἡ Νιόβη παρ' Αἰσχύλῳ ἢ διὰ περίσκεψιν ὡς ὁ Ζεὺς παρὰ τῷ ποιητῇ [Il. 1, 511] πρὸς τὴν τῆς Θέτιδος αἴτησιν). Mit V. 81 tritt Hephaestos ab (vgl. die Anm.), während Kratos noch eine passende Strafrede hält. Dadurch gewinnt der Schauspieler des Hephaestos, welcher sich nicht umzukleiden braucht, Zeit um hinter die Figur des Prometheus hinter der Scenenwand (einem hölzernen Vorschlag vor der Bühnenmauer) in die gehörige Stellung zu kommen. Zwischen den Scenen des Kratos, des Okeanos, der Io und des Hermes liegen immer längere Partieen, so dass der zweite Schauspieler ausruhen und die neue umfassende Costümierung vornehmen kann. — Eine nicht unpassende Bemerkung über die Personen des Aeschylos gibt das in der Medic. Handschrift stehende Citat „ἐκ τῆς μουσικῆς ἱστορίας": ταύτῃ καὶ ἄριστος εἰς τραγῳδίαν Αἰσχύλος κρίνεται, ὅτι εἰσάγει πρόσωπα μεγάλα καὶ ἀξιόχρεα. καί τινες ἤδη τῶν τραγῳδιῶν αὐτῷ διὰ μόνων οἰκονομοῦνται θεῶν καθάπερ οἱ Προμηθεῖς· τὰ γὰρ δράματα συμπληροῦσιν οἱ πρεσβύτατοι τῶν θεῶν, καὶ ἔστι τὰ ἀπὸ τῆς σκηνῆς καὶ τῆς ὀρχήστρας (die auf dem λογεῖον auftretenden Personen und die Chöre) θεῖα πάντα πρόσωπα. Doch handeln begreiflicher Weise die göttlichen Personen ganz nach den Gesetzen der menschlichen Natur. —

Ueber den Schauplatz der Handlung macht der Schol. zu V. 11 die richtige Bemerkung: ἰστέον ὅτι οὐ κατὰ τὸν κοινὸν λόγον ἐν τῷ Καυκάσῳ φησὶ δεδέσθαι τὸν Προμηθέα, ἀλλὰ πρὸς τοῖς Εὐρωπαίοις τέρμασι τοῦ Ὠκεανοῦ, ὡς ἀπὸ τῶν πρὸς τὴν Ἰὼ λεγομένων ἐστὶ συμβαλεῖν. Der Schol. hat also aus der Erzählung von den Irrsalen der Io namentlich aus V. 719 πρὶν ἂν πρὸς αὐτὸν Καύκασον μόλῃς (vgl. die Anm.) den Schluss gezogen, welchen auch wir daraus ziehen müssen, dass Io, wenn sie von Prometheus weg erst nach weiter Wanderung zum Kaukasus gelangt, nicht vom Kaukasus ausgegangen sein kann, dass also der Kaukasus nicht als der Schauplatz der Handlung betrachtet ist. Die Tragiker pflegen, um der Phantasie der Zuschauer einen Anhaltspunkt zu bieten, den Schauplatz gleich

im Anfang näher zu kennzeichnen. Es ist aber in unserem
Stücke nicht vom Kaukasus die Rede, sondern von einer öden
menschenleeren Gegend, welche fern im Scythenlande liegt,
am Rande Scythiens (V. 117), welches nach damaliger An-
schauung den Norden der Erde vom Pontus bis zum Ocean
umfasste (vgl. zu V. 807), in der Nähe des Meeres (V. 573),
so dass Prometheus von der Höhe seines Felsens die Aussicht
auf die blinkende Wasserfläche hat (V. 90, 1088). Auf den
Schall der Hammerschläge bei dem Anschmieden des Prome-
theus kommen die Töchter des Okeanos herbei; jenes Meer ist
also der Ocean, nicht der Pontus oder die Mäotis; zudem
kommt Io, während sie von Prometheus fort östlich sich wen-
dend gleich am Strande eines Meeres weitergehen soll (V. 712),
erst nach langem Irren, nachdem sie vom Kaukasus aus süd-
liche Richtung genommen, zum Cimmerischen Bosporus (V.
729). Der Schauplatz der Handlung ist demnach eine rauhe,
felsige, öde Gegend „am Ende der Welt" im Norden Scythiens
in der Nähe des Oceans, und wie der Dichter von der Ueber-
lieferung abweichend die Zeit der Strafe in zwei grosse
Epochen getheilt hat, um den Rahmen für zwei Gemälde zu
gewinnen, so hat er auch zur passenden Abwechslung der
Scenerie zwei Schauplätze der Strafe angenommen (s. unten
III. Fragm. des $Π\varrho$. $λυόμενος$ V. 28). Wie die Strafe am
Kaukasus durch das Erscheinen des Adlers verschärft wird,
so ist der Eindruck der ersten Bestrafung durch die gänz-
liche Verlassenheit und Abgeschiedenheit von der Welt ge-
steigert[*]. —

Die Scenerie stellt eine Anhöhe mit Felsengeklüft und
einer hervorragenden Felsenklippe ($φάραγξ$) vor. Die rechte
Periakte zeigt das Meer, die linke eine wüste, gebirgige
Gegend, vielleicht von Giessbächen unterbrochen (V. 89).
Die Figur des Prometheus bleibt, nachdem sie in aufrechter
Stellung angenagelt ist, starr und bewegungslos am Felsen
hängen (vgl. zu V. 87). Schauplatz und Scenerie, Kostüm
und Maske von Kratos und Bia (V. 78 $ὅμοια$ $μορφῇ$ $γλῶσσά$
$σου γηρύεται$), die Schmiedewerkzeuge und eisernen Klammern
und Ringe, mit denen Hephästos auftritt, die Hammerschläge,
die Art, wie die Okeaniden auf Flügelwagen hereinfahren,
Okeanos auf einem Flügelrosse heranreitet, die wahnsinnige
gehörnte Io wie ein gescheuchtes und gehetztes Wild auf
die felsige Höhe springt, alles das wirkt zusammen das
Schauerliche und Entsetzliche der Handlung zu steigern, den

---

[*] Wenn man mit dem Ausdruck V. 2 $ἄβροτον$ $εἰς$ $ἐρημίαν$ die
Schilderung Soph. Phil. 2 $βροτοῖς$ $ἄστιπτος$ $οὐδ'$ $οἰκουμένη$ zusammenhält,
woran der Schol. erinnert, so kann man vermuthen, dass Sophokles das von
Lessing hervorgehobene bedeutsame Moment gänzlicher Verlassenheit
und Einsamkeit des Philoktetes dem Prom. des Aeschylus verdankt.

Eindruck der Verlassenheit und das Mitleid zu erhöhen, das
Gemüth des Zuschauers in ängstliche Spannung und Furcht
zu versetzen.

V. Ueber die Zeit der Abfassung.

Der einzige äussere Anhaltspunkt für die Bestimmung
der Abfassungszeit des Prom. liegt in der Beziehung von V.
367—369 auf den Ausbruch des Aetna Ol. 75, 2 (479/8). Dass
der Prom. nicht zu den letzten Werken des Dichters gehört,
kann man schliessen aus der Quellenfrische der Sprache, aus
der Einfachheit der Oekonomie, der Beschränkung auf zwei
Schauspieler, endlich auch aus dem Umstande, dass in der
Schilderung des Atlas und Typhon, in der Scene der Io und
des Herakles dem stofflichen und nebensächlichen Interesse
ein bedeutender Spielraum geboten ist. Auf der anderen Seite
steht der Annahme einer sehr frühen Abfassungszeit die Be-
obachtung entgegen, dass die metrische Composition der meli-
schen Partieen, der Umfang der Chorgesänge für sich, das
Verhältniss derselben zum dialogischen Theile, das Vorkommen
eines Bühnensolo (ἀπό σκηνῆς), der Charakter der Metra
einer späteren Epoche der tragischen Kunst anzugehören
scheint[*]). Doch kann diese Wahrnehmung nicht beweisen,
dass der Prom. zu den spätesten Stücken des Dichters
zu rechnen sei, da in der Hauptsache nichts anderes daraus
folgt, als dass der Prom. ebenso durch die Form wie durch den
Inhalt einzig unter den wenigen erhaltenen Stücken des Aeschy-
lus dasteht und in seiner Eigenthümlichkeit ebenso gut einer
früheren als einer ganz späten Thätigkeit des Dichters ange-
hören kann. So verhält sich die Chorpartie zum dialogischen

---

[*]) Vgl. R. Westphal, Griechische Metrik. 1868. p. XLVII u. Prolegomena
S. 8, auch S. 191, R. Engelmann Philol. XXVII S. 736. — R. Förster de attrac-
tionis usu Aeschyleo. Vratisl. 1866 p. 44 macht auch den Gebrauch der s. g.
Attraction beim Relativ V. 448, 963, 984 für die späte Abfassungszeit geltend.
Ich muss trotz der Einrede Försters (p. 17) in Pers. 342 μιλιᾶς μὲν ἦν οὐ ἦγε
πλῆθος wie in Sept. 810 ὅσων ἥκειν (vgl. p. 21) diese Attraction erkennen.
— Ebenso wenig Gewicht haben die von E. Martin de responsionibus
diverbii apud A. Berol. 1867 p. 71 vorgebrachten Gründe: die Ein-
mischung von Interjektionen (V. 742) und lyrischen Metra (V. 115, 117)
zwischen die Trimeter, die engere Verbindung der Trimeter (durch Cou-
junktionen am Ende des Verses, welche den folgenden Satz anknüpfen
z. B. V. 61, 104, 259, 841 u. a.), die Unterbrechung der beiden sprechen-
den Personen durch Reden des Chors (V. 631, 698, 745, 782, 819). — A.
Schmidt de caesura media in Gr. trim. iamb. Bonn 1865 p. 19 bemisst,
weil das älteste Stück die Perser die meisten Verse hat, welche wie unten
V. 640 in zwei Hälften zerfallen, das Alter nach der Anzahl solcher
Verse und stellt den Prom. mit zwei solchen Versen auf gleiche Stufe
mit den Sept. (Ol. 78, 1), welche einen solchen V. aufweisen. (Auch der
Prom. hat nur einen, da V. 770 die Aenderung von Dindorf nicht als
richtig gelten kann). —

Theile in den Suppl. Pers. Sept. durchschnittlich wie 1 : 2, in der Orestie wie 1 : 3, dagegen im Prom. wie 1 : 7. Längere Chorgesänge waren hier nicht geeignet, da Prometheus immer auf der Bühne anwesend ist. Das Schweigen des Prometheus während eines längeren Chorgesanges wird V. 436 ff. eigens motiviert. Die für die Umkleidung des zweiten Schauspielers nöthige Zeit wird jedesmal in alterthümlicher Weise durch eine längere Unterredung zwischen Prometheus und dem Chorführer gewonnen (193, 436, 907). Der Prom. hat von allen Stücken des Aeschylus die meisten Anapäste im ersten Fusse des Trimeters (12 von 30, wenn man die Eigennamen nicht mitzählt, vgl. zu V. 6), aber noch keinen Anapäst von einem erst durch Position zum Anapäst gewordenen Tribrachys wie Pers. 343 ἑκατὸν δὶς κτί; im übrigen ist der Bau des Trimeters sehr sorgfältig (vgl. zu V. 2, 18, 116, 730); der Tribrachys im fünften Fusse findet sich nur einmal (V. 52), während die Ol. 76, 4 (472) gegebenen Perser hierin weitergehen (vgl. daselbst V. 448, 492, vornehmlich 501); dann muss man im Prom. einen grossen Theil der Auflösungen auf Rechnung des ungewohnten und besonderen Stoffes bringen (vgl. zu V. 715). Folglich zeigt auch der Bau des Trimeters nur eine Eigenthümlichkeit des Stückes, während er der Annahme einer früheren Abfassungszeit günstiger ist. Demnach hindert nichts zu glauben, der Prom. sei in einer Zeit gedichtet und aufgeführt worden, in welcher die Erinnerung an den zerstörenden Ausbruch des Aetna noch frisch war, also nicht sehr lange nach Ol. 75, 2 (479/8).

VI. Literatur.

1. Ausgaben: Schütz 1809[2], Blomfield 1812[2], Bothe 1831, W. Dindorf 1841, Schoemann 1844, G. Hermann 1852, Hartung 1852, Meineke 1853, Paley 1861[2], Weil 1864, W. Dindorf poetae scenici. 1869[5], L. Schmidt 1870. —
2. Abhandlungen zur Feststellung des Textes: Fr. Wieseler, Adversaria in A. Pr. v. et Aristophanis Aves philologica et archaeologica. Göttingen 1843. Schoemann, Mantissa animadversionum ad A. Pr. (1845) in Opusc. III 81—94. E. J. Kiehl, Aeschylea Spec. I. Lugd. Bat. 1850. Wieseler Philol. IX 716—722, schedae criticae in A. Pr. v. Ind. lectt. Getting. aestiv. 1860. —
3. Ueber die Prometheussage: Weiske, Prometheus und sein Mythenkreis. Leipzig 1842. E. v. Lasaulx, Prometheus. Der Mythus und seine Bedeutung. Verzeichniss der Vorl. Würzburg 1843. Preller, Griech. Mythologie 1860[2]. I. 71—79.—
4. Ueber die Dramaturgie: A. W. v. Schlegel, Vorlesungen über dramatische Kunst. I S. 164. Blümner, die Idee des

Schicksals in den Trag. des A. Leipzig 1814. Anderes s. in Schoemann's Ausg. S. 90 ff. — Welcker, die Aeschylische Trilogie Prometheus u. s. w. Darmstadt 1824. Nachtrag. Frankfurt 1826. G. Hermann, de A. Prom. soluto. 1828 (Opusc. IV n. 5). — Dissen (Brief an Welcker) in Welcker's Trilogie S. 92—94. Anselm Feuerbach, de Pr. A. consilio atque indole (Nachgel. Schriften herausg. v. Hettner. Braunschw. 1853 IV S. 129). J. Caesar, Rezension der Schömannschen Ausgabe in Zeitsch. f. d. Alterth. 1845. n. 41. G. Hermann, de Prometheo Aeschyleo. Lipsiae 1845. Schoemann, vindiciae Iovis Aesch. Gryph. 1846 (Opusc. III p. 95) und Ueber den Prometheus des A. (An Herrn Prof. Caesar) in Zeitschr. f. Alt. 1846 n. 111 (Opusc. III 120). Caesar (Antwort auf Schömanns Schreiben) ebd. n. 113 S. 899. H. Keck, der theologische Charakter des Zeus in A. Pr. Glückstadt 1851. Doellinger, Heidenthum und Judenthum. Regensburg 1857. S. 269. Welcker, Griechische Götterlehre. Göttingen 1859, 60. II. S. 246. Herm. Koechly, Akademische Vorträge und Reden. I. Zürich 1859. S. 1. (besprochen von K. Lehrs in den Jahrb. f. Philol. 1859 S. 555). Schoemann, Noch ein Wort über A. Pr. Greifswald 1859. Caesar, der Prometheus des A. Zur Revision der Frage über seine theologische Bedeutung. Marburg 1859. W. Vischer, Ueber die Prometheustragödien des Aeschylus. Basel 1859. H. Keck, Die neueste Literatur über A. Pr. in Jahrb. f. Philol. 1860 S. 459. W. Teuffel, Ueber des A. Pr. u. Orestie. Tübingen 1861. —

5. Ueber Schauplatz und Scenerie: Pet. Jos. Meyer, A. Pr. v. quo in loco agi videatur. Bonn 1856. Bern. Foss de loco in quo Prom. apud Aeschylum vinctus sit. Bonn 1862. — C. Fr. Müller, die scenische Darstellung des äschyleischen Prometheus. Stade 1871. —

6. Ueber Symmetrie des Dialogs: O. Ribbeck, qua Aeschylus arte in Prom. fabula diverbia composuerit. Bern 1859. —

ΑΙΣΧΥΛΟΥ
ΠΡΟΜΗΘΕΥΣ
ΔΕΣΜΩΤΗΣ.

ΤΑ ΤΟΥ ΔΡΑΜΑΤΟΣ ΠΡΟΣΩΠΑ

ΚΡΑΤΟΣ ΚΑΙ ΒΙΑ.
ΗΦΑΙΣΤΟΣ.
ΠΡΟΜΗΘΕΥΣ.
ΧΟΡΟΣ ΩΚΕΑΝΙΔΩΝ ΝΥΜΦΩΝ.
ΩΚΕΑΝΟΣ.
ΙΩ Η ΙΝΑΧΟΥ.
ΕΡΜΗΣ.

ΥΠΟΘΕΣΙΣ.

Προμηθέως ἐν Σκυθίᾳ δεδεμένου διὰ τὸ κεκλοφέναι τὸ πῦρ πυνθάνεται Ἰὼ πλανωμένη ὅτι κατ' Αἴγυπτον γενομένη ἐκ τῆς ἐπαφήσεως τοῦ Διὸς τέξεται τὸν Ἔπαφον. Ἑρμῆς δὲ παράγεται ἀπειλῶν αὐτῷ κεραυνωθήσεσθαι, ἐὰν μὴ εἴπῃ τὰ μέλλοντα ἔσεσθαι τῷ Διί. προέλεγε γὰρ ὁ Προμηθεὺς ὡς ἐξωσθήσεται ὁ Ζεὺς τῆς ἀρχῆς ὑπό τινος οἰκείου υἱοῦ. τέλος δὲ βροντῆς γενομένης ἀφανὴς ὁ Προμηθεὺς γίνεται.

Κεῖται δὲ ἡ μυθοποιΐα ἐν παρεκβάσει παρὰ Σοφοκλεῖ ἐν Κολχίσι, παρὰ δὲ Εὐριπίδῃ ὅλως οὐ κεῖται. ἡ μὲν σκηνὴ τοῦ δράματος ὑπόκειται ἐν Σκυθίᾳ ἐπὶ τὸ Καυκάσιον ὄρος· ὁ δὲ χορὸς συνίστηκεν ἐξ Ὠκεανίδων νυμφῶν. τὸ δὲ κεφάλαιον αὐτοῦ ἐστι Προμηθέως δέσις.

Ἰστέον δὲ ὅτι οὐ κατὰ τὸν κοινὸν λόγον ἐν Καυκάσῳ φησὶ δεδέσθαι τὸν Προμηθέα, ἀλλὰ πρὸς τοῖς Εὐρωπαίοις μέρεσι τοῦ Ὠκεανοῦ, ὡς ἀπὸ τῶν πρὸς τὴν Ἰὼ λεγομένων ἔξεστι συμβαλεῖν.

ΠΡΟΜΗΘΕΥΣ ΔΕΣΜΩΤΗΣ.

ΚΡΑΤΟΣ.

Χθονὸς μὲν εἰς τηλουρὸν ἥκομεν πέδον,
Σκύθην ἐς οἶμον, ἄβροτον εἰς ἐρημίαν.

1—127 Prologos: 1—87 erste Scene: Kratos u. Bia den Prometheus tragend u. Hephaestos mit Schmiedewerkzeugen versehen treten links auf. — Χθονὸς πέδον ist dichterische Umschreibung für χθόνα (εἰς τηλουρὸν χθόνα): Suppl. 260 χώρας Ἀπίας πέδον, 662 πέδον γᾶς, Pers. 488 γῆς Ἀχαιΐδος πέδον; mit der gleichen Beziehung des Adjektivs auf das zur Umschreibung dienende Substantiv, welches mit dem gen. nur einen Begriff bildet, unten V. 110, 823, Sept. 304 ποῖον δ' ἀμείψεσθε γαίας πέδον, Eum. 292 χώρας ἐν τόποις Λιβυστικοῖς, auch ebd. 326 ματρῷον ἅγνισμα κύριον φόνου, 715 πρωτοκτόνοισι προστροπαῖς Ἰξίονος. — Mit μὲν — σοὶ δὲ (V. 3) wird der erste Theil des Auftrags, Prometheus an Ort u. Stelle zu schaffen (ἥκομεν „da sind wir", „wir sind am Ziele" vgl. V. 12), dem zweiten, der Aufgabe des Hephästos, gegenübergestellt. — τηλουρὸν (πόρρω ἀφωρισμένην Hesych) wurde wegen unrichtiger Ableitung von ὄρος (οὖρος) von manchen Grammatikern τηλουρός accentuiert; den richtigen Accent gibt der Grammatiker Arcadius in der Schrift περὶ τόνων p. 73, 6 an. Demnach ist τηλουρός von τηλοῦ wie πονηρός von πόνος gebildet.

2. Σκύθης als Adjectiv auch V. 417, Sept. 817 Σκύθη σιδήρῳ, Eur. Rhes. 426 Σκύθης λαός vgl. Martial. IV 28, 4 Scythae zmaragdos, unten V. 805, Ag. 109 Ἑλλάδος ἥβας, unten Prom. sol. frgm. VIII 9 Αἴγυν στρατόν, 822 Κουρῆτα λαόν und unten zu V. 761. — Zu οἶμος ("Bahn", dann 'Streif, Strich') vgl. Il. 11, 24 τοῦ δ' (θώρηκος) ἤτοι δέκα οἶμοι ἔσαν μέλανος κυάνοιο (zehn Streifen von Blaustahl) und 12, 168 μέλισσαι οἴα ποιησάντναι ὁδῷ ἔπι καιπαλοέσσῃ. — ἄβροτον· ἀπάνθρωπον Hesych. Hermann hält (nach Buttmann Lexil. I S. 136) diesen Gebrauch von ἄβροτος für ein Missverständniss des Homerischen νὺξ ἀβρότη (Il. 14, 78), welches man erklärte καθ' ἣν βροτοὶ οὐ φοιτῶσιν, während es soviel als νὺξ ἄμβροτος (Od. 11, 330), νὺξ ἀμβροσίη ist; allein wie ἄναδρος unmännlich u. männerleer, ἀπάνθρωπος unmenschlich u. menschenleer heisst, so bedeutet ἄβροτος unsterblich u. leer von Sterblichen. — Die gleiche Auflösung im dritten Fusse findet sich achtmal in unserem Stücke. Während der Tribrachys im ersten Fusse immer aus einem Worte besteht (zu V. 116), ist im zweiten u. fünften, besonders aber im dritten u. vierten Fusse die erste Kürze des

Ἥφαιστε, σοὶ δὲ χρὴ μέλειν ἐπιστολὰς
ἅς σοι πατὴρ ἐφεῖτο, τόνδε πρὸς πέτραις
ὑψηλοκρήμνοις τὸν λεωργὸν ὀχμάσαι 5
ἀδαμαντίνων δεσμῶν ἐν ἀρρήκτοις πέδαις.

Tribrachys in der Regel die letzte Silbe des vorausgehenden Wortes oder eine einsilbige mit dem vorausgehenden Worte aufs engste zusammenhängende Partikel (vgl V. 351, γὰ 746, δὶ 993). Im dritten Fusse folgt an sechs Stellen nach der Cäsur ein dreisilbiges Wort, das für sich einen Tribrachys bildet, an den zwei übrigen Stellen ein viersilbiger Eigenname (V. 351 *Κιλικίων*, 840 *Ἰόνιος*). — Die Wiederholung der Präposition lässt *Ξενθῆν οἷμον* u. *ἄβροτον ἐρημίαν* mehr als selbständige Bestimmung denn als eng verbundene Apposition erscheinen. Vgl. Krüger I § 57, 10, 4. — Der Schol. bemerkt zu diesem V. τοῦτο εἰς τὸ ἀπαραμύθητον τοῦ διεθησομένου· καὶ Σοφοκλῆς τὸ αὐτὸ περὶ Φιλοκτήτου λέγει vgl. Einleitung S. 20 u. V. 20, 270.

3. Ἥφαιστε, σοὶ δέ: so findet man den Vokativ öftern vorausgestellt, um gleich durch Nennung des Namens die Aufmerksamkeit des angeredeten in besonderer Weise zu erregen. Vgl. Od. 16, 130 ἄττα, σὺ δ' ἔρχεο θᾶσσον, Il. 1, 282 Ἀτρείδη, σὺ δὲ παῦε τεὸν μένος, 6, 429 Ἕκτορ, ἀτὰρ σύ μοί ἐσσι πατήρ; häufig bei Sophocles (Ai. 1409, El. 150, O. R. 203, 1096, 1503, O. C. 287, 832, 507, 592, Ant. 1087, Phil. 799); auch [Platon] Theag. 127 C = Σώκρατες, πρὸς σὲ δ' ἂν ἤδη εἴη ὁ μετὰ τοῦτο λόγος. — ἐπιστολάς, ἐντολάς vgl. Suppl. 1012 φύλαξαι τάσδ' ἐπιστολὰς πατρός, Pers. 783 τοῦ μνημονεύει τὰς ἐμὰς ἐπιστολάς, frgm. 423 ἄκουε τὰς ἐμὰς ἐπιστολάς. (Ebenso von unmittelbaren oder mittelbaren Aufträgen Soph. Ai. 781, Trach. 493, Herod. IV 10, VI 50, Plat. Tim. 71 D, Crit. 419 C.)

4. πατὴρ von Zeus nicht bloss die Diener V. 40, 58 u. Hermes V. 947, 984, sondern auch Hephaestos V. 17.

5. λεωργόν· κακοῦργον, πανοῦργον, ἀνθροφόνον Hesych. Der Erklärung κακοῦργος entspricht aufs beste die Ableitung von λέως, welches von alten Lexikographen mit τελέως, παντελῶς, ἅπαν erklärt wird (vgl. Archilochus frgm. 111 Bergk λείως γὰρ οὐδὲν ἐφρόντισν = πάντως γὰρ οὐδὲν ἐφρόντισν u. die Wörter λεώλης, λεώλεθρος = πανώλης, πανώλεθρος), so dass λεωργός den rücksichtslos handelnden bedeutet im Gegensatz zu dem, der sein Handeln nach Gesetz u. Satzungen beschränkt, vgl. Archil. frgm. 87 πάτερ Ζεῦ, σὸν μὲν οὐρανοῦ κράτος, σὺ δ' ἔργ' ἐπ' ἀνθρώπων ὁρᾷς λεωργὰ καὶ θεμιστά, Xenoph. Mem. I 3, 9 αὐτὸν θεομνιογύτατον εἶναι καὶ λεωργότατον. Hesychius hat auch die Form λαοργός (mit der Erklärung ἀνόσιος· Σικελοί) und das Adverbium λέως verhält sich zu der verstärkenden Vorsilbe λα- (λάμαχος, λακατασύγιον, λακατάρατος) wie λέως zu λαός, νεώς zu ναός.

6. ἀδάμας· γένος σιδήρου Hesych vgl. V. 64, κρατερῆς ἀδάμαντος δῆσεν ἅλοις bei Pind. Pyth. IV 125 'mit eisernen Nägeln', ἐξ ἀδάμαντος ἢ σιδήρου ebd. frgm. 88. Erst seit Theophrast wird ἀδάμας in der Bedeutung von Diamant gebraucht (Pinder de adamante, comm. antiqu. p. 19). — ἀρρήκτοις πέδαις: Il. 13, 36 ἀμφὶ δὲ ποσσὶ πέδας ἔβαλε χρυσείας ἀρρήκτους ἀλύτους, unten V. 18 δυσλύτοις χαλκεύμασι; πέδαι bezeichnet die Wirkung des Bindens u. Haltens (ἀρρήκτοις), δεσμά dasjenige, womit gebunden wird (ἀδαμαντίνων)· vgl. πῆμα νόσου Ag. 850, λίκτρων εὐνάς Pers. 543. — Den Anapäst hat Aeschylus mit Ausnahme von

ΠΡΟΜΗΘΕΥΣ ΔΕΣΜΩΤΗΣ. 29

τὸ σὸν γὰρ ἄνθος, παντέχνου πυρὸς σέλας,
θνητοῖσι κλέψας ὤπασεν· τοιᾶσδέ τοι
ἁμαρτίας σφε δεῖ θεοῖς δοῦναι δίκην,
ὡς ἂν διδαχθῇ τὴν Διὸς τυραννίδα   10
στέργειν, φιλανθρώπου δὲ παύεσθαι τρόπου.

ΗΦΑΙΣΤΟΣ.

Κράτος Βία τε, σφῷν μὲν ἐντολὴ Διὸς
ἔχει τέλος δὴ κοὐδὲν ἐμποδὼν ἔτι·
ἐγὼ δ' ἄτολμός εἰμι συγγενῆ θεὸν
δῆσαι βίᾳ φάραγγι πρὸς δυσχειμέρῳ.   15
πάντως δ' ἀνάγκη τῶνδέ μοι τόλμαν σχεθεῖν·
εὐωριάζειν γὰρ πατρὸς λόγους βαρύ.

Sept. 569, wo der Eigenname nicht leicht anders in den Vers zu bringen war (unten V. 840 ist nicht hieher zu rechnen), nur im ersten Fusse des Trimeters. Derselbe besteht immer, wie der Tribrachys u. Daktylus im ersten Fusse (zu V. 2 u. 730), aus einem einzigen Worte, welches gewöhnlich dreisilbig, öfters jedoch auch mehrsilbig ist (wie hier noch V. 64, 358, 790, 805, 811). Unser Stück hat dreizehn solche Auflösungen.
7. τὸ σὸν ἄνθος· τὸν σὸν κόσμον Schol. vgl. prangen u. Prunk. Theogn. 452 heisst des Goldes reiner Glanz καθαρὸν ἄνθος. — Zu παντέχνου πυρός vgl. V. 110, Xenoph. Mem. IV 8, 7 τὸ δὲ καὶ τὸ πῦρ πορίσαι ἡμῖν, ἐπίκουρον μὲν ψύχους, ἐπίκουρον δὲ σκότους, συνεργὸν δὲ πρὸς πᾶσαν τέχνην καὶ πάντα, ὅσα ὠφελείας ἕνεκα ἄνθρωποι κατασκευάζονται; ὡς γὰρ συντελοῦντι εἰπεῖν, οὐδὲν ἀξιόλογον ἄνευ πυρὸς ἄνθρωποι τῶν πρὸς τὸν βίον χρησίμων κατασκευάζονται; Plat. Protag. 321 C ὁ Προμηθεὺς — κλέπτει Ἡφαίστου καὶ Ἀθηνᾶς τὴν ἔντεχνον σοφίαν σὺν πυρί. Zu der Umschreibung πυρὸς σέλας vgl. Hes. Theog. 566 κλέψας ἀκαμάτοιο πυρὸς τηλέσκοπον αὐγήν.
9. σφέ, αὐτόν wie Sept. 615, Soph. Ai. 51, O. C. 40, Trach. 234, Eur. Ion 45, 71, 81 u. ö. Bei den Tragikern wird σφέ für Singular wie für Plural gebraucht, während es bei Homer nur für den Plural vorkommt. Vgl. Krüger II § 51, 1, 14.
10. ἂν bei ὡς u. ὅπως c. coni. ist in der attischen Sprache sehr gewöhnlich; so gebraucht Aristophanes immer ὡς ἄν u. in den attischen Inschriften findet sich ὅπως ἄν häufig; vgl. V. 654, 706, 824.
13. Mit ἔχει τέλος vgl. Soph. O. C. 1780 πάντως ἔχει τάδε κύρος (= κεκύρωται). — οὐδὲν ἐμποδών: 'nihil vos detinet'.
14. συγγενῆ: τὸν ἀπὸ μιᾶς ὁρμώμενον τέχνης Schol. Als Feuergott ist Hephaestos besonders nach der Auffassung des attischen Cultus (s. Einleitung S. 2) dem Prometheus verwandt. Genealogisch ist Hephaestos der Sohn des Zeus u. der Hera (Il. 1, 577 f.) oder nach Hesiod. Theog. 927 der vaterlose Sohn der Hera, wie Prometheus Sohn der Themis. Themis ist Tochter, Hera Enkelin des Uranos. Vgl. V. 39.
17. εὐωριάζειν· ὀλιγωρεῖν, μὴ ἔχειν φροντίδα, παρακούειν Hesych. Ist man guten Muths u. leichten Sinnes (εὔωρος, securus) bei der Ausführung eines Auftrages, so nimmt man die Sache nicht genau. Vgl. unser 'etwas auf die leichte Achsel nehmen'.

τῆς ὀρθοβούλου Θέμιδος αἰπυμῆτα παῖ,
ἄκοντά σ' ἄκων δυσλύτοις χαλκεύμασι
προσπασσαλεύσω τῷδ' ἀπανθρώπῳ πάγῳ, 20
ἵν' οὔτε φωνὴν οὔτε του μορφὴν βροτῶν
ὄψει, σταθευτὸς δ' ἡλίου φοίβῃ φλογί
χροιᾶς ἀμείψεις ἄνθος· ἀσμένῳ δέ σοι

18. **Θέμιδος**: vgl. Einleitung S. 14; **ὀρθοβούλου** u. **αἰπυμῆτα** contrastieren; **αἰπυμήτης**, der mit seiner Klugheit zu hoch, über das Mass hinaus strebt. Vgl. **εὔβουλον Θέμιν** Pind. frgm. 6. — Die Auflösung in einen Daktylus hat der tragische Trimeter im dritten Fusse sehr häufig; selten bei Aeschylus im ersten Fusse u. gewöhnlich dann nur bei Eigennamen (V. 730). Im dritten Fusse kommt der Daktylus achtzehnmal in unserem Stücke vor u. zwar so, dass zwischen 'Thesis' u. 'Arsis' die Cäsur fällt, indem die lange erste Silbe das Ende des vorausgehenden Wortes oder ein einsilbiges mit dem vorausgehenden in engster Verbindung stehendes Wort ist (V. 1009 δὶ, 1027 τὶς). Vgl. zu V. 2.

19. **ἄκοντά** σ' **ἄκων**, V. 671 ἄκουσαν ἄκων, 218 ἑκόνθ' ἑκόντι, Eur. Cycl. 268 ἑκὼν ἑκοῦσι, Hipp. 319 οὐχ ἑκοῦσαν οὐχ ἑκών: wie beliebt bei den Dichtern solche Zusammenstellung gleicher in verschiedener Beziehung stehender Worte ist, zeigt Od. 5, 154 παρ' οὐκ ἐθέλων ἐθελούσῃ = οὐκ ἐθέλων παρ' ἐθελούσῃ vgl. ebd. 3, 272 τὴν δ' ἐθέλων ἐθέλουσαν ἀνήγαγεν, 5, 97 εἰρωτᾷς μ' ἐλθόντα θεὰ θεόν, Choeph. 89 παρὰ φίλης φίλῳ φέρειν γυναικὸς ἀνδρί, unten V. 29, 192, 276, 762, 921.

20. **ἀπανθρώπῳ**: vgl. zu **ἄβροτον** V. 2; **ἀπανθρώπῳ** wird durch den folg. V. weiter ausgeführt. Eximia arte cumulavit poeta infinitam mali magnitudinem (Hermann). — **πάγοι**· αἱ ἐξοχαὶ τῶν πετρῶν καὶ τῶν ὀρῶν Hesych. Od. 5, 411 ἔκτοσθεν μὲν γὰρ πάγοι ὀξέες.

21. Wie häufig die Präpositionen, so hat auch oft das pron. τις in gewählter Weise seine Stellung im zweiten Gliede der Disjunction: vgl. V. 156, Soph. Ant. οὔτε θηρὸς οὔτε του κυνῶν, Eur. Hec. 370 οὔτ' ἐλπίδος γὰρ οὔτε του δόξης, Soph. Trach. 8 οὔτ' εἰ χρηστὸς οὔτ' εἰ τῷ κακός, 1154 σπαραγμὸν ᾗ τιν' οἴστρον, O. R. 817 ᾧ μὴ ξένων ἔξεστι μηδ' ἀστῶν τινα δόμοις δέχεσθαι, Od. 4, 87 οὔτι ἄναξ ἐκιδευὴς οὔτε τι ποιμήν, Solon fr. 4, 12 οὐδ' ἱερῶν κτεάνων οὔτε τι δημοσίων φειδόμενοι. Vgl. zu V. 458. — **οὔτε** = 'noch auch nur': darum schliesst sich ὄψει zeugmatisch an das zweite Glied an. Vgl. Suppl. 1006 πρὸς ταῦτα μὴ πάθωμεν ὧν πολὺς πόνος, πολὺς δὲ πόντος ἤνυτκ ἠρόθη δορί. Frequentissime hoc fit ubi grammatici αἴσθησιν ἀντὶ αἰσθήσεως poni aiunt, quibus in locis cum nomine notio verbi congeneris tacite comprehenditur. (Lobeck.)

22. **σταθευτός**: φλογιζόμενος· σταθεύειν γὰρ τὸ κατ' ὀλίγον ὀπτᾶν φασὶν Ἀττικοί. Schol. σταθευτός·πεφλογισμένος ἠρέμα Hesych. von στατός u. εὕω (senge). — Man erwartet nach V. 15 (δυσχειμέρῳ) eher die Schilderung der widrigen Einwirkungen der Kälte; für den Griechen war die Schilderung des Sonnenbrandes, woran sich der folgende Gegensatz passend anschliesst, wirksamer. — **φοίβη**: φοῖβον ὕδωρ Hes. fr. 78; φοῖβον δὲ δήπου τὸ καθαρὸν καὶ ἁγνὸν οἱ παλαιοὶ πᾶν ὀνόμαζον Plut. Mor. p. 493 C. — φ macht Alliteration.

23. **χροιᾶ** gewähltere Form nach der jon. (alten) Form χροιή, gewöhnliche Form χρόα; vgl. ποία u. πόα, γοή u. γόα, Aristoph. Eccl. 676. 684. 686 στοιά für στοά. — **ἄνθος** von der Farbe Herod. I 98 οὖτοι πάντων τῶν κύκλων οἱ προμαχεῶντες ἠνθισμένοι εἰσὶ φαρμά-

ἡ ποικιλείμων νὺξ ἀποκρύψει φάος,
πάχνην θ' ἑῴαν ἥλιος σκεδᾷ πάλιν.
ἀεὶ δὲ τοῦ παρόντος ἀχθηδὼν κακοῦ
τρύσει σ'· ὁ λωφήσων γὰρ οὐ πέφυκέ πω.

τοιαῦτ' ἐπηύρου τοῦ φιλανθρώπου τρόπου.
θεὸς θεῶν γὰρ οὐχ ὑποπτήσσων χόλον
βροτοῖσι τιμὰς ὤπασας πέρα δίκης.

25

30

κοισι, von der Farbe des Haares Soph. O. R. 742 λευκανθὲς κάρα, Babrius 22, 8 τῶν τριχῶν ἵειλεν ἃς ηὔξισκε λευκανθιζούσας; von der Hautfarbe Solon. fr. 27, 5 τῇ τριτάτῃ δὲ γένειον ἀεξομένων ἴσι γυίων λαχνοῦται χροιῆς ἄνθος ἀμειβομένης, Theodektes fr. 17 ἧς ἀγχιτέρμων ἥλιος διφρηλατῶν σκοτεινὸν ἄνθος ἐξιχρᾷσι λιγνύος εἰς σῶμα᾽ ἀνδρῶν (von der Negerfarbe der Aethiopen). — ἀσμένῳ: Il. 14, 108 ἐμοὶ δέ κεν ἀσμένῳ εἴη, Soph. Trach. 18 ἀσμένῃ δέ μοι ὁ κλεινὸς ἦλθε — παῖς, Eur. Phoen. 1043 χρόνῳ δ' ἔβα τότ' ἀσμένοις, Arist. Pac. 582 ἀσμένοισιν ἦλθες ἡμῖν φιλτάτη; über diesen Dativ bei εἶναι u. den Verben des Kommens vgl. Krüger I § 48, 6, 4.

24. ποικιλείμων: ποικίλον ἔνδυμα ἔχουσα διὰ τὸ κεποικιλθαι τοῖς ἄστροις Schol. Mit ποικίλος vgl. Soph. Trach. 94 αἰόλα νύξ, Eur. Hel. 1096 ἀστέρων ποικίλματα, frgm. 596 ὀρφναία νὺξ αἰολόχρως ἀκρίτος τ' ἄστρων ὄχλος, mit dem zweiten Theile εἷμα Eur. Jon. 1150 μελάμπεπλος νύξ, Argon. Orph. 1028 νὺξ ἀστραγίεων (δ11 μήτη ἀστροχίτων), Claudian Rapt. Pros. II 363 nox picta sinus. — ἀποκρύψει: κρ verlängert im Anlaut in der 'Arsis' wie unten 659 θεοπρόπους, Eum. 408 ἄτρυτον, Pers. 217 ἀποτροπήν, 895 ἐπιφλέγει, vgl. Pers. 782 νέα φροντίς. — ἀποκρύψει φάος: Archilochus frgm. 76 Ζεὺς πατὴρ Ὀλυμπίων ἐκ μεσημβρίης ἔθηκε νύκτ' ἀποκρύψας φάος ἡλίου λάμποντος.

26. τοῦ παρόντος in derselben Bedeutung wie V. 47, 98, 271, 375, 321, 471, 971, 1000 (nicht = τοῦ δὲ ἀεὶ παρόντος).

27. ὁ λωφήσων: vgl. Soph. Ant. 261 οὐδ' ὁ κωλύσων παρῆν, El. 1197 οὐδ' οὑπαρήξων οὐδ' ὁ κωλύσων πάρα, O. R. 297 οὑξελέγξων αὐτὸν ἔστιν, Thuc. II 51 οἰκίαι πολλαὶ ἐκενώθησαν ἀπορίᾳ τοῦ θεραπεύσοντος, vgl. auch unten V. 771, Soph. Phil. 1242 τίς ἔσται μ' οὑπικωλύσων τάδε, Krüger I § 50, 4, 3. Unrichtig denkt der Schol. an eine bestimmte Person (Herakles). λωφήσων hier transitiv (V. 376 intransitiv). Das Objekt bleibt bei diesem Gebrauch des Participe gewöhnlich fort. — Mit οὔπω (getrennt wie V. 611, Pers. 150, Cho. 747, Eum. 560, frgm. 280, 5) will Hephaestos nichts anderes ausdrücken, als was wir etwa mit 'dein Erretter soll noch erst geboren werden' sagen wollen (Schütz).

28. Von ἐπαυρίσκομαι kommen bei Epikern u. Tragikern nur die Formen des zweiten Aor. ἐπηυράμην vor. Zu dem ironischen Sinne von ἐπηύρου ('das ist der Lohn für') vgl. Il. 15, 16 οὗ μὰν οἶδ' εἰ αὐτὲ κακοῤῥαφίης ἀλεγεινῆς πρώτη ἐπαύρηαι καί σε πληγῇσιν ἱμάσσω.

29. θεὸς θεῶν (zu V. 19) mit Beziehung auf βροτοῖσι. Die Götter haben den Sterblichen gegenüber gleiches Interesse. — ὑποπτήσσων: vgl. V. 175, 960.

30. τιμάς: auszeichnende Güter, Vorrechte wie γέρα V. 107 (vgl. zu V. 229). — πέρα δίκης im Munde des wohlmeinenden Hephästos gibt die Schuld nach der Vorstellung des Dichters an.

ἀνθ' ὧν ἀτερπῆ τήνδε φρουρήσεις πέτραν
ὀρθοστάδην ἄυπνος, οὐ κάμπτων γόνυ·
πολλοὺς δ' ὀδυρμοὺς καὶ γόους ἀνωφελεῖς
φθέγξει· Διὸς γὰρ δυσπαραίτητοι φρένες·
ἅπας δὲ τραχὺς ὅστις ἂν νέον κρατῇ. 35

ΚΡ. εἶεν, τί μέλλεις καὶ κατοικτίζει μάτην;
τί τὸν θεοῖς ἔχθιστον οὐ στυγεῖς θεόν,
ὅστις τὸ σὸν θνητοῖσι προὔδωκεν γέρας;
ΗΦ. τὸ συγγενές τοι δεινὸν ἥ θ' ὁμιλία.
ΚΡ. σύμφημ', ἀνηκουστεῖν δὲ τῶν πατρὸς λόγων 40
οἷόν τε; πῶς οὐ τοῦτο δειμαίνεις πλέον;
ΗΦ. αἰεί γε δὴ νηλὴς σὺ καὶ θράσους πλέως.
ΚΡ. ἄκος γὰρ οὐδὲν τόνδε θρηνεῖσθαι· σὺ δὲ
τὰ μηδὲν ὠφελοῦντα μὴ πόνει μάτην.
ΗΦ. ὦ πολλὰ μισηθεῖσα χειρωναξία. 45
ΚΡ. τί νιν στυγεῖς; πόνων γὰρ ὡς ἁπλῷ λόγῳ

31. φρουρεῖν bezieht sich auf die im fig. V. angegebene Schlaflosigkeit. Der φρουρός darf nicht schlafen. — ἀτερπῆ imminutione rei cum amara quadam ironia; plus enim intellegi vult (Schütz).
32. ὀρθοστάδην: vgl. Einleitung S. 4°. — γόνυ κάμψαι· ἀναπαύεσθαι Hesych. vgl. V. 396, Π. 7, 118 φημί τιν ἀσπασίως γόνυ κάμψειν, αἵ κε φύγωμεν δηΐον ἐκ πολέμοιο, Eur. Hec. 1080, 1150, Catull. 64, 308 niveis flexerunt sedibus artus.
33. προσαναφωνεῖ τὰς μονῳδίας αὑτοῦ. Schol.
35. νέον (vgl. Krüger II § 46, 6, 7): derselbe Gedanke kehrt V. 96, 149, 810, 889, 942, 955 wieder.
38. προὔδωκεν wie κλέψας ἄκασιν V. 8. — Zum Beginn des gereisten Zwiegesprächs hat Kratos drei (vgl. V. 613), in folgenden immer zwei Verse, Hephaestos (seinem angehaltenen u. deshalb kurz angebundenen Wesen gemäss) immer einen Vers. — ὅστις 'ein solcher der' (qualitativ) vgl. V. 759, Pers. 744 παῖς δ' ἐμὸς τάδ' οὐ κατειδὼς ἤνυσεν νέῳ θράσει ὅστις
. . ἤλπισε.

39. δεινόν 'von mächtiger Wirkung': vgl. Sept. 1031 δεινὸν τὸ κοινὸν σπλάγχνον οὗ πεφύκαμεν, Soph. El. 770 δεινὸν τὸ τίκτειν ἐστίν, Eur. Andr. 985 τὸ συγγενὲς γὰρ δεινόν, Phoen. 355 δεινὸν γυναιξὶν αἱ δι' ὠδίνων γοναί, Iph. A. 917 δεινὸν τὸ τίκτειν καὶ φέρει φίλτρον μέγα. — ὁμιλία: Quint. decl. 321 consuetudo alienos etiam ac nulla necessitudine inter se coniunctos componere et adstringere officiis potest.
41. πῶς οὐ: vgl. V. 589, Aristoph. Nub. 398 καὶ πῶς, εἴπερ βάλλει τοὺς ἐπιόρκους, δῆτ' οὐχὶ Σίμων' ἐνέπρησεν;
42. Die erste u. zweite Person von εἰμί wird seltener weggelassen (vgl. V. 178, 246, 820, 873, 987); nur bei Frenos ist die Weglassung gewöhnlich, sogar ohne ἐγώ (Soph. Ai. 813 χωρεῖν ἕτοιμος, O. R. 92). Unten V. 475 wird das fehlende σύ durch das voraufgehende ξυντὸν vertreten. Krüger I § 62, 1, 5.
46. νιν steht bei den Tragikern für alle Geschlechter im Singular wie im Plural. Krüger II § 61, 1, 13. — ὡς ἁπλῷ λόγῳ s. v. a. ὡς

ΠΡΟΜΗΘΕΤΣ ΔΕΣΜΩΤΗΣ.

τῶν νῦν παρόντων οὐδὲν αἰτία τέχνη.
ΗΦ. ἔμπας τις αὐτὴν ἄλλος ὤφελεν λαχεῖν.
ΚΡ. ἅπαντ' ἐπαχθῆ πλὴν θεοῖσι κοιρανεῖν.
ἐλεύθερος γὰρ οὔτις ἐστὶ πλὴν Διός. 50
ΗΦ. ἔγνωκα τοῖσδε, κοὐδὲν ἀντειπεῖν ἔχω..
ΚΡ. οὔκουν ἐπείξει τῷδε δεσμὰ περιβαλεῖν,
ὡς μή σ' ἐλινύοντα προσδερχθῇ πατήρ;
ΗΦ. καὶ δὴ πρόχειρα ψέλια δέρκεσθαι πάρα.
ΚΡ. βαλών νιν ἀμφὶ χερσὶν ἐγκρατεῖ σθένει 55
ῥαιστῆρι θεῖνε πασσάλευε πρὸς πέτραις.
ΗΦ. περαίνεται δὴ κοὐ ματᾷ τοὐργον τόδε.
ΚΡ. ἄρασσε μᾶλλον, σφίγγε, μηδαμῇ χάλα.
δεινὸς γὰρ εὑρεῖν κἀξ ἀμηχάνων πόρους.
ΗΦ. ἄραρεν ἥδε γ' ὠλένη δυσεκλύτως. 60

ἀπλῶς εἰπεῖν vgl. V. 975 u. ὡς ἀληθῶς (anders V. 610).
49. Der Gedanke ist: 'eine andere Würde hat wieder eine andere Bürde; alles ist abhängig und zu Dienst und Gehorsam verpflichtet ausser dem an der Spitze des Ganzen stehenden Zeus, der allein allen zu befehlen, niemanden zu gehorchen hat (ὑπ' ἀρχὰς οὔτινος θοάζων Suppl. 595)'. — ἐπαχθῆ 'mit widerwärtigem verbunden'. — κοιρανεῖν mit dat. wie ἄρχειν V. 940, ἐπιδεσπόζει στρατῷ Pers. 241; Krüger II § 47, 20, 3.
51. τοῖσδε 'an dem, was hier vorgeht'. — οὐδὲν ἀντειπεῖν, nämlich τὸ μὴ οὐ τὰ ἐπινενοαγμένα ποιεῖν.
52. δεσμὰ περιβαλεῖν: die Auflösung im fünften Fusse findet sich im Prom. nur einmal, wie sie überhaupt sehr selten ist. Vgl. zu V. 2.
53. ἐλινύω hier absolut, mit dem Particip V. 529.
54. ψέλιον μὲν (ψάλια hat an unserer Stelle die beste Handschrift) τὸ τοῦ ἵππου. ψέλιον δὲ (ψέλια geben andere Handschriften) τὸ ἀκροις βραχίοσι περιτιθέμενον κόσμιον. Ammonius. Mit solchen Armbändern ist in den oben S. 4* erwähnten Gemälden Prometheus

angeheftet. — δέρκεσθαι mit Beziehung auf προσδερχθῇ.
55. νιν: τὰ ψέλια Schol. vgl. zu V. 46. — Die zwei Dative ἐγκρατεῖ σθένει u. ῥαιστῆρι geben die innere Kraft und das äussere Mittel an: ἐγκρατὲς θεῖνε ῥαιστῆρι (dynamischer — instrumentaler Dativ). — ῥαιστῆρα κρατερὴν hat Hephästos Il. 18, 477.
56. θεῖνε πασσάλευε: das Asyndeton hängt damit zusammen, dass der eine Begriff durch mehrere Verba bezeichnet wird, von denen das zweite nachdrücklicher ist als das erste, vgl. V. 58, 141, 392, 608, 699, 937, Pers. 426 ἵκαιον ἐρράχιζον, 463 ἵπαιον ηρεωσκοποῦσι, Cho. 289 κινεῖ ταράσσει, Sept. 59 χωρεῖ κονίει, 166 σθένειν λακάξειν, Soph. Ai. 60 ὀτρύνω εἰσέβαλλον εἰς ἔρκη κακά, 115, 611, 844, 988, Ant. 1087 κιρδαίνετ' ἐμπολᾶτε, El. 719 ᾖσριζον εἰσέβαλλον ἱππικαὶ πνοαί, Trach. 1265 ἐγκονεῖτ' αἴρεσθε, das öftere vorkommende σκεύδωμεν ἐγκονῶμεν, Eur. Phoen. 1434 ἐκλα' ἐθρήνει u. a.
57. ματᾷ: διατρίβει, χρονίζει, Hesych.
59. Vgl. Aristoph. Equ. 758 ποικίλος γὰρ ἀνὴρ κἀκ τῶν ἀμηχάνων πόρους εὐμήχανος πορίζειν.

KP. καὶ τήνδε νῦν πόρπασον ἀσφαλῶς, ἵνα
μάθῃ σοφιστὴς ὢν Διὸς νωθέστερος.
ΗΦ. πλὴν τοῦδ' ἂν οὐδεὶς ἐνδίκως μέμψαιτό μοι.
KP. ἀδαμαντίνου νῦν σφηνὸς αὐθάδη γνάθον
στέρνων διαμπὰξ πασσάλευ' ἐρρωμένως. 65
ΗΦ. αἶαῖ, Προμηθεῦ, σῶν ὑπὸ στένω πόνων.

KP. σὺ δ' αὖ κατοκνεῖς τῶν Διός τ' ἐχθρῶν ὕπερ

61. πόρπασον: das *d* wie in πόρπαμα (Eur. El. 820), vgl. ἐκθοινάσεται V. 1025 (θοίναμα, Ag. 1502 θοινατήρος), dann andere bei den Tragikern vorkommende Formen wie εὐνατήρ, εὐνάτειρα (Pers. 157), ποινάτωρ; auch ἱπποβάμων unten V. 805 u. Suppl. 284, ἱκεσιοπάρανος V. 353 (καφανοῦσθαι), κυναγός, βαλός, γάπεδον, γάμοροι, γάποτος, ἴκανε, δαφόν, δάιος u. a.

62. σοφιστής hatte zur Zeit des Aeschylus noch nicht die historische Bedeutung, welche das Wort durch Sokrates' u. Platon's Einfluss erhalten hat. Vgl. Athen. XIV p. 632 C πάντας τοὺς χρωμένους τῇ τέχνῃ ταύτῃ (τῇ μουσικῇ) σοφιστὰς ἀπεκάλουν, ὥσπερ καὶ Αἰσχύλος ἐποίησεν 'εἶτ' οὖν σοφιστὴς κάλα παραπαίων χέλυν'. Aber entsprechend der Bedeutung von σοφίζομαι (vgl. Soph. Phil. 77 ἀλλ' αὐτὸ τοῦτο δεῖ σοφισθῆναι, κλοπεὺς ὅπως γενήσει τῶν ἀνικήτων ὅπλων) hat es hier wie V. 944 den Begriff einer Klugheit u. Schlauheit, welche sich um die Mittel nicht kümmert.
— Zu μάθῃ gehört logisch nur Διὸς νωθέστερος, während das Prädikat σοφιστής keine Beziehung auf Zeus hat ('dass er bei aller Gescheidtigkeit u. s. w.').

64. Mit dem Epitheton αὐθάδης lässt sich Ἰάας ἀναιδής Il. 11, 598 u. λάβρῳ μαχαίρᾳ Eur. Cycl. 403 vergleichen. — Zu γνάθος vgl. γένυς im Sinne von πέλεκυς Soph. El. 196 u. 485, Phil. 1205, πεύκινον γνάθοις Eur. Cycl. 395. — Die Stelle bei Hesiod. Theog. 521 δῆσε δ' ἀλυκτοπέδῃσι Προμηθέα ποικιλόβουλον δεσμοῖς ἀργαλέοισι μέσον διὰ κίον' ἐλάσσας, wo zu construieren ist ἐλάσσας (τὰ δεσμὰ) διὰ μέσον κίονα ('indem er die Fesseln mitten in die Säule hinein trieb'), wurde missverständlich ἐλάσσας κίονα διὰ μέσον (τὸν Προμηθέα) construiert, wie auf einer alten aus Chiusi stammenden schwarzfigurigen Vase des Berliner Museums (no. 1721, O. Jahn Archäol. Beitr. Taf. VIII) Prometheus gefählt dargestellt ist. Diese rohere Vorstellung ist von Aeschylus in eine geeignetere u. für den Anblick erträglichere verwandelt. Uebrigens ist auch in der Hesiodischen Darstellung das Bild der älteren Sage schon verdunkelt, welche unter der Säule einen κίων οὐράνιος, einen in den Himmel emporragenden spitzen Bergkegel verstanden hatte. Vgl. zu V. 349.

66. ὑπὸ zur Angabe der Ursache ('in Folge, wegen') wie Thuc. II 85 ὑπὸ ἀνέμων καὶ ὑπὸ ἀπλοίας ἐνδιέτριψεν οὐκ ὀλίγον χρόνον, IV 6 ὑλώδης τε καὶ ἀτριβὴς πᾶσα ὑπ' ἐρημίας ἦν (ἡ νῆσος), Soph. Ant. 221 ὑκ' ἐλπίδων ἄνδρας τὸ κέρδος πολλάκις διώλεσεν, auch Ag. 475 πυρὸς δ' ὑπ' εὐαγγέλου πόλιν διήκει θοὰ βάξις.

67. αὖ κατοκνεῖς: V. 36. — ἐχθρῶν ὕπερ: Bei den Tragikern wird die Präposition häufig dem Substantiv nachgesetzt, wenn noch ein Attribut (z. B. V. 658 ein Gen.) nachfolgt; ohne dies im Trimeter gewöhnlich nur dann, wenn die Präposition am Ende des Verses steht, vgl. V. 365, 634, 700, 811, 988.

ΠΡΟΜΗΘΕΤΣ ΔΕΣΜΩΤΗΣ   35

στένεις; ὅπως μὴ σαυτὸν οἰκτιεῖς ποτε.
ΗΦ. ὁρᾷς θέαμα δυσθέατον ὄμμασιν.
ΚΡ. ὁρῶ κυροῦντα τόνδε τῶν ἐπαξίων.   70
ἀλλ' ἀμφὶ πλευραῖς μασχαλιστῆρας βάλε.
ΗΦ. δρᾶν ταῦτ' ἀνάγκη, μηδὲν ἐγκέλευ' ἄγαν.
ΚΡ. ἦ μὴν κελεύσω κἀπιθωΰξω γε πρός.
χώρει κάτω, σκέλη δὲ κίρκωσον βίᾳ.
ΗΦ. καὶ δὴ πέπρακται τοὔργον οὐ μακρῷ πόνῳ.   75
ΚΡ. ἐρρωμένως νῦν θεῖνε διατόρους πέδας·
ὡς οὑπιτιμητής γε τῶν ἔργων βαρύς.
ΗΦ. ὅμοια μορφῇ γλῶσσά σου γηρύεται.
ΚΡ. σὺ μαλθακίζου, τὴν δ' ἐμὴν αὐθαδίαν

70. ὁρᾷ affektvoll nach ὁρᾷς.
71. μασχαλιστῆρες sind Eisengurte, welche auf beiden Seiten festgenagelt werden.
72. Das Asyndeton der beiden Sätze, welche in causalem Verhältnisse stehen, bezeichnet den Affekt des unwilligen. Vgl. Krüger I § 59, 1, 8 u. II § 59, 1, 7. Den Unwillen über die zudringlichen Mahnungen drückt auch das Compositum ἐγκελεύειν aus.
73. Die Betheuerung ἦ μήν mit dem affektvoll wiederholten κελεύειν gibt die trotzige Rücksichtslosigkeit gegen das Verlangen des Hephästos an. — ἐπιθωΰξω: vgl. V. 277, wo der Schol. bemerkt ἡ μεταφορὰ ἀπὸ τῶν κυνηγῶν, V. 393, 1041, Eur. Hipp. 219 ποεῖ θωΰξαι. — καὶ — γέ et quidem: γέ dient zur Hervorhebung der stärkeren Bezeichnung, vgl. Eur. Phoen. 610 ὅς μ' ἄπειρον ἐξελαύνεις — καὶ κατακτενεῖ γε πρός. — πρός: πρὸς δέ V. 929, καὶ πρός Cho. 299, τε πρός Eum. 238. Krüger I § 69, 3, 2.
74. διὰ τοῦ 'χώρει κάτω' τὸ μέγεθος ἐνέφηνε τοῦ δεσμευομένου θεοῦ Schol. Doch kann es einfach 'komm zu den unteren Körpertheilen' bedeuten. — κίρκωσον ἀντὶ τοῦ κρίκωσον. Schol. II. 24, 272 κρίκος. Die ältere Form κίρκος (circus) hat sich im Namen des Vogels (Od. 13, 86 ἴρηξ κίρκος) er-

halten (V. 857); auch kennt der attische Dialekt Formen wie φάρξαι für φράξαι, δαρχμή für δραχμή (Metathesis).
76. διατόρους πέδας: πέδας im allgemeinen Sinne wie V. 6; διατόρους (passivisch, sonst gewöhnlich aktivisch wie V. 181) bezieht sich nicht auf die Löcher, welche die Fesseln ursprünglich hatten (Schütz, Hermann), sondern bezeichnet die mit Nägeln durchbohrten Fesseln, wie Soph. O. R. 1034 mit διατόρους ποδοῖν ἀκμάς die von Nadeln durchstochenen Fussspitzen gemeint sind. So geht θεῖνε auf die durchgetriebenen Nägel, welche zum Schlusse noch einmal festgeklopft werden sollen. Ueber die Auflösung vgl. zu V. 2. Die gleiche Auflösung findet sich noch dreimal (V. 278, 680, 809). V. 273 ist die zweite und dritte Kürze durch ein zweisilbiges Wort (διά) gebildet, 809 folgt ein dreisilbiges, V. 680 wie hier ein viersilbiges Wort.
77. Vgl. V. 53, 68. — ἐπιτιμητής: vgl. Soph. frgm. 478 κολασταὶ κἀπιτιμηταὶ κακῶν, Eur. Suppl. 255 τούτων κολαστὴν κἀπιτιμητήν, ἄναξ.
78. ὅμοια μορφῇ: ὡς ἐπιρανέλου (absonderlich) κεκινημένου τοῦ προσώπου (Maske) αὐτοῦ. Schol.
79. μαλθακίζου: über die Bedeutung des Imperativs vgl. Krüger I § 54, 4, 2.

3*

ὀργῆς τε τραχυτῆτα μὴ 'πίπλησσέ μοι.   80
ΗΦ. στείχωμεν· ὡς κώλοισιν ἀμφίβληστρ' ἔχει.

ΚΡ. ἐνταῦθα νῦν ὕβριζε καὶ θεῶν γέρα
συλῶν ἐφημέροισι προστίθει. τί σοι
οἷοί τε θνητοὶ τῶνδ' ἀπαντλῆσαι πόνων;
ψευδωνύμως σε δαίμονες Προμηθέα   85
καλοῦσιν· αὐτὸν γάρ σε δεῖ προμηθέως,
ὅτῳ τρόπῳ τῆσδ' ἐκκυλισθήσει τέχνης.

80. ὀργή 'eiferndes, heftiges Wesen'.

81. Der Dativ κώλοισιν ist regiert von dem in ἀμφίβληστρ' ἔχει liegenden Begriff ἀμφιβάλλειν. — Hephaestos geht, während Kratos noch seinem Hohne Luft macht, ruhig seines Weges. So ist für den abgehenden Schauspieler Zeit gewonnen für die Rolle des Prometheus sich einzurichten. S. oben S. 19.

82.· Vgl. Il. 21, 120 τὸν δ' Ἀχιλεὺς ποταμόνδε λαβὼν ποδὸς ἧκε φέρεσθαι, καί οἱ ἐπευχόμενος ἵκεα πτερόεντ' ἀγόρευεν· ἐνταυθοῖ νῦν κεῖσο μετ' ἰχθύσιν κτέ.

83. συλῶν: vgl. ἱεροσυλεῖν. ἐφημέροισι: s. zu 546 f.; vgl. V. 263, 945, Eur. Orest. 976 ἰὼ ἰώ, παν-δάκρυτ' ἐφαμέραν [θνα πολύπονα, Arist. Nub. 223 (Sokrates wie ein Gott) τί με καλεῖς, ὦ 'φήμερε; Orph. Arg. 36 ἠδ' ὅσα θεσκίζουσιν ὀνει-ροπόλοισιν ἀταρποῖς ψυχαὶ ἐφημερίων. Cic. Tusc. I 39, 94 Apud Hypanim fluvium ... Aristoteles ait bestiolas quaedam nasci, quae unum diem vivant (Aristoteles H. An. V 19 nennt diese Thierchen ἐφήμερα).... Confer nostram longissimam aetatem quasi aeternitate; in eadem propemodum brevitate qua illae bestiolae reperiemur.

86. Die Construction δεῖ τινά τινος findet sich (bei Aeschylos nur hier) öfters bei Euripides (Hec. 1021, Phoen. 470, Hippol. 23, Ion 1018, Herc. f. 1170, Rhes. 837); vgl. Krüger II § 47, 16, 2. — προ-μηθέως: der Dichter hat sich dem Effekt zu Liebe erlaubt προμηθεύς als Appellativum zu brauchen, vgl.

Suppl. 700 τὸ δάμιον — προμαθὶς εὐκοινόμητις ἀρχά, Pind. Ol. VII 79 ἐν δ' ἀρετὰν ἔβαλεν καὶ χάρματ' ἀνθρώποισι Προμαθέος αἰδώς. Etymologische Deutungen der Eigennamen sind bei Aeschylus beliebt nach dem Ag. 681 ausge-sprochenen Grundsatze: τίς ποτ' ὠνόμαξεν ὧδ' ἐς τὸ πᾶν ἐτητύμως; μή τις ὅντιν' οὐχ ὁρῶμεν προ-νοίαισι τοῦ πεπρωμένου γλῶσσαν ἐν τύχᾳ νέμων; wo Eλένα als ἑλένας, ἕλανδρος, ἑλέ-πτολις gedeutet wird; vgl. ebd. 1080 Ἀπόλλων — ἀπόλλων ἐμός, anderes Sept. 658, 829, 536; vgl. Od. 1, 59 οὔ νύ τ' Ὀδυσσεύς — χαρίζετο ἱερὰ ῥέζων; τί νύ οἱ τόσον ὠδύσαο, Ζεῦ;

87. ὅτῳ τρόπῳ ἐκκυλισθήσει: vgl. Eur. Med. 322 οὖκ ἔχεις τί-χνην, ὅπως μενεῖς παρ' ἡμῖν, Thuc. I 107 ἐδόξει δ' αὐτοῖς σκέψασθαι, ὅτῳ τρόπῳ ἀσφαλέστατα διαπορεύσονται. — τέχνης: τῶν δεσμῶν Schol.; ein anderer τοῦ τεχνήεντος κατεσκευασμένου δεσμοῦ, vgl. Soph. O. C. 472 κρα-τῆρες εἰσίν, ἀνδρὸς εὔχειρος τέχνη, unten in Frgm. III des Prom. sol. V. 8 qua miser sollertia transver-beratus. — Prometheus ist an allen Gliedern gefesselt, so dass er sich nicht rühren u. regen kann. Dadurch wird für die Handlung Mitgefühl mit dem armen Dulder erregt (vgl. V. 32); zugleich aber wird für die Aufführung der Umstand, dass die Figur des Prometheus während des ganzen Stückes unbeweglich bleibt, motiviert. Vgl. oben S. 18.

ΠΡΟΜΗΘΕΥΣ.

ὦ δῖος αἰθὴρ καὶ ταχύπτεροι πνοαί
ποταμῶν τε πηγαί ποντίων τε κυμάτων
ἀνήριθμον γέλασμα παμμῆτόρ τε γῆ,   90
καὶ τὸν πανόπτην κύκλον ἡλίου καλῶ·
ἴδεσθέ μ' οἷα πρὸς θεῶν πάσχω θεός.

δέρχθηθ' οἵαις αἰκίαισιν

88—114 zweite Scene: Prometheus allein. — Zu der Anrufung vgl. Il. 3, 277 ἠέλιός θ' ὃς πάντ' ἐφορᾷς καὶ πάντ' ἐπακούεις, καὶ ποταμοὶ καὶ γαῖα, Soph. Phil. 936 ὦ λιμένες, ὦ προβλῆτες, ὦ ξυνουσίαι θηρῶν ὀρείων, ὦ καταρρῶγες πέτραι, ὑμῖν τάδ', οὐ γὰρ ἄλλον οἶδ' ὅτῳ λέγω, ἀνακλαίομαι. Apsines (Rhet. Gr. ed. Spengel I p. 400) sagt: κινεῖ δὲ πλέον καὶ λόγος πρὸς τόπον τινὰ γινόμενος. — δῖος 'himmlisch' von der Wurzel δι, διF (Sanskrit dî scheinen, glänzen): vgl. Il. 16, 365 αἰθέρος ἐκ δίης ὅτε τε Ζεὺς λαίλαπα τείνῃ. ταχύπτεροι bezieht sich auf die sinnliche Wahrnehmung der vorüberwehenden Lüfte; an beflügelte Dämonen, wie die Winde u. alle derartige Wesen von der alten Kunst dargestellt wurden, ist hier nicht zu denken.

90. γέλασμα bezeichnet den Anblick der leichtgekräuselten (daher ἀνήριθμον) u. zugleich von der Sonne beschienenen (Il. 19, 362 γέλασσε δὲ πᾶσα περὶ χθὼν χαλκοῦ ὑπὸ στεροπῆς) Meeresfläche. Die Erheiterung in weiterem Sinne, wie der Schol. an unserer Stelle γέλασμα mit διάχυμα erklärt, drückt γελᾶν öfters aus z. B. Hes. Theog. 40 γελᾷ δέ τε δώματα πατρὸς — θεῶν ὀπὶ λειριοέσσῃ σκιδναμένῃ. In anderer Weise heisst es Catull 64, 273 leni resonant plangore cachinni. — παμμῆτορ γῆ: vgl. Homer. Hymn. XXX 1 γαῖαν παμμήτειραν, Cho. 127 γαῖαν ἣ τὰ πάντα τίκτεται.

91. καὶ — καλῶ· ἤλλαξε τὴν φράσιν Schol., vgl. Soph. Ai. 859 ὦ φέγγος, ὦ γῆς ἱερὸν οἰκείας πέ-

δον Σαλαμῖνος, ὦ πατρῷον ἑστίας βάθρον κλειναί τ' Ἀθῆναι, καὶ τὸ σύντροφον γένος, κρῆναί τε ποταμοί θ' οἵδε, καὶ τὰ Τρωικὰ πεδία προσαυδῶ, χαίρετ', ὦ τροφῆς ἐμοί, O. Col. 1091. — πανόπτης: Od. 11, 109 ἠελίου ὃς πάντ' ἐφορᾷ καὶ πάντ' ἐπακούει, Choeph. 985 ὦ πάντ' ἐποπτεύων τάδε Ἥλιος; anders Ag. 632 οὔν οἶδεν οὐδεὶς .. πλὴν τοῦ τρέφοντος Ἡλίου χθονὸς φύσιν. — κύκλος: Pers. 504 λαμπρὸς ἡλίου κύκλος. Dieser Ausdruck (vgl. orbis solis) geht auf alte Ueberlieferung zurück, nach welcher man sich die Sonne als ein flammendes Rad dachte. In der Edda heisst die Sonne fagravhel d. i. das schöne, lichte Rad., Vgl. Grimm Deutsche Mythol. I 586, II 664.

92. πρός τινος nebst ἔκ τινος (für ὑπό τινος) häufig bei Herodot u. den Tragikern: Krüger II § 52, 3, 1. πάσχειν ἐκ V. 759, ὑπὸ 1049.

93. Der Uebergang aus den Jamben in Anapäste zeichnet den Ausbruch leidenschaftlicher Erbitterung. Mit der inneren Fassung kehrt auch der ruhigere Rhythmus V. 101 zurück.

93 f. αἰκίαισιν (= ̓ αἰπελλίοις μόχθοις) διακναιόμενος: vgl. V. 641. — τόν: Prometheus sieht sie vor sich. — μυριετῆ: ποιητής· ἐν γὰρ τῷ πυρφόρῳ τρεῖς μυριάδας (vgl. Hygin Poet. astr. II 15) φησὶ δεδέσθαι αὐτόν Schol.; beides ist nur ein hyperbolischer Ausdruck für 'lange Zeit'. — ἀθλεύω (ein jonisches Wort): absolut 'dulden', vgl. Il. 24, 734 ἀθλεύων πρὸ ἄνακτος ἀμειλίχου.

διακναιόμενος τὸν μυριετῆ
χρόνον ἀθλεύσω.
τοιόνδ' ὁ νέος ταγὸς μακάρων
ἐξηῦρ' ἐπ' ἐμοὶ δεσμὸν ἀεικῆ.
φεῦ φεῦ, τὸ παρὸν τό τ' ἐπερχόμενον
πῆμα στενάχω, πῇ ποτε μόχθων
χρὴ τέρματα τῶνδ' ἐπιτεῖλαι. 100

καίτοι τί φημι; πάντα προὐξεπίσταμαι
σκεθρῶς τὰ μέλλοντ', οὐδέ μοι ποταίνιον
πῆμ' οὐδὲν ἥξει. τὴν πεπρωμένην δὲ χρὴ
αἶσαν φέρειν ὡς ῥᾷστα, γιγνώσκονθ' ὅτι
τὸ τῆς ἀνάγκης ἔστ' ἀδήριτον σθένος. 105
ἀλλ' οὔτε σιγᾶν οὔτε μὴ σιγᾶν τύχας
οἷόν τέ μοι τάσδ' ἐστί. θνητοῖς γὰρ γέρα

95. Der anapästische Monometer bildet einen Abschluss, jedoch nicht in so nachdrucksvoller Weise wie der Parömiakus.
96. ταγός: Pers. 23 ταγοὶ Περσῶν, 323 νεῶν ταγός, Soph. Ant. 1058 ἆρ' οἶσθα ταγοὺς (Herrn u. Gebieter) ὄντας ἃν λέγῃς λέγων;
97. δεσμόν: Singular wie V. 141; δεσμοὺς ἀεικεῖς V. 525. ἀεικῆ: vgl. zu V. 113.
99. στενάχω, πῇ gleichsam 'seufze bei der Ueberlegung, wie': vgl. V. 182; Soph. Ai. 794 ὥστε μ' ὠδίνειν τί φῇς, Eur. Hec. δεσπαίνω τί ποτ' ἀναστένεις, Arist. Nub. 1391 οἴμαί γε τῶν νεωτέρων τὰς καρδίας πηδᾶν ὅ τι λέξει. πῇ ποτε: vgl. V. 545, Eur. Alc. 213 ἰὼ Ζεῦ, τίς ἂν πᾷ πᾶ πόρος κακῶν γένοιτο; Krüger I § 51, 17, 10.
100. ἐπιτεῖλαι: ἐπιτέλλεσθαι vom Aufgehen der Gestirne Homer. hymn. III 371 ἠελίοιο νέον ἐπιτελλομένοιο, Hes. O. D. 565 πρῶτον παμφαίνων ἐπιτέλλεται, das Aktiv in der Ἰλιὰς μικρά (bei Tzetzes zu Lycophr. 344) λαμπρὴ δ' ἐπιτεῖλε σελήνη, in übertragener Bedeutung Theogn. 1275 ὡραίος καὶ ἔρως ἐπιτέλλεται ἡνίκα περ γῆ ἄνθεσιν εἰαρινοῖς θάλλει αἐξομένη.
101. καίτοι τί φημι: se ipsum

obiurgat Prometheus; et paulisper ob malorum magnitudinem naturae suae oblitus iam ad se redit. (Schütz). — προὐξεπίσταμαι: als Sohn der Themis vgl. V. 209, 873.
102. ποταίνιον: Cho. 1055 ποταίνιον γὰρ αἷμά σοι χεροῖν ἔτι, Eum. 282, Soph. Ant. 849 τάφον ποταινίου, frgm. 162, 5 ἡδονὰς ποταινίους.
105. ἀδήριτον: Il. 17, 41 ἀλλ' οὐ μὰν ἔτι δηρὸν ἀπείρητος πόνος ἔσται οὐδέ τ' ἀδήριτος, hier = ἄμαχος (ἀδήριτον· ἄμαχον, ἀκατάμαχον Hesych.), vgl. ἀνίκητος, invictus. Wegen des Gedankens vgl. Simon. fr. 5, 21 (Plat. Prot. p. 845 D) ἀνάγκᾳ δ' οὐδὲ θεοὶ μάχονται, Soph. Ant. 1106 ἀνάγκῃ δ' οὐχὶ δυσμαχητέον, O. C. 191 καὶ μὴ χρείᾳ πολεμῶμεν.
106. οὔτε σιγᾶν οὔτε μὴ σιγᾶν: vgl. V. 197, woraus der von Ag. 548 καλεῖ τὸ σιγᾶν φάρμακον βλάβης ἔχω verschiedene Grund des Schweigens (ἄλγος) hervorgeht. Unrichtig der Schol. ἀλλ' οὔτε σιγᾶν δύναμαι (ἀλγῶ γὰρ) οὔτε διηγεῖσθαι· εὐλαβοῦμαι γὰρ τὸν Δία. Vgl. Soph. Phil. 329 ὦ παῖ Ποίαντος, ἐξερῶ, μόλις δ' ἐρῶ, ἄγων' οὐκ αὐτῶν ἐξελασθήτην μολών.
107. γέρα: V. 30 τιμάς. — Sel-

ΠΡΟΜΗΘΕΥΣ ΔΕΣΜΩΤΗΣ. 39

πορῶν ἀνάγκαις ταῖσδ' ἐνέζευγμαι τάλας·
ναρθηκοπλήρωτον δὲ θηρῶμαι πυρὸς
πηγὴν κλοπαίαν, ἣ διδάσκαλος τέχνης 110
πάσης βροτοῖς πέφηνε καὶ μέγας πόρος.
τοιῶνδε ποινὰς ἀμπλακημάτων τίνω
ὑπαιθρίοις δεσμοῖσι προυσελούμενος.

ten ist, wie hier u. V. 821, die 'Thesis' des fünften Fusses durch die lange letzte Silbe eines nicht einsilbigen Wortes (θνη-τοῖς) gebildet. Eine Härte liegt nicht darin, wenn wie hier durch die Cäsur im vierten Fusse (Hephthemimeris) unmittelbar vorher eine Pause stattgefunden hat. Vgl. noch zu V. 648.
108. ἀνάγκαι wie αἰκίαι V. 93.
— ἐνέζευγμαι: Aeschylus liebt diese Metapher, vgl. V. 577, 1009, Ag. 1639 τὸν δὲ μὴ πειθάνορα ζεύξω βαρείαις (zu vorstehen ζεύγλαις), ebd. 841 μόνος δ' Ὀδυσσεὺς — ζευχθεὶς ἕτοιμος ἦν ἐμοὶ σειραφόρος, Choeph. 795 ζυγέντ' ἐν ἅρμασιν πημάτων, dazu Ag. 218 ἀνάγκας ἔδυ λέπαδνον; überhaupt sind die vom Ackerbau u. der Pflanzenwelt entlehnten Bilder u. Gleichnisse bei den Tragikern häufig. Zu unserer Stelle vgl. Eur. Or. 1330 ἀνάγκης εἰς ζυγὸν καθέσταμεν, Hipp. 1389 οἵαις συμφοραῖς συνεζύγης.
109. ναρθηκοπλήρωτον: τὴν ἐν νάρθηκι θησαυρισθεῖσαν· καρύσου τῷ νάρθηκι ἐχρῶντο πρὸς τὰς ἐκζωπυρώσεις τοῦ πυρός Hesych. νάρθηξ (neugriechisch ἀναρθήκας, ferula communis, Steckenkraut) ist ein etwa zwei Ellen hohes Rohr, ein Doldengewächs, welches mit einem milchigen ätzenden Safte (habent fungosam intus medullam ut sambuci: Plin.) angefüllt ist u. getrocknet den darauf fallenden Funken leicht auffängt; bei dem Landvolk des südlichen Italiens wird das Rohr als Zunder benützt. Vgl. Phanias Anth. VI 294 νάρθηξ πυρικοίτας; Theophr. H. Pl. VI 2, 7; Plinius H. N. XIII c. 22, 42. Ueber die Bedeutung des Narthex in der Sage vgl. Einleitung S. 2.

— Durch δὲ erhält das, was eigentlich Erklärung zum Vorausgehenden ist, die Eigenschaft einer neuen für sich stehenden Angabe; dieses δὲ wird von den Schol. öfters mit γάρ interpretiert, so zu Ch. 239 προσαυδᾶν δ' ἔστ' ἀναγκαίως ἔχον, wo das vorausgehende τίσσαρας μοίρας ἔχον ἐμοὶ erklärt wird. — θηρῶμαι: 'mit Lebhaftigkeit macht der Geist Vergangenes zu ideeller Anschauung der Gegenwart; und so steht das u. g. historische Präsens im Griechischen viel häufiger als im Deutschen' Krüger I § 53, 1, 11.
110. πηγὴν κλοπαίαν: wegen der Beziehung des Adjektivs zu V. 1.
— διδάσκαλος πάσης τέχνης: vgl. V. 7.
111. πόρος absolut wie V. 477.
112. τοιῶνδε ποινὰς ἀμπλακημάτων: vgl. V. 564, 620.
113. ὑπαιθρίοις causal zu προυσελούμενος: vgl. 158; das Schmachvolle der Strafe wird von Prometheus besonders hervorgehoben V. 97, 176, 195, 227, 255, 498, 525. — ὑπαιθρίοις δεσμοῖσι: vgl. zu ἀφιγγής V. 115. — προυσελούμενος: das Wort findet sich noch V. 488 u. Aristoph. Ran. 730 (προυσελοῦμεν) vgl. Etym. M. p. 690,11 προυσελεῖν λέγουσι τὸ ὑβρίζειν, das nämliche also wie in den a. St. gewöhnlich gebrauchte αἰκίζομαι (vgl. Hesych. προυσελεῖν· προπηλακίζειν, ὑβρίζειν). Die Etymologie des Wortes ist unbekannt; man leitet es entweder von προσέλλειν ab, indem das hinter σ ausgefallene Digamma die vorhergehende Silbe verlängert haben soll wie in θεουδής (θεοσϝής), oder von προ-ισ-ειλεῖν.

ἆ ἆ,
τίς ἀχώ, τίς ὀδμὰ προσέπτα μ' ἀφεγγής,   115
θεόσυτος ἢ βρότειος ἢ κεκραμένη;
ἵκετο τερμόνιον ἐπὶ πάγον
πόνων ἐμῶν θεωρός, ἢ τί δὴ θέλων;
ὁρᾶτε δεσμώτην με δύσποτμον θεόν,

τὸν Διὸς ἐχθρόν, τὸν πᾶσι θεοῖς   120

114—127 müssen bereits zur
Parodos gerechnet werden, wenn
sie auch wegen der besonderen Art
des Auftretens des Chors von Prome-
theus, nicht vom Chorführer wie sonst
recitiert werden. Sie kündigen das
Nahen des Chores an u. begleiten
(von V. 120 an) die Bewegungen
der Flügelwagen. Auf ähnliche
Weise begleiten in der Electra des
Sophokles die Anapäste der Electra
das Auftreten des Chors.
114. Man hört ein Rauschen in
der Luft. — ἆ ἆ: ἐκπλήξεως ἐπιφ-
ρήματα Schol.
115. Die bacchischen Rhythmen
malen den Affekt des Staunens u.
der Ueberraschung. — ὀδμά: Ge-
wandung, Farbe u. Schmuck des
Haares (Maske) waren den Meeres-
nymphen angemessen. Vgl. Eur.
Hippol. 1391 ἴα· ὦ θεῖον ὀδμῆς
πνεῦμα ... ἔστ' ἐν τόποισι τοι-
σίδ' Ἄρτεμις θεά; Verg. Aen. I
403 ambrosiaeque comae divinum
vertice odorem spiravere. — προσ-
έπτα: vgl. Plaut. Amphitr. 325
vox mi ad auris advolavit. In mo-
dificierter Bedeutung ist das Verbum
V. 555, 644 mit dem Dativ ver-
bunden. — ἀφεγγής (hier s. v. a.
ἀφανής) ist in einer bei Dichtern
gewöhnlichen Weise auf ἀχώ u.
ὀδμά bezogen, während es eigent-
lich ein Epitheton desjenigen ist,
von dem beides ausgeht. — Zu der
Darstellung vgl. Soph. Phil. 203
προὔφάνη κτύπος ... βάλλει μ'
ἐτύμα φθογγά του.
116. θεόσυτος: Die Tribrachen
im ersten Fusse (vgl. zu V. 2) be-
stehen bei Aeschylus gewöhnlich
aus einem einzigen dreisilbigen
Worte wie V. 666; aus einem mehr-
silbigen wie hier noch V. 817, Sept.
272 πεδιονόμοις, Eum. 806 λιπαρο-
θρόνοισιν, frgm. 195, 2 βορεάδας.
— Die Composita mit -συτος wie
die mit -ρυτος verdoppeln bald das
inlautende σ n. ρ, bald nicht nach
Bedürfnisse des Versmaasses, vgl. V.
843. Zu θεόσυτος ἢ βρότειος vgl.
V. 765. — κεκραμένη: ἡμιθέων
Schol., vielmehr u. γ. a. βροτῶν καὶ
θεῶν κεκραμένων οὖσα; denn 'Halb-
götter gab es zu der Zeit, wo Pro-
metheus gefesselt wurde, noch nicht'
(Schömann). Vgl. Eur. Cycl. 918
μήλειον ἢ βόειον ἢ μεμιγμένον;
117. Die schmerzliche Empfin-
dung ist durch den Rhythmus (Doch-
mius u. Kretikus) ausgedrückt. Auf
die Frage 'wer mag es sein?' folgt
die Vermuthung, dass der betreffende
nur als unwillkommener Zuschauer
erscheine. Diese Vermuthung ist be-
gründet durch die vorans angege-
bene Thatsache ἵκετο τερμόνιον
('ans Ende der Welt') ἐπὶ πάγον.
Als Subject zu ἵκετο ist der unbe-
kannte, der angekommen ist, ge-
dacht (nicht θεωρός, welches den
Zweck des Kommens angiebt). τερ-
μόνιος, welches nur an dieser Stelle
vorkommt, ist von τέρμων gebildet
(τέρμιος von τέρμα).
118. ἢ τί δὴ θέλων: vgl. Soph.
Trach. 390 ἡμεῖς δὲ προσμένωμεν;
ἢ τί χρὴ ποιεῖν;
119. ὁρᾶτε mit Bezug auf θεω-
ρός. Der Imperativ ὁρᾶτε steht im
Sinne von ὁρᾶν πάρα.
120. In Folge der inneren Er-
regung und Erbitterung über die
Schmach ein Schauspiel für andere

ΠΡΟΜΗΘΕΥΣ ΔΕΣΜΩΤΗΣ.

δι' ἀπεχθείας ἐλθόνθ' ὁπόσοι
τὴν Διὸς αὐλὴν εἰσοιχνεῦσιν,
διὰ τὴν λίαν φιλότητα βροτῶν.
φεῦ φεῦ, τί ποτ' αὖ κινάθισμα κλύω
πέλας οἰωνῶν; αἰθὴρ δ' ἐλαφραῖς   125
πτερύγων ῥιπαῖς ὑποσυρίζει.
πᾶν μοι φοβερὸν τὸ προσέρπον.

ΧΟΡΟΣ.
(στροφὴ α'.)

μηδὲν φοβηθῇς· φιλία γὰρ ἅδε τάξις

zu sein (V. 156) gehen die Jamben in Anapäste über, vgl. zu V. 93.

121. πᾶσι θεοῖς δι' ἀπεχθείας ἐλθόντα: Eur. Hipp. 1164 δι' ἔχθρας μὲν τις ἦν ἀφιγμένος; Phoen. 479 καὶ μὴ δι' ἔχθρας τῷδε καὶ φόνου μολών, Androm. 416 πατρὶ τῷ σῷ διὰ φιλημάτων ἰών, Soph. Ant. 742 διὰ δίκης ἰὼν πατρί, Aristoph. Ran. 1412 οὐ γὰρ δι' ἔχθρας οὐδετέρῳ γενήσομαι, [Plato] Theag. p. 130 B μοι δι' ἀπεχθείας ἐν λόγοις τισὶν ἐγεγόνει. Dieser bei den Tragikern sehr häufigen Verbindung eines Verbums der Bewegung mit διά liegt eine locale Vorstellung zu Grunde, vgl. Krüger I § 68, 22, 2.

122. αὐλήν: vgl. Od. 4, 74 Ζηνός που τοιήδε γ' Ὀλυμπίου ἔνδοθεν αὐλή. — εἰσοιχνεῦσιν: jonische Contraction wie καλεύμενοι V. 645 entsprechend den epischen Wörtern οἰχνέω u. καλέομαι, vgl. Eur. Hipp. 167 αὔτευν, Iph. A. 789 μεθεῦσαι.

124. κινάθισμα· κίνημα πλῆθους Hesych. οἰωνῶν: der Chor ist so nahe gekommen, dass Prometheus den Flügelschlag unterscheiden kann.

125 f. ὑποσυρίζειν bedeutet nicht leniter stridere (Blomfield), sondern ὑπο- gibt wie in ὑπᾴδειν, ὑποστενάζιζειν, ὑποῤῥεῖσθαι, ὑπηχεῖν, succinere die Begleitung an. — Zu ἐλαφραῖς πτερύγων ῥιπαῖς vgl. Eur. frgm. 597 ταῖς ἀκινδάνοις πτερύγων ῥιπαῖς. — φοβερόν: vgl. 156.

128 — 192 strophische Parodos, kommatisch (d. h. unter Schauspieler u. Chor vertheilt). Der Chor ist auf Flügelwagen (ὄχῳ πτεροστῷ V. 135, κρεισσινόσυτον θάκον V. 279), welche durch eine Theatermaschine herangebewegt werden (von der rechten Seite her), dem Prometheus immer näher gekommen und wurde von den Zuschauern schon bemerkt, als ihn Prometheus, welcher nur gerade aus, nicht zur Seite blickt, noch nicht sah. Mit V. 124 war der Chor bereits ganz nahe gerückt, so dass er die Worte von V. 127 (φοβερόν) hörte. — Die Okeaniden sind Töchter des Okeanos u. der Tethys (Hes. Theog. V. 362). Hesiod ebd. V. 346 zählt 41 Namen auf u. bemerkt dazu: πολλαί γε μέν εἰσι καὶ ἄλλαι, τρὶς γὰρ χίλιαί εἰσι τανύσφυροι Ὠκεανῖναι. Der Chor bestand aus 12 Personen. — Die erste Strophe gibt entsprechend der Erklärung eines Grammatikers (in der Hypothesis zu den Persern) παροδικά, ὅτε λέγει (nämlich ὁ χορός) δι' ἣν αἰτίαν πάρεστιν die Motivierung des Auftretens. — Die Rhythmen (ὁ ῥυθμὸς Ἰναπαιόντειός ἐστι κεκλασμένος πρὸς τὸ θρηνητικόν Schol.) entsprechen der trübseligen Stimmung, welche der Chor V. 144 ff. äussert, und eignen sich besonders für den weiblichen Chor.

128. τάξις: wie στάσις Eum. 311 ὡς ἐπινωμᾷ στάσις ἁμά, Choeph. 458 στάσις δὲ πάγκοινος ἅδ' ἐπιρροθεῖ.

ΑΙΣΧΥΛΟΥ

πτερύγων θοαῖς ἁμίλλαις
προσέβα τόνδε πάγον πατρῷας   130
μόγις παρειπούσα φρένας.
κραιπνοφόροι δέ μ' ἔπεμψαν αὖραι·
κτύπου γὰρ ἀχὼ χάλυβος διῆξεν ἄντρων
μυχόν, ἐκ δ' ἔπληξέ μου
τὰν θεμερῶπιν αἰδῶ.
σύθην δ' ἀπέδιλος ὄχῳ πτερωτῷ.   135

ΠΡ. αἰαῖ αἰαῖ,
τῆς πολυτέκνου Τηθύος ἔκγονα,
τοῦ περὶ πᾶσάν θ' εἱλισσομένου

129. πτερύγων ἀμίλλαις s. v. a. πτερύξιν ἀμιλλωμέναις.
131. μόγις: Quod se patri aegre persuaderi dicunt, ut iis commeatum daret, id e vetere sexus muliebris, virginum inprimis disciplina iudicandum. Sic paedagogus Antigones apud Euripidem (Phoen. v. 89) viam circumspicit, verens ne quis in publicum prodeuntem regis filiam vituperet. (Schütz.) Vgl. Suppl. 996 ὑμᾶς δ' ἐπαινῶ μὴ καταισχύνειν ἐμὲ ὥραν ἐχούσας τήνδ' ἐπίστρεπτον βροτοῖς κτλ. — παρειπούσα: vgl. Π. 6, 62; 7, 120 ὥς εἰπὼν παρέπεισεν ἀδελφειοῦ φρένας ἥρως αἴσιμα παρειπών, vgl. ebd. 1, 555; 6, 337, Hes. Theog. 90 μαλακοῖσι παραιφάμενοι ἐπέεσσιν. Παρειπούσα kann sich zwar grammatisch auf τάξις beziehen, steht aber dem Gedanken nach so, als ob ἐγὼ προσέβην vorausgegangen wäre (vgl. zu V. 201).
132. ἐξέπληξε wie V. 880 mit anschaulicher Beziehung auf die Art der wirkenden Ursache, wie Ag. 480 φλογὸς παραγγέλμασιν νέοις πυρωθέντα καρδίαν. — δὲ wird zwischen Präposition u. Verbum sehr häufig eingeschoben (Tmesis), Krüger II § 68, 46, 1.
134. θεμερῶπιν: Empedocles V. 23 Δῆρις δ' αἱματόεσσα καὶ Ἁρμονίη θεμερῶπις. Hesych θεμερῶπις ⟨αἰδώς⟩· ἱρασμία αἰσχύνη nicht genau; denn θερερός (von

der Wurzel θε) gibt den Begriff des ruhsamen und gesetzten (vgl. θεμερή βέβαια, σεμνή, εὐσταθής Hesych, dann θέμα, θέμεθλον, θεμοῦν) u. αἰδὼς θεμερῶπις ist die Schüchternheit, bei welcher die Mädchen ruhig bleiben u. ruhig sitzen; den Gegensatz dazu bildet σύθην ἀπέδιλος.
135. σύθην: Das Augment fehlt bei den Tragikern nicht selten in lyrischen Stellen u. in den Botenreden vgl. Ἐρέθμει V. 181. — ὄχῳ πτερωτῷ: Flügelwagen finden sich auf Kunstdenkmälern öftern, vgl. z. B. Müller-Wieseler, Denkmäler der a. K. II Taf. IX n. 110 u. X n. 111, 112, wo Triptolemos auf einem mit Schwanenflügeln beschwingten Wagen sitzt.
136. ἀπέδιλος. Der Schol. erinnert an Hesiod O. D. 345 γείτονες ἄζωστοι ἔμον. Vgl. Soph. El. 871 ὑφ' ἡδονῆς τοι, φιλτάτη, διώκομαι τὸ κόσμιον μεθεῖσα σὺν τάχει μολεῖν, Theocr. id. XIX (XXIV) 36 ἄνετα μηδὲ πόδεσσιν ἑοῖς ὑπὸ σάνδαλα θείης (Bion I 19 ἁ δ' Ἀφροδίτα λυσαμένα πλοκαμῖδας ἀνὰ δρυμὼς ἀλάληται πενθαλέα νήποστος ἀσάνδαλος), Apoll. Rhod. I 43 γυμνοῖσιν δὲ πόδεσσιν ἀνὰ στεινοὺς θέεν οἴμους (von der eilenden Medea).
137. πολυτέκνου: vgl. zu V. 128, Π. 14, 201 Ὠκεανόν τε, θεῶν γένεσιν, καὶ μητέρα Τηθύν.
138. περὶ πᾶσαν εἱλισσομένου (zu

ΠΡΟΜΗΘΕΤΣ ΔΕΣΜΩΤΗΣ. 43

χθόν᾽ ἀκοιμήτῳ ῥεύματι παῖδες
πατρὸς Ὠκεανοῦ·
δέρχθητ᾽, ἐσίδεσθ᾽ οἵῳ θεσμῷ
προσπορπατὸς
τῆσδε φάραγγος σκοπέλοις ἐν ἄκροις
φρουρὰν ἄζηλον ὀχήσω. 140

(ἀντιστροφὴ α΄).

XO. λεύσσω, Προμηθεῦ· φοβερὰ δ᾽ ἐμοῖσιν ὄσσοις
ὀμίχλα προσῇξε πλήρης 145
δακρύων σὸν δέμας εἰσιδοῦσαν
πέτρᾳ προσαυαινόμενον
ταῖσδ᾽ ἀδαμαντοδέτοισι λύμαις.
νέοι γὰρ οἰακονόμοι κρατοῦσ᾽ Ὀλύμπου·

V. 345) χθόνα: vgl. ἀφορρόου Ὠκεανοῖο Il. 18, 399, Od. 20, 65. Ovid. fast. V 81 duxerat Oceanus quondam Titanida Tethyn, qui terram liquidis qua patet ambit aquis.
189. ἀκοιμήτῳ ῥεύματι: vgl. Π. 14, 244 ἄλλον μέν κεν ἔγωγε (sagt der Schlaf) θεῶν αἰειγενετάων ῥεῖα κατευνήσαιμι καὶ ἂν ποταμοῖο ῥέεθρα Ὠκεανοῦ, ὅς περ γένεσις πάντεσσι τέτυκται.
141. Synonyma haec vehementiam commoti animi produnt. (Schütz.) — Zu προσπορπατός vgl. V. 61.
143. φρουρὰν ὀχήσω vgl. φρουρήσεις V. 31. ὀχεῖν ist nach Od. 7, 211 ὀχέοντας διζύν, 11, 618 κακὸν μόρον, ὃν περ ἐγὼν ὀχέεσκον ὑπ᾽ αὐγὰς ἠελίοιο, 31, 302 ἣν ἄτην ὀχέων ἀτείρονι θυμῷ zu erklären (sustinere). ἄζηλον: vgl. ἀτερπῆ V. 31, ἀμίγαρτα V. 402, Cho. 1017 ἄζηλα νίκης τῆσδ᾽ ἔχων μιάσματα.
144. φοβερά (timida) ὀμίχλη: vgl. zu ἀγώ, ὀδμὰ ἀφεγγής V. 115. — πλήρης δακρύων: wie die regenschwangre Wolke; vgl. Sept. 228 χαλεκᾶς δύας ὑπερθ᾽ ὀμμάτων κρημναμενᾶν νεφελᾶν, Soph. Ant. 528 νεφέλη δ᾽ ὀφρύων ὕπερ αἱματόεν ῥέθος αἰσχύνει τέγγουσ᾽ εὐῶπα παρειάν, Eur. Hipp. 173 στυγνὸν δ᾽

ὀφρύων νέφος αὐξάνεται, Antiphanes Com. III p. 197 τὸ προσὸν νῦν νέφος ἐπὶ τοῦ μετώπου, Hor. epist. I 18, 94 deme supercilio nubem. Mit dem Bilde war schon Homer vorgegangen Il. 17, 591 τὸν δ᾽ (den beschämten Hector) ἄχεος νεφέλη ἐκάλυψε μέλαινα.
145. εἰσιδοῦσαν nach ἐμοῖσιν ὄσσοις wie Choeph. 410 πέπαλται δ᾽ αὐτέ μοι φίλον κέαρ τόνδε κλύουσαν οἶκτον, Pers. 913 λέλυται γὰρ ἐμῶν γυίων ῥώμη τήνδ᾽ ἡλικίαν ἐσιδόντα, Soph. El. 479 ὕπεστί μοι θράσος ἁδυπνόων κλύουσαν ἀρτίως ὀνειράτων, Ai. 1008 ποῦ γὰρ μολεῖν μοι δυνατὸν τοῖς σοῖς ἀρήξαντ᾽ ἐν πόνοισι μηδαμοῦ; umgekehrt Eur. Med. 57 ὥσθ᾽ ἵμερός μ᾽ ὑπῆλθε .. λέξαι μολούσῃ.
146. πέτρᾳ προσαυαινόμενος: πρὸς πέτρᾳ ἀυαινόμενος: vgl. Soph. Phil. 954 αὐανοῦμαι τᾷδ᾽ ἐν αὐλίῳ μόνος, El. 819 αὐανῶ βίον. — Zu αὐαινόμενον λύμαις vgl. V. 93.
147. ἀδαμαντοδέτοισι λύμαις s. v. a. ἀδαμαντίνοις δεσμοῖς λυμαντηρίοις (V. 991), vgl. οἰστρηλάτῳ δείματι V. 580, Theocr. Epigr. XIII 4 κηροδέτῳ πνεύματι.
148. Mit γὰρ gibt sich der Chor die Erklärung der Misshandlung. — οἰακονόμοι von Zeus: Sic et nos:

νεοχμοῖς δὲ δὴ νόμοις
Ζεὺς ἀθέτως κρατύνει,   150
τὰ πρὶν δὲ πελώρια νῦν ἄιστοι.

ΠΡ. εἰ γάρ μ' ὑπὸ γῆν νέρθεν θ' Ἅιδου
τοῦ νεκροδέγμονος εἰς ἀπέραντον
Τάρταρον ἧκεν,
δεσμοῖς ἀλύτοις ἀγρίως πελάσας,   155
ὡς μήτε θεὸς μήτε τις ἀνδρῶν
τοῖσδ' ἐπεγήθει.
νῦν δ' αἰθέριον κίνυγμ' ὁ τάλας

denn jetzt sitzen neue Herrn am Ruder, quamvis de uno tantum sermo sit (Schütz.) Vgl. Sept. 2 ὅστις φυλάσσει πρᾶγος ἐν πρύμνῃ πόλεως οἴακα νωμῶν.
150. τόμοι die veränderlichen, von der augenblicklichen Herrschaft gegebenen Gesetze (vgl. πόλις ἄλλος ἄλλοι' ἐπαινεῖ τὰ δίκαια Sept. 1070), θεσμοί die bleibenden Satzungen als Ausfluss des ewigen Rechts. ἀθέτως· ἀθέσμως, οὐ συγκαταστιθειμέναις Hesych. Zeus gibt Gesetze nach eigenem Recht (V. 186), ohne die Herrschaft eines höher stehenden Gesetzes anzuerkennen (οὐδ' ὑπεύθυνος κρατεῖ V. 324).
151. τὰ πρὶν πελώρια νῦν ἄιστοι: allgemein 'die früheren Gewalten' (τοὺς Τιτᾶνας καὶ τοὺς τούτων νόμους Schol.); das Wort πελώρια ist bezeichnend für das Zeitalter der Titanenherrschaft. Zu dem Gedanken vgl. Ag. 168 οὐδ' ὅστις πάροιθεν ἦν μέγας, παμμάχῳ θράσει βρύων, οὐδὲ λέξεται πρὶν ὤν. Ἄιστοῦν gibt die Folge einer vollständigen Vernichtung an (dass man nichts mehr davon 'hört u. sieht', ἄιστος 'verschollen').
152. νέρθεν Ἅιδου: effektvoll 'noch unter den Hades hinunter' nach der Ansicht von Il. 8, 13 ἤ μιν ἑλὼν ῥίψω ἐς Τάρταρον ἠερόεντα —, τόσσον ἔνερθ' Ἀΐδεω ὅσον οὐρανός ἐστ' ἀπὸ γαίης (Eum. 72 Τάρταρόν θ' ὑπὸ χθονός ist Tartarus gleichbedeutend mit Hades). Dorthin waren auch die übrigen Titanen gestürzt worden Il. 8, 481, Hes. Theog. 720 τόσσον ἔνερθ' ὑπὸ γῆς ὅσον οὐρανός ἐστ' ἀπὸ γαίης· ἴσον γάρ τ' ἀπὸ γῆς ἐς Τάρταρον ἠερόεντα.
153 f. τοῦ νεκροδέγμονος: vgl. Sept. 860 πάνδοκον εἰς ἀφανῆ τε χέρσον, Suppl. 156 τὸν πολυξενώτατον Ζῆνα τῶν κεκμηκότων; Homer. hymn. V 9, 17, 430 heisst Hades Πολυδέκτης u. Πολυδέγμων. Vgl. οἰσιοδέγμονα θησαυρόν Pers. 1020. — ἀπέραντον: vgl. V. 1078. — δεσμοῖς.. πελάσας 'u. hätte mich da immerhin u. s. w.'; zu δεσμοῖς πελάσας vgl. Eur. Alc. 229 βρόχῳ δέρην οὐρανίᾳ πελάσσαι, auch Il. 5, 766 καί μις ὀδύνῃσι πελάζειν.
156. μήτε θεὸς μήτε τις ἀνδρῶν eine Umschreibung für 'niemand auf der Welt', vgl. Il. 18, 403 οὐδέ τις ἄλλος ᾔδεεν οὔτε θεῶν οὔτε θνητῶν ἀνθρώπων. Ueber die Stellung von τις vgl. zu V. 21.
157. ὡς — ἐπεγήθει: vgl. V. 749, Cho. 195 εἴθ' εἶχε φωνήν.. ὅπως δίφροντις οὖσα μὴ 'κινυσσόμην, Krüger I § 54, 8, 8. ἐπιγηθεῖν bezeichnet wie ἐπιχαίρειν (V. 158 ἐπίχαρτα) τὸ συνεπιγελᾶν τοῖς ἀλλοτρίαις κακοῖς.
158. κίνυγμα: Eustath. zu Il. 4, 281 τοῦ δὲ κινύω (zu κίνυμαι) αὖθις παράγωγον τὸ κινύσσω· ἐξ οὗ παρ' Αἰσχύλῳ αἰθέριον κίνυγμα, τὸ ἀέριον εἴδωλον (wie αἴσυγμα von αἰθύσσω, αἴνιγμα von αἰνίττομαι). Vgl. Choeph. a. O. ἐκινυσ-

ΠΡΟΜΗΘΕΥΣ ΔΕΣΜΩΤΗΣ. 45

ἐχθροῖς ἐπίχαρτα πέπονθα.

(στροφή β'.)

XO. τίς ὧδε τλησικάρδιος
θεῶν, ὅτῳ τάδ' ἐπιχαρῆ; 160
τίς οὐ συνασχαλᾷ κακοῖς
τεοῖσι, δίχα γε Διός; ὁ δ' ἐπικότως ἀεὶ
θέμενος ἄγναμπτον νόον
δάμναται Οὐρανίαν
γένναν· οὐδὲ λήξει, πρὶν ἂν ἢ κορέσῃ κέαρ, 165
ἢ παλάμᾳ τινὶ τὰν δυσάλωτον ἕλῃ τις ἀρχάν.

ΠΡ. ἦ μὴν ἔτ' ἐμοῦ, καίπερ κρατεραῖς
ἐν γυιοπέδαις αἰκιζομένου,
χρείαν ἕξει μακάρων πρύτανις,
δεῖξαι τὸ νέον βούλευμ' ἀφ' ὅτου 170

σόμην 'hin- u. herbewegt würde, hin- u. herschwankte'. αἰθέριον πίνυγμα (oscillum) ist eine 'luftige Schwebe', was besonders deshalb für Prometheus passt, weil er in freier Luft hängt ohne einen Boden oder Stützpunkt unter den Füssen zu haben.
161. συνασχαλᾷ: die andere Form V. 303.
162. Die jonische Form τεός findet sich zuweilen bei den Tragikern in lyrischen Stellen, bei Aeschylus noch Sept. 105 (107), frgm. 66.
162—181. Drei Auflösungen hat bei Aeschylus nur der melische Trimeter (vgl. Suppl. 111—123, Ag. 465, Cho. 44, 55). Der Tribrachys im zweiten Fusse findet sich in unserem Stücke nur noch einmal bei einem Eigennamen V. 715.
103. θέμενος: vgl. Π. 9, 629 ἄγριον ἐν στήθεσσι θέτο μεγαλήτορα θυμόν, Tyrtaens fr. 11, 5 ἐχθρᾶν μὲν ψυχὴν θέμενος, Theogn. 89 ἀλλὰ φίλει ἀπαλαρὸν θέμενος νόον ἤ μ' ἀποειπὼν ἐχθαιρε. — Für ἄγναμπτον verlangt das Versmass ein Wort, das zwei Jamben bildet (vgl. 182); wahrscheinlich ist (nach H. L. Ahrens' Vermuthung) die

Form ἀπναμπετον herzustellen (vgl. ἄπευκτος u. ἀπευχετος, καμψίπους n. καμπεσίγουνος, πανορμής u. πανάρμετος). Zu ἄγναμπτον νόον vgl. Π. 24, 41 οὐδὲ νόημα γναμπτὸν ἐνὶ στήθεσσι.
164. δάμναται: ein episches Wort, aktivisch auch Od. 14, 487 ἀλλά με χεῖμα δάμναται, passivisch Suppl. 904 wie in der Ilias. — Οὐρανίαν γέννεν: vgl. V. 205 u. unten frgm. III des Προμ. Λυόμενος Titanum soboles generata Coelo, Π. 5, 898 Οὐρανίωνων. Οὐρανίαν wie Τυνδαρία θύγατερ Ag. 83, Ἀγαμεμνονίαν ἄλοχον ebd. 1499, Π. 14, 317 Ἰξιονίης ἀλόχοιο, unten V. 590.
165. παλάμᾳ ('Handstreich') τινί: vgl. Cho. 138 ἐλθεῖν Ὀρέστην δεῦρο σὺν τύχῃ τινὶ κατεύχομαι, Soph. Ai. 853 ἀρκτίον τὸ πρᾶγμα σὸν τάχει τινί, Pind. Ol. IX 39 σύν τινι μοιριδίῳ παλάμᾳ.
167. ἦ μὴν ἔτι: vgl. unten V.907.
168. αἰκιζομένου passivisch, anders V. 195, 227, 256.
170. τὸ νέον 'neu und gefährlich', vgl. Suppl. 841 πόλεμον αἰρεσθαι νέον. — βούλευμα: περὶ τοῦ ἔρωτος τῆς Θέτιδός φησι. Schol. Vgl. Einl. S. 7 u. 14. — Id consilium hic subobscure et ambigue

σκῆπτρον τιμάς τ' ἀποσυλᾶται.
καί μ' οὔτε μελιγλώσσοις πειθοῦς
ἐπαοιδαῖσιν
θέλξει, στερεάς τ' οὔποτ' ἀπειλάς
πτήξας τόδ' ἐγὼ καταμηνύσω, 175
πρὶν ἂν ἐξ ἀγρίων δεσμῶν χαλάσῃ
ποινάς τε τίνειν
τῆσδ' αἰκίας ἐθελήσῃ.

(ἀντιστροφή β'.)

XO. σὺ μὲν θρασύς τε καὶ πικραῖς
δύαισιν οὐδὲν ἐπιχαλᾷς,
ἄγαν δ' ἐλευθεροστομεῖς. 180
ἐμὰς δὲ φρένας ἐρέθισε διάτορος φόβος·
δέδια γὰρ ἀμφὶ σαῖς τύχαις,
πᾶ ποτε τῶνδε πόνων
χρή σε τέρμα κέλσαντ' ἐσιδεῖν· ἀκίχητα γὰρ
ἤθεα καὶ κέαρ ἀπαράμυθον ἔχει Κρόνου παῖς. 185

Prometheus indicat; in quo magna cernitur ars poetae, qui sic et attentionem spectatorum acuit et actionis tragicae cursum, ne iusto citius ad finem perveniat, inhibet ac suspendit. (Schütz.)

171. ἀποσυλᾶται: Durch das praesens wird ohne Rücksicht auf die Zeit die blosse Wirkung u. Folge hervorgehoben, vgl. V. 764, 948.

172. Zu οὔτε — τέ vgl V. 244, 260; zu οὔτε — τ' οὐ(ποτε) Soph. Ant. 763 οὐδ' ἤδ' ἀλείται σέ τ' οὐδαμᾶ τοὐμὸν προσόψει κάρα, Eur. Hipp. 802 οὔτε γὰρ λόγοις ἐπίγγειθ' ἥδε νῦν τ' οὐ πείθεται, Heracl. 605 οὔτε τούτοις ἥδομαι πεπραγμένοις χρησμοῦ τε μὴ κραινθέντος οὐ βιώσιμος, Thuc. I 126 οὔτ' ἐκείνοις ἵνι κατενόησε τό τε μαντεῖον οὐκ ἐδήλου. Durch οὔτε — τί wird Güte u. Gewalt einander gegenübergestellt. Dem Wechsel mit τ' οὔποτε nach οὔτε entspricht die geänderte Structur πτήξας καταμηνύσω. — μελιγλώσσοις erinnert an τοῦ δ' ἀπὸ στόματος γλυκίων ῥέεν αὐδή (Il. 1, 249), vgl. zu V.

180. — μελι | γλώσσοις: Die Cäsur nach dem zweiten Anapäste der Tetrapodie wird erst bei Euripides streng eingehalten.

176. χαλάσῃ, μή (anders V. 58, 179, vgl. Ἱκέται V. 27).

180. ἐλευθεροστομεῖς: vgl. λαβροστομεῖν V. 327, θρασυστομεῖν Suppl. 203, χαριτογλωσσεῖν unten V. 294.

181. ἐρέθισε: zu V. 135. Der nur aus einem Worte bestehende Tribrachys im dritten Fusse passt bloss für den melischen Trimeter, vgl. zu V. 162 u. zu V. 2.

183. Ueber δέδια πᾷ πότε vgl. zu V: 99.

184. Oben V. 100 denkt man an das Anbrechen des Tages nach der Finsterniss, hier an das Anlanden, welches von Sturm u. Meeresnoth befreit. — ἀκίχητα ein episches Wort (Il. 17, 75 ἀκίχητα δίωκων).

185. ἀπαράμυθον mit langem α priv. wie ἀθάνατος ἀκάματος im Epos in Folge des Versbedürfnisses (ἀθάνατος hat diese Länge

ΠΡ. οἶδ' ὅτι τραχὺς καὶ παρ' ἑαυτῷ
τὸ δίκαιον ἔχων· ἔμπας, οἴω,
μαλακογνώμων ἔσται ποθ' ὅταν
ταύτῃ ῥαισθῇ·
τὴν δ' ἀτέραμνον στορέσας ὀργὴν   190
εἰς ἀρθμὸν ἐμοὶ καὶ φιλότητα
σπεύδων σπεύδοντί ποθ' ἥξει.

ΧΟ. πάντ' ἐκκάλυψον καὶ γέγων' ἡμῖν λόγον,
ποίῳ λαβών σε Ζεὺς ἐπ' αἰτιάματι
οὕτως ἀτίμως καὶ πικρῶς αἰκίζεται·   195

durchgehends bei den Attischen Dichtern behalten).

186—192. Das vierte anapästische Hypermetron ("System") ist nicht ebenso dem dritten gleich wie das zweite dem ersten, weil es den Schluss bildet, wobei öfters von der Symmetrie abgegangen wird (vgl. Soph. Ai. 257 ff.).

186. παρ' ἑαυτῷ τὸ δίκαιον ἔχων vgl. V. 403, 150, Eur. Suppl. 429 οὐδὲν τυράννου δυσμενέστερον πόλει, ὅπου τὸ μὲν πρώτιστον οὐκ εἰσὶν νόμοι κοινοί, κρατεῖ δ' εἷς τὸν νόμον κεκτημένος αὐτὸς παρ' αὑτῷ, Aesch. Suppl. 370 σὺ τοι πόλις, σὺ δὲ τὸ δάμιον. Zu δίκαιον vgl. den zu V. 160 a. V. Sept. 1070.

187. οἴω wie οἶμαι (V. 758) opinor, 'hoffe, denke ich' vgl. Π. 8, 536 ἀλλ' ἐν πρώτοισιν, οἴω, κείσεται οὐτηθείς (hier mit kurzem ι wie bei Homer in Mitte des Hexameters).

189. ταύτῃ ῥαισθῇ sagt Prometeus geheimnisvoll (mit Beziehung auf die Worte V. 169 vgl. zu V. 170) wie einer, der sein gutes Wissen für sich behält u. sich dessen innerlich freut. Zu ταύτῃ vgl. τᾶσδε V. 247.

190. ἀτέραμνος: vgl. V. 1062; ἀνέραμνος ist ein homerisches Wort, Od. 13, 167 νῷ ἀτέραμνον (τὸ μὴ ἐνδιδοῦν, σκληρόν Hesych.), der Bedeutung nach s. v. a. στερεός, denn ἀτέραμνος = τέραμνος, τέραμνος = στέραμνος, στερεός. Vgl.

ὀργὰς ἀτενεῖς Ag. 71. — στορέσας bildlich, wie das aufwallende u. anschwellende Meer sich wieder glättet, wenn die Aufregung des Sturmes sich legt (ὀργή eigentlich 'die Anschwellung', wie ὀργᾶν zeigt).

191. εἰς ἀρθμὸν καὶ φιλότητα wie Hom. hymn. III 524 κατένευσεν ἐπ' ἀρθμῷ καὶ φιλότητι, vgl. Π. 7, 302 ἐν φιλότητι διέτμαγεν ἀρθμήσαντε.

193—396 erstes Epeisodion; V. 193—283 erste Scene desselben (Prometheus u. Koryphaios). — τὴν ὑπόθεσιν (die Exposition der voraussliegenden Begebenheiten) βουλόμενος διδάξαι τὸ περίεργον (das neugierige Wesen) τοῦ γυναικώδους ἤθους προσέλαβεν (als Motivierung). οὐκ ἂν γὰρ ὁ Ὠκεανός (der nachher auftritt) ἠξίωσεν ἐρωτῆσαι εἰδώς. Schol. Die Neugierde folgt aus der erregten Theilnahme für Prometheus. Doch ist die Erzählung auch von Seite des Prometheus durch den Trost, das Herz vor Antheil nehmenden Freunden auszuschütten (vgl. V. 198) motiviert. Prometheus hat nur die Aufforderung abgewartet, um ihr sofort nachzukommen. — Der Prolog mit dieser ersten Scene des ersten Epeisodions macht den ersten Akt des Dramas aus, welcher die Exposition gibt u. den Grund der nachfolgenden dramatischen Entwicklung legt.

ΑΙΣΧΥΛΟΥ

δίδαξον ἡμᾶς, εἴ τι μὴ βλάπτει λόγῳ.

ΠΡ. ἀλγεινὰ μέν μοι καὶ λέγειν ἐστὶν τάδε,
ἄλγος δὲ σιγᾶν, πανταχῇ δὲ δύσποτμα.

ἐπεὶ τάχιστ᾽ ἤρξαντο δαίμονες χόλου
στάσις τ᾽ ἐν ἀλλήλοισιν ὠροθύνετο, 200
οἱ μὲν θέλοντες ἐκβαλεῖν ἕδρας Κρόνον,
ὡς Ζεὺς ἀνάσσοι δῆθεν, οἱ δὲ τοὔμπαλιν
σπεύδοντες, ὡς Ζεὺς μήποτ᾽ ἄρξειεν θεῶν,
ἐνταῦθ᾽ ἐγὼ τὰ λῷστα βουλεύων πιθεῖν
Τιτᾶνας, Οὐρανοῦ τε καὶ Χθονὸς τέκνα, 205
οὐκ ἠδυνήθην· αἱμύλας δὲ μηχανὰς
ἀτιμάσαντες καρτεροῖς φρονήμασιν
ᾤοντ᾽ ἀμοχθεὶ πρὸς βίαν τε δεσπόσειν.

ἐμοὶ δὲ μήτηρ οὐχ ἅπαξ μόνον Θέμις,
καὶ Γαῖα, πολλῶν ὀνομάτων μορφὴ μία, 210

196. εἴ τι μή: Pors. 157 θεοῦ δὲ καὶ μήτηρ Ἔρυς, εἴ τι μὴ δαίμων παλαιός νῦν μεθίστησι στρατῷ, Suppl. 1016 εἰ γάρ τι μὴ θεοῖς βεβούλευται νέον. Vgl. V. 763. — Bemerkenswerth ist die Vierzahl der Verse in allen Reden des Chorführers (242, 259, 472, 507, 631, 819, 1036) ausser V. 698 f. u. in den Reden anderer Personen V. 393, 511, 522, 589, 609.

197. Zu der Anaphora ἀλγεινὰ μέν — ἄλγος . . δὲ vgl. V. 238 u. Pers. 27 φοβεροὶ μὲν ἰδεῖν, δεινοὶ δὲ μάχην.

199. ἐπεὶ τάχιστα, 'ubi primum' vgl. V. 228, Krüger I § 65, 7, 4.

200. ὠροθύνετο ein episches Wort.

201. οἱ μὲν θέλοντες: der (absolute) Nominativ entspricht dem Gedanken δαίμονες ἐν ἀλλήλοις ἐστασίαζον, vgl. Soph. Ant. 259 λόγοι δ᾽ ἐν ἀλλήλοισιν ἐρρόθουν κακοί, φύλαξ ἐλέγχων φύλακα, Eur. Phoen. 1462 ἦν δ᾽ ἔρις στρατηλάταις, οἱ μὲν κατάξαι πρόσθε Πολυνείκην δορί, οἱ δ᾽ ὡς θανόντων οὐδαμοῦ νίκη πέλοι, Bacch. 1131 ἦν δὲ πᾶσ᾽ ὁμοῦ βοή, ὁ μὲν στενάζων κτἑ.

Krüger I § 56, 9, 4 u. unten zu V. 569.

202. δῆθεν, scilicet, hier ohne die gewöhnliche ironische Färbung (V. 986) oder subjective Bedeutung ('vorgeblich'). Vgl. Eur. Ion 831 ἴων, ἰόντι δῆθεν ὅτι συνήντετο.

203. ὡς Ζεὺς μήποτ᾽ ἄρξειεν θεῶν, statt 'damit dem Kronos die Herrschaft erhalten bleibe', weil es sich vor allem um die Persönlichkeit des Zeus handelt.

204. τὰ λῷστα πιθεῖν τοὺς Τιτᾶνας: Krüger I § 46, 11, 2. — Die Aoriste ἔπιθον u. ἐπιθόμην finden sich bei den Tragikern sehr häufig.

205. vgl. Hes. Theog. 644 Γαίης τε καὶ Οὐρανοῦ ἀγλαὰ τέκνα.

206. ἀμοχθεί: Im Uebermuth meinten sie mit ihrer überlegenen unbändigen Kraft leicht ohne lange Winkelzüge über ihren Gegner Herr zu werden. — πρὸς βίαν im Gegensatz zu αἱμύλαι μηχαναί. Vgl. Hor. carm. III 4, 65 vis consili expers mole ruit sua.

210. πολλῶν ὀνομάτων μορφὴ μία ist die Begründung der Identi-

ΠΡΟΜΗΘΕΥΣ ΔΕΣΜΩΤΗΣ.

τὸ μέλλον ᾗ κραίνοιτο προυτεθεσπίκει,
ὡς οὐ κατ' ἰσχὺν οὐδὲ πρὸς τὸ καρτερὸν
χρείη, δόλῳ δὲ τοὺς ὑπερσχόντας κρατεῖν.
τοιαῦτ' ἐμοῦ λόγοισιν ἐξηγουμένου
οὐκ ἠξίωσαν οὐδὲ προσβλέψαι τὸ πᾶν.   215
κράτιστα δή μοι τῶν παρεστώτων τότε
ἐφαίνετ' εἶναι προσλαβόντι μητέρα
ἑκόνθ' ἑκόντι Ζηνὶ συμπαραστατεῖν.
ἐμαῖς δὲ βουλαῖς Ταρτάρου μελαμβαθής

ficierung von Gäa u. Themis (vgl. V. 1091), welche Eum. 2 Γαῖαν· ἐκ δὲ τῆς Θέμιν nach der gewöhnlichen Tradition (Hes. Theog. 135) als Mutter u. Tochter unterschieden werden. Der Dichter scheint dabei der attischen Lokalsage gefolgt zu sein, wie eine attische Inschrift Ἱερέας Γῆς Θέμιδος andeutet. In Arkadien hatte Demeter den Beinamen Themis Paus. VIII 25, 4. Τιτανὶς heisst Themis V. 874, weil alles was zum Titanengeschlechte gehört, mit Τιτάν bezeichnet wird; wie Themis als Mutter der Titanen, so heisst Prometheus als Sohn einer Titanen Τιτάν Προμηθεύς Soph. O. C. 56, Eur. Phoen. 1122, Ion 455. Der Dichter, welcher in freier Erfindung Prometheus zum Sohne der Themis machte, sah sich hier veranlasst einem etwaigen Gefühle des Unbehagens, dass die Bedeutung, welche Gäa in der kosmogonischen Dichtung hat (vgl. Hesiod. Theog. 463, 470, 494, 636, 884), ohne weiteres auf Themis übertragen sei, zu begegnen.

211. Das praesens κραίνοιτο, weil dem Weissagenden die Zukunft als Gegenwart vorschwebt, vgl. τίθησιν V. 848, τελεῖται V. 929.

213. δόλῳ δὲ τοὺς ὑπερσχόντας = τοὺς δὲ δόλῳ ὑπερσχόντας (Acc. des Subjects), eine andere nachdrücklichere Wendung statt eines blossen δόλῳ. Zu der hier durch den Gegensatz veranlassten Stellung vgl. Eur. Andr. 215 Θρῄκην χιόνι τὴν κατάρρυτον. Der Aorist ὑπερσχόντας

steht in Beziehung auf χρείη κρατεῖν ('diejenigen, welche es an List den Gegnern zuvorgethan haben würden, würden Sieger sein').

215. προσβλέπειν steht in dem Sinne, in welchem gewöhnlich ἀποβλέπειν gebraucht wird.

216. vgl. Ag. 1053 τὰ λῷστα τῶν παρεστώτων λέγει, Aristoph. Equ. 30 κράτιστα τοίνυν τῶν παρόντων ἐστὶ τῶν κτέ.

217. προσλαβόντι· συναιρομένῳ τῇ μητρί Schol. Der Dativ trotz des nachfolgenden ἑκόντα, welches sich wegen ἑκόντι an den Infinitiv anschliessen musste, mit Beziehung auf μοι (Krüger I § 55, 2, 5), um den misstönenden Gleichklang προσλαβόντα μητέρα zu vermeiden. So folgt Soph. O. R. 353 nach ἐννέπω σε — προσαυδᾶν μήτε τούσδε μήτ' ἐμέ der Dativ ὡς ὄντι γῆς τῆσδ' ἀνοσίῳ μιάστορι, um nicht die Beziehung von ὡς ὄντα — μιάστορα auf ἐμέ offen zu lassen. Vgl. Soph. El. 959 ᾗ πάρεστι μὲν στένειν — ἰστορημένῃ, πάρεστι δ' ἀλγεῖν — ἄλεκτρα γηράσκουσαν, Eur. Med. 1237 δέδοκταί μοι παῖδας κτανούσῃ τῆσδ' ἀφορμᾶσθαι χθονὸς καὶ μὴ σχολὴν ἄγουσαν ἐκδοῦναι τέκνα (beides unter Einwirkung des Vernusses).

219. Ταρτάρου: vgl. die zu V. 152 angeführten Stellen u. Hes. Theog. 851 Τιτῆνές θ' ὑποταρτάριοι Κρόνον ἀμφὶς ἰόντες. — Zu μελαμβαθής vgl. V. 1029, 1050, Il. 8, 479 ἵν' Ἰάπετός τε Κρόνος τε ἥμενοι οὔτ' αὐγῇς Ὑπερίονος ἠελίοιο τέρποντ' οὔτ' ἀνέμοισι, βαθὺς δέ τε Τάρταρος ἀμφίς.

ΑΙΣΧΥΛΟΥ

κευθμών καλύπτει τὸν παλαιγενῆ Κρόνον   220
αὐτοῖσι συμμάχοισι. τοιάδ᾽ ἐξ ἐμοῦ
ὁ τῶν θεῶν τύραννος ὠφελημένος
κακαῖσι ποιναῖς ταῖσδέ μ᾽ ἐξημείψατο.
ἔνεστι γάρ πως τοῦτο τῇ τυραννίδι
νόσημα, τοῖς φίλοισι μὴ πεποιθέναι.   225
ὃ δ᾽ οὖν ἐρωτᾶτ᾽, αἰτίαν καθ᾽ ἥντινα
αἰκίζεταί με, τοῦτο δὴ σαφηνιῶ.
ὅπως τάχιστα τὸν πατρῷον ἐς θρόνον
καθέζετ᾽, εὐθὺς δαίμοσιν νέμει γέρα
ἄλλοισιν ἄλλα, καὶ διεστοιχίζετο   230
ἀρχήν, βροτῶν δὲ τῶν ταλαιπώρων λόγον
οὐκ ἔσχεν οὐδέν᾽, ἀλλ᾽ ἀιστώσας γένος
τὸ πᾶν ἔχρῃζεν ἄλλο φιτῦσαι νέον.
καὶ τοῖσιν οὐδεὶς ἀντέβαινε πλὴν ἐμοῦ.
ἐγὼ δ᾽ ἐτόλμησ᾽· ἐξελυσάμην βροτοὺς   235

221. αὐτοῖσι συμμάχοισι: vgl. V. 1047: der Artikel bleibt dabei regelmässig weg, Krüger I § 46, 15, 19. — Ueber ἐξ zu V. 92.
223. κακαῖσι ποιναῖς: zwar wird ποινή ('Entschädigung, Vergeltung') wie ἄποινα auch im guten Sinne gebraucht (Suppl. 625 λέξαμεν ἐπ᾽ Ἀργείοις εὐχὰς ἀγαθὰς ἀγαθῶν ποινάς, auch Cho. 792 δίδυμα καὶ τριπλᾶ παλίμποινα θέλων ἀμείψει, Pind. Pyth. I 113 ποινὰν τεθρώπων, Nem. I 107 ἡσυχίαν καμάτων μεγάλων ποινάν); doch soll κακαῖσι nicht die besondere Bedeutung von ποιναῖς, welche durch ταῖσδε hinlänglich bestimmt ist, angeben, sondern den in ταῖσδε ποιναῖς enthaltenen Gedanken eigens hervorheben (ταῖσδε ποιναῖς, κακαῖς ποιναῖς), vgl. Soph. Phil. 477 σοὶ δ᾽ ὄνειδος οὐ καλόν, Eur. Phoen. 94 φαῦλος ψόγος. — ἐξημείψατο in der Bedeutung, in welcher gewöhnlich ἀνταμείβομαι gesagt wird, vgl. zu V. 215.
229. νέμει: vgl. zu V. 109. — Nach Hes. Theog. 881 bestimmen die Götter des Olymp nach Beendigung des Titanenkampfes auf den Rath der Gäa Zeus zum Herrscher der Götter: ὁ δὲ τοῖσιν ἐῢ διεδάσσατο τιμάς, vgl. ebd. 73 εὖ δὲ ἕκαστα ἀθανάτοις διέταξεν ὁμῶς καὶ πέφραδε τιμάς.
230. διεστοιχίζετο διῄρει. Schol. διετίθετο ἐν στοίχῳ καὶ τάξει, διῄρει· (ἀπὸ τῶν εἰς τοὺς σηκοὺς εἰσαγόντων τὰ ποιμνία καὶ διακρινόντων ἐκ τῆς νομῆς ἑκάστῳ τὰ ἴδια). Hesych.
232 f. ἀιστώσας: vgl. zu V. 151 u. V. 668. Aeschylus hat hier die Sage von der Aufeinanderfolge der Zeitalter u. Menschengeschlechter nach eigener Weise behandelt, vgl. Einleitung S. 12.
234. καὶ τοῖσιν: über den Artikel, welcher besonders im Anschluss an καὶ, δὲ (vgl. unten V. 816) u. γάρ die pronominale Bedeutung bewahrt hat, vgl. Krüger II § 50, 1, 1—5.
235. Ueber das Asyndeton bei der Erklärung vgl. Krüger I § 59, 1, 5. — ἐξελυσάμην: von dem über sie verhängten, wenn auch noch nicht hereingebrochenen Uebel wie Od. 10, 286 ἀλλ᾽ ἄγε δή σε κακῶν ἐκλύσομαι ἠδὲ σαώσω, Eur. Andr. 818 θανάτου νιν ἐκλύσασθε.

τὸ μὴ διαρραισθέντας εἰς Ἅιδου μολεῖν.

τῷ τοι τοιαῖσδε πημοναῖσι κάμπτομαι,
πάσχων μὲν ἀλγεινῷσιν, οἰκτραῖσιν δ' ἰδεῖν·
θνητοὺς δ' ἐν οἴκτῳ προθέμενος, τούτου τυχεῖν
οὐκ ἠξιώθην αὐτός, ἀλλὰ νηλεῶς 240
ὧδ' ἐρρύθμισμαι, Ζηνὶ δυσκλεὴς θέα.

ΧΟ. σιδηρόφρων τε κἀκ πέτρας εἰργασμένος,
ὅστις, Προμηθεῦ, σοῖσιν οὐ συνασχαλᾷ
μόχθοις· ἐγὼ γὰρ οὔτ' ἂν εἰσιδεῖν τάδε
ἔχρῃζον εἰσιδοῦσά τ' ἠλγύνθην κέαρ. 245

ΠΡ. καὶ μὴν φίλοις ἐλεινὸς εἰσορᾶν ἐγώ.

236. Der Infinitiv mit τὸ μὴ steht nach einem Ausdruck, welcher eine der durch den Infinitiv angegebenen Folge entgegengesetzte, widerstrebende Thätigkeit oder Wirksamkeit bezeichnet, vgl. Krüger I § 67, 12, 2—4, unten V. 865, Ag. 1170 ἄπος δ' εὐδὲν ἐπήρκεσαν τὸ μὴ πόλιν μὲν ὥσπερ οὖν ἔχει παθεῖν, Pers. 291 ὑπερβάλλει γὰρ ἥδε συμφορὰ τὸ μήτε λέξαι μήτ' ἐρωτῆσαι πάθη.
237. τῷ wie bei Homer (vgl. zu V. 234) u. Soph. O. R. 511 τῷ ἀπ' ἐμᾶς φρενὸς οὔποτ' ὀφλήσει κακίαν. — τοιαῖσδε: in τοιοῦτος, τοιόσδε (vgl. Sept. 27, Ag. 1400), οἷος, ποῖος kann der Diphthong αι verkürzt werden (Krüger II § 3, 3, 1). Man schrieb dann wahrscheinlich ο für οι, wie ποσὶν sich sehr häufig in Inschriften findet.
239. ἐν οἴκτῳ προθέμενος: προhat hier zeitliche Bedeutung ('ich habe mit gutem den Anfang gemacht'), vgl. Eur. Ion 914 χάριν οὐ προλαβών. τούτου: nämlich εἴατον.
241. ἐρρύθμισμαι: ironisch 'zur Ordnung gebracht'. — Sehr effectvoll sind solche Appositionen, welche die zweite Hälfte des Verses einnehmen, vgl. V. 850, 461.
242. Seit Homer eine oft vorkommende Bezeichnung der Gefühllosigkeit (oder auch des unbeugsamen Muthes). Il. 16, 33 sagt Patroklus zu Achilles νηλεές, οὐκ

ἄρα σοί γε πατὴρ ἦν ἱππότα Πηλεύς
οὐδὲ Θέτις μήτηρ· γλαυκὴ δέ σε
τίκτε θάλασσα πέτραι τ' ἠλίβατοι,
ὅτι τοι νόος ἐστὶν ἀπηνής (darnach Verg. Aen. 4, 366 duris genuit te
cautibus horrens Caucasus Hircanaeque admorunt ubera tigres). Vgl.
Il. 24, 205 σιδήρειον νυ τοι ἦτορ, Hes. Theog. 239 Εὐρυβίην τ' ἀδάμαντος ἐνὶ φρεσὶ θυμὸν ἔχουσαν, Pind. frgm. 89 ὃς μὴ πόθῳ κυμαίνεται, ἐξ ἀδάμαντος ἢ σιδάρου κεχάλκευται μέλαιναν καρδίαν, Sept. 52 σιδηρόφρων γὰρ θυμὸς ἀνδρείᾳ φλέγων ἔπνει, Eur. Med. 1279 τάλαιν', ὡς ἄρ' ἦσθα πέτρος ἢ σίδαρος, ἄτις ... ατεινεῖς, Cycl. 598 πέτρας τὸ λῆμα κάδάμαντος ἕξομεν, Theocr. X 7 Μίλων ὀψαμᾶτα, πέτρας ἀπόκομμ' ἀτεράμνω, Moschus IV 44 μοχθίζει πέτρης ὅ γ' ἔχων νόον ἠὲ σιδήρου καρτερὸν ἐν στήθεσσι, Tibull. I 1, 63 flebis: non tua sunt duro praecordia ferro vincta, neque in tenero stat tibi corde silex, Ovid. Amor. III 6, 59 ille habet et silices et vivum in pectore ferrum, Hor. carm. I 3, 9 illi robur et aes triplex circa pectus erat.
244. Ueberοὖτε — τὶ vgl. zu V. 172.
246. καὶ μὴν aut 'et vero', 'et sane' aut 'atqui' significat (Hermann zu Viger. 882). Hier 'et sane' (φίλοις gegensätzlich); 'et vero' V. 459, 1080, 'atqui' V. 982, 995. — Wegen der Ergänzung von εἰμὶ vgl. zu V. 42.

4*

ΧΟ. μή πού τι προύβης τῶνδε καὶ περαιτέρω;
ΠΡ. θνητοὺς ἔπαυσα μὴ προδέρκεσθαι μόρον.
ΧΟ. τὸ ποῖον εὑρὼν τῆσδε φάρμακον νόσου;
ΠΡ. τυφλὰς ἐν αὐτοῖς ἐλπίδας κατώκισα.   250
ΧΟ. μέγ' ὠφέλημα τοῦτ' ἐδωρήσω βροτοῖς.

ΠΡ. πρὸς τοῖσδε μέντοι πῦρ ἐγώ σφιν ὤπασα.
ΧΟ. καὶ νῦν φλογωπὸν πῦρ ἔχουσ' ἐφήμεροι;

247. μή: vgl. V. 959, Pers. 344 μή σοι δοκοῦμεν τῇδε λειφθῆναι μάχῃ. — Der Chor ist geneigt sich die Härte der Strafe aus einem schwereren Verbrechen zu erklären. — τῶνδε 'was du angegeben hast' vgl. ταύτῃ V. 189.

248. προδέρκεσθαι: Die Voraussicht des Todes ist ein Uebel, welches dem Menschen thätiges Streben verleidet u. ihn stumpfsinnig macht, weil ihm der Tod vor Augen schwebt u. seinem Streben ein bestimmtes Ziel gesetzt ist. An diese die Thatkraft lähmende Folge der Voraussicht des Todes ist hier bei προδέρκεσθαι μόρον gedacht. In anderem Sinne sagt Zeus in dem Mythus des Platon Gorg. 523 D πρῶτον μὲν οὖν παυστέον ἐστὶ προειδότας αὐτοὺς τὸν θάνατον. νῦν γὰρ προΐσασι. τοῦτο μὲν οὖν καὶ δὴ εἴρηται τῷ Προμηθεῖ ὅπως ἂν παύσῃ αὐτῶν. Hiernach sollen die Menschen nicht wissen, wann sie sterben, damit sie den Todtenrichter nicht durch vorbereitete Mittel, durch mitgenommene Zeugen, welche ihnen ein gerechtes Leben bezeugen sollen, zu täuschen versuchen. Vgl. noch Hor. carm. III 29, 29 prudens futuri temporis exitum caliginosa nocte premit deus.

249. τὸ ποῖον = τὸ φάρμακον τῆσδε νόσου ποῖον εὑρών 'remedium quod huic morbo adhibuisti quale fuit'. Is qui interrogat, audiendi studio id, quod alterum dicere vult, occupaturus ipse orationem incohat, quam ab illo absolvi vult; ipse autem quia eam absolvere non potest, addit pro-

nomen interrogativum (Hermann zu Vig. 25). — νόσου: vgl V. 384, 596, 606, 682, 977, 1069.

250. Aeschylus hat, wie V. 282 die Sage von den verschiedenen Zeitaltern, so hier die Sage von der Pandora (Hes. O. D. 95, oben S. 4) nach eigener Weise so behandelt, dass die ursprüngliche Gestalt der Sage nicht mehr erkennbar u. nur der tiefere Gedanke geblieben ist. Der Mensch, den nie die Hoffnung verlässt, strebt fort nach seinem Ziele, vergisst darüber den Tod u. besorgt nicht, von ihm in seiner Thätigkeit unterbrochen zu werden ohne sein Ziel erreicht zu haben. Vgl. Simonides Amorg. fr. 1, 3 ἐφήμεροι ἃ δὴ βοῦ' αἰεὶ ζῶμεν, οὐδὲν εἰδότες ὅπως ἕκαστον ἐκτελευτήσει θεός. ἐλπὶς δὲ πάντας κάπιπειθείη τρέφει ἄπρηκτον ὁρμαίνοντας.

252. Ueber σφιν in demonstrativem Sinne wie V. 457 vgl. Krüger II § 51, 1, 19; σφίσιν in diesem Sinne bei den Tragikern nur unten V. 481 (wie bei Homer, vgl. ebd. Anm. 17).

253. Durch φλογωπόν ist der Vorzug des Feuers hervorgehoben, der den ἐφήμεροι nicht gebührt. Bei dieser Betonung von φλογωπόν ist das wiederholte πῦρ in keiner Weise anstössig vgl. Suppl. 408 ἱερὸν κατ' ἄλσος νῦν ἐπιστρόφου τόδε. — καὶ πῶς βίβηλον ἄλσος ἂν ῥύοιτό με; — ἐφήμεροι: vgl. zu V. 83. Auch der Chor will hier sagen, dass widerrechtlich den Menschen zugekommen, was den Göttern gehörte.

ΠΡΟΜΗΘΕΥΣ ΔΕΣΜΩΤΗΣ.

ΠΡ. ἀφ' οὗ γε πολλὰς ἐκμαθήσονται τέχνας.
ΧΟ. τοιοῖσδε δή σε Ζεὺς ἐπ' αἰτιάμασιν — 255
ΠΡ. αἰκίζεταί τε κοὐδαμῇ χαλᾷ κακῶν.
ΧΟ. οὐδ' ἔστιν ἄθλου τέρμα σοι προκείμενον;
ΠΡ. οὐκ ἄλλο γ' οὐδὲν, πλὴν ὅταν κείνῳ δοκῇ.
ΧΟ. δόξει δὲ πῶς; τίς ἐλπίς; οὐχ ὁρᾷς ὅτι
ἥμαρτες; ὡς δ' ἥμαρτες οὔτ' ἐμοὶ λέγειν 260
καθ' ἡδονὴν σοί τ' ἄλγος. ἀλλὰ ταῦτα μὲν
μεθῶμεν, ἄθλων δ' ἔκλυσιν ζήτει τινά.
ΠΡ. ἐλαφρὸν ὅστις πημάτων ἔξω πόδα
ἔχει παραινεῖν νουθετεῖν τε τὸν κακῶς
πράσσοντ'. ἐγὼ δὲ ταῦθ' ἅπαντ' ἠπιστάμην. 265
ἑκὼν ἑκὼν — ἥμαρτον, οὐκ ἀρνήσομαι·

254. γε gibt zur Bejahung der Frage eine nähere Bestimmung vgl. 258, 379, 746, 786, 774. — ἀφ' οὗ: vgl. zu V. 170.
255 f. Prometheus fällt mit der Antwort in die Frage ein u. gibt zu der einfachen Antwort noch einen bedeutungsvollen Zusatz οὐδαμῇ χαλᾷ κακῶν. Durch diesen Zusatz ist das formelle Kunstmittel, die Stichomythie (Abwechslung von Vers um Vers) festzuhalten, inhaltlich begründet. Gewöhnlich wird nur eine Frage dazwischengestellt, welche sich der Construction des unvollendeten Satzes so anschliesst, dass zur Antwort der begonnene Satz einfach in gewöhnlicher Weise fortgesetzt werden kann, wie Pers. 734 Ξέρξην φασίν — πῶς τελευτᾶν; — ἄσμενον μολεῖν.
257. οὐδὲ wie καὶ in V. 253.
258. Anders heisst es V. 756.
259. δόξει δὲ πῶς; die Wortstellung wegen der Aufnahme des vorausgehenden δοκῇ, vgl. Soph. El. 1429 λεύσσω γάρ Αἴγισθον. ΟΡ. εἰσορᾷς ποῦ τὸν ἄνδρα;
260. ἥμαρτες: dass nur ein Fehler der Unklugheit u. des unüberlegten Handelns, nämlich die Auflehnung gegen einen überlegenen Gegner, nicht ein sittliches Vergehen gemeint ist, zeigt V. 266 mit der Erklärung in V. 267. — οὔτε — τε: vgl. zu V. 172.
26⟨2⟩. ἄθλων δ' ἔκλυσιν ζήτει τινά durch Nachgiebigkeit vgl. V. 816 mit V. 815.
263. vgl. Cho. 697 ἔξω κομίζων ὀλεθρίου πηλοῦ πόδα, wo der Schol. bemerkt: ἔξω πηλοῦ πόδα, παροιμία, Soph. Phil. 1260 ἴσως ἂν ἐκτὸς κλαυμάτων ἔχοις πόδα, Eur. Heracl. 109 καλὸν δὲ γ' ἔξω πραγμάτων ἔχειν πόδα, εὐβουλίας εὑρόντα τῆς ἀμείνονος.
264. vgl. Eur. Alc. 2078 ῥᾷον παραινεῖν ἢ παθόντα καρτερεῖν, Herc. f. 1249 σύ γ' ἐκτὸς ὢν δὲ συμφορᾶς με νουθετεῖς, Phrynichus bei Bekk. Anecd. p. 38, 7 führt den Vers an ἐλαφρὸν παραινεῖν τῷ κακῶς πεπραγότι, Terent. Andr. V. 309 Facile omnes, quom valemus, recta consilia aegrotis damus.
266. Mit ἐγὼ δὲ ταῦθ' ἅπαντ' ἠπιστάμην u. ἑκών wird der Vorwurf der Unüberlegtheit zurückgewiesen u. das ἁμάρτημα auf die im fig. V. angegebene Nichtberücksichtigung des eigenen Nutzens beschränkt, wodurch der 'Fehler' zur edlen That umgewandelt wird. — οὐκ ἀρνήσομαι bezieht sich bloss auf ἥμαρτον im Sinne 'ich will dein ἥμαρτες gelten lassen'.

θνητοῖς ἀρήγων αὐτὸς ηὑρόμην πόνους.
οὐ μήν τι ποιναῖς γ᾽ ᾠόμην τοίαισί με
κατισχνανεῖσθαι πρὸς πέτραις πεδαρσίοις,
τυχόντ᾽ ἐρήμου τοῦδ᾽ ἀγείτονος πάγου.   270
καί μοι τὰ μὲν παρόντα μὴ δύρεσθ᾽ ἄχη,
πέδοι δὲ βᾶσαι τὰς προσερπούσας τύχας
ἀκούσαθ᾽, ὡς μάθητε διὰ τέλους τὸ πᾶν.
πίθεσθέ μοι πίθεσθε, συμπονήσατε
τῷ νῦν μογοῦντι. ταὐτά τοι πλανωμένη   275
πρὸς ἄλλοτ᾽ ἄλλον πημονὴ προσιζάνει.

Ueber das Asyndeton vgl. zu V. 72. *ἑκὼν ἑκών*: die Wiederholung desselben Wortes (*ἀναδίπλωσις*) dient zum affektvollen Ausdruck des Schmerzes, dringlicher Bitte und nachdrücklicher Behauptung; vgl. V. 274, 838, 888, 694, 887, 894, 900, auch 577, 594 n. 892, 987.

267. *θνητοῖς ἀρήγων* ohne Verbindung als Erklärung: vgl. zu V. 235. — *ηὑρόμην*: vgl. Sept. 878 *μελίσους θανάτους ηὑρόντο*, Soph. Ai. 1023 *καὶ ταῦτα πάντα σοῦ θανόντος ηὑρόμην*.

268. *με — τυχόντα* statt des nom.: vgl. Krüger II § 51, 2, 1 u. § 55, 2, 2, wo die Beispiele aus Homer angeführt sind, u. I § 55, 2, 3; vgl. dazu noch Soph. Ai. 606 *κακὰν ἐλπίδ᾽ ἔχων ἔτι μέ ποτ᾽ ἀνύσειν*, El. 65 *κἄμ᾽ ἐπαυχῶ — λάμψειν ἔτι*, 471 *δοκῶ με πείρας εἶσδε τολμήσειν ἔτι*, Eur. Alc. 641 *καί μ᾽ οὐ νομίζω παῖδα σὸν πεφυκέναι*, Herod. I 34 *ὅτι ἐνόμισε ἑωυτὸν* (dieses mit besonderem Nachdruck) *εἶναι ἀνθρώπων ἁπάντων ὀλβιώτατον*, Plat. Rep. III 400 B *οἶμαι δέ με ἀκηκοέναι*, Isocr. IV 85 *οὐκ ἐχθροὺς ἀλλ᾽ ἀνταγωνιστὰς σφᾶς αὐτοὺς εἶναι νομίζοντες*.

269. *κατισχνανεῖσθαι*: vgl. V. 147. Das fut. med. wie *ασανοῦμαι* Soph. Phil. 954 (Krüger I § 39, 11). — *πεδάρσιοι*: vgl. V. 710, 916, Cho. 846 *λόγοι πεδάρσιοι θρώσκουσι*. Diese äolische Form (*πέδα = μετά*) findet sich bei Aeschylus noch in einigen Wörtern: *πέδοικος* fr. 48, *πεδαίχμιος* und *πεδάορος*: Cho. 589 f.

270. *ἐρήμου*: vgl. frgm. 305, 10 *δρυμοὺς ἐρήμους καὶ πάγους*, Soph. Phil. 691 *οὐκ ἔχων βάσιν οὐδέ τιν᾽ ἐγχώρων κακογείτονα*.

271. *καί μοι*: 'und so beklaget mir nicht' — knüpft an den Gedanken 'eure Lehren und Ermahnungen sind überflüssig' an. — *δύρομαι* eine Form der tragischen Sprache für *ὀδύρομαι*.

272. *βούλεται γὰρ στῆσαι τὸν χορόν, ὅπως τὸ στάσιμον ᾄσῃ*. Schol. *πέδοι βᾶσαι*, um leichter und bequemer eine längere Erzählung anzuhören: so wird das Heruntersteigen des Chors in die Orchestra motiviert.

273. *διὰ τέλους*: vgl. Soph. Ai. 685 *διὰ τέλους εὔχου τελεῖσθαι*. Ueber die Auflösung zu V. 76. Diese ist hier dadurch erleichtert, dass die Cäsur in den vierten Fuss fällt (zu V. 2).

275. *νῦν* in Beziehung auf den folgenden Gedanken ('heute mir, morgen dir'). — *ταὐτά* (s. v. a. *κατὰ καιρόν* 'den einen wie den andern betreffend'): vgl. zu V. 399 u. Soph. Ai. 687 *ταὐτά τῇδέ μοι τάδε τιμᾶτε*.

276. *πρὸς ἄλλοτ᾽ ἄλλον*: über die Stellung zu V. 19 n. zu V. 782. — Zu dem Gedanken vgl. Archil. frgm. 9, 7 *ἄλλοτε δ᾽ ἄλλος ἔχει*.

ΠΡΟΜΗΘΕΤΣ ΔΕΣΜΩΤΗΣ. 55

XO. οὐκ ἀκούσαις ἐπεθώυξας
τοῦτο, Προμηθεῦ.
καὶ νῦν ἐλαφρῷ ποδὶ κραιπνόσυτον
θᾶκον προλιποῦσ' αἰθέρα θ' ἁγνὸν 280
πόρον οἰωνῶν,
ὀκριοέσσῃ χθονὶ τῇδε πελῶ·
τοὺς σοὺς δὲ πόνους
χρῄζω διὰ παντὸς ἀκοῦσαι.

ΩΚΕΑΝΟΣ.

ἥκω δολιχῆς τέρμα κελεύθου
διαμειψάμενος πρὸς σὲ, Προμηθεῦ, 285
τὸν πτερυγωκῆ τόνδ' οἰωνὸν
γνώμῃ στομίων ἄτερ εὐθύνων·

τόδε· νῦν μὲν ἐς ἡμέας ἐτράπεθ',
αἱματόεν δ' ἕλκος ἀναστένομεν,
ἐξαῦτις δ' ἑτέρους ἐπαμείψεται.
(Pind. Ol. II 60 ῥοαὶ δ'ἄλλοτ' ἄλλαι
εὐθυμᾶν τε μέτα πόνων ἐς ἄνδρας
ἔβαν.)
277—83: Die Anapäste des Chors
begleiten die Bewegungen der
Maschinerie, durch welche Okeanos
herbeigeführt wird. Vgl. zu V. 114.
277. ἐπεθώυξας: zu V. 73.
278. καὶ — 'und so' ('dem ent-
sprechend').
283. πόνους — διὰ παντὸς
ἀκοῦσαι nach dem Versprechen
von V. 272. Dem Wunsche wird
erst V. 755 ff. u. in der Rede des
Prometheus 828 ff. Genüge gethan.
So wird die gespannte Erwartung
erregt u. festgehalten.
284—396: Zweite Scene des
ersten Epeisodion: Okeanos,
der Vater der Okeaniden,
kommt (von rechts) heran,
auf einem Flügelrosse (Pegasus,
τετρασκελὴς οἰωνός V. 395) reitend
— der Scholiast denkt wegen des
Ausdrucks οἰωνόν an einen Grei-
fen; Meergötter findet man auf al-
ten Kunstdenkmälern öfters auf
Hippokampen reitend dargestellt
—. Die Theatermaschine, welche
hierzu diente, war das s. g. αἰώ-
ρημα, eine mit Seilen gehaltene
Hängemaschine, durch welche Per-

sonen in der Höhe fortbewegt,
hinaufgezogen u. heruntergelassen
werden konnten. Der Schol. be-
merkt: καιρὸν δίδωσι τῷ χορῷ
καθήκασθαι (καθιμᾶσθαι) τῆς μη-
χανῆς Ὠκεανὸς ἐλθών· ὑπερβολῇ
δὲ ἐχρήσατο, ὅπου γε Ὅμηρος οὐκ
εἰσήγαγεν Ὠκεανὸν εἰς τὸν σύλλο-
γον τῶν θεῶν (vgl. Il. 20, 7 οὔτε
τις οὖν Ποταμῶν ἀπέην νόσφ'
Ὠκεανοῖο). Die Anapäste des Oke-
anos begleiten die Bewegungen des
aus den Flügelwagen in die Or-
chestra niedersteigenden Chors. —
Diese zweite Scene des ersten
Epeisodion mit dem zweiten
Epeisodion bildet den zweiten
Akt, den Anfang der Handl-
lung, welche zur Katastrophe
führt. Vgl. zu V. 307 und V. 436.
284 f. δολιχῆς ein episches
Wort. διαμειψάμενος: Sept. 334
διαμεῖψαι ὁδόν, 856 δι' Ἀχέροντ'
ἀμείβεται τὰν ναύστολον Θεωρίδα,
Cho. 965 παντελὴς χρόνος ἀμείψε-
ται πρόθυρα δωμάτων. Dicendum
erat κέλευθον διαμείβεσθαι, pro
quo τέρμα κελεύθου dixit ratione
habita verbi ἥκω (Dindorf). Vgl.
Eur. Phoen. 163 εἴθε δρόμον νεφέ-
λας ποσὶν ἐξανύσαιμι δι' αἰθέρος
πρὸς ἐμὸν ὁμογενέτορα.
286. πτερυγωκῆ wie ποδώκης
gebildet, vgl. ὠκύπτερος.
287. γνώμῃ: admirationis augen-

ταῖς σαῖς δὲ τύχαις, ἴσθι, συναλγῶ.
τό τε γάρ με, δοκῶ, συγγενὲς οὕτως
ἐσαναγκάζει, χωρίς τε γένους   290
οὐκ ἔστιν ὅτῳ μείζονα μοῖραν
νείμαιμ' ἢ σοί.
γνώσει δὲ τάδ' ὡς ἔτυμ', οὐδὲ μάτην
χαριτογλωσσεῖν ἔνι μοι· φέρε γάρ
σήμαιν' ὅ τι χρή σοι συμπράσσειν·   295
οὐ γάρ ποτ' ἐρεῖς ὡς Ὠκεανοῦ
φίλος ἐστὶ βεβαιότερός σοι.

ΠΡ. ἔα, τί χρῆμα; καὶ σὺ δὴ πόνων ἐμῶν
ἥκεις ἐπόπτης; πῶς ἐτόλμησας, λιπὼν
ἐπώνυμόν τε ῥεῦμα καὶ πετρηρεφῆ   300
αὐτόκτιτ' ἄντρα, τὴν σιδηρομήτορα

dae causa non brutus, sed mente ac ratione praeditus esse fingitur. (Schütz). Il. 18, 410 haben die aus Gold gearbeiteten Mädchen des Hephaestos Verstand, Sprache und thätige Kraft; Od. 8, 556 sind die Schiffe der Phäaken πιτυσκόμεναι φρεσί, αὐταὶ ἴσασι νοήματα καὶ φρένας ἀνδρῶν; wie diese deshalb des Steuermannes u. Steuerrudern nicht bedürfen, so bedarf das Thier des Okeanos der Zügel nicht, weil es von selbst dem Gedanken (γνώμῃ) seines Reiters nachkommt.
289. τὸ συγγενὲς ἐσαναγκάζει: vgl. V. 30. Nach Hes. Theog. 133 ist Okeanos Sohn des Uranos u. der Gäa, der älteste der Titanen vgl. zu V. 14.
291. γένους, τῆς συγγενείας. — ὅτῳ — νείμαιμι: ohne ἄν wie Ag. 620 οὐκ ἔσθ' ὅπως λέξαιμι, Cho. 172 οὐκ ἔστιν ὅστις πλὴν ἐμοῦ κείραιτό νιν, Il. 22, 348 ὡς οὐκ ἔσθ' ὅς σῆς γε κύνας κεφαλῆς ἀπαλάλκοι, Soph. Phil. 695 οὐκ ἔχων βάσιν οὐδέ τιν' ἐγχώρων κακογείτονα, παρ' ᾧ στόνον ἀποκλαύσειεν, Eur. Alc. 62 ἔστ' οὖν ὅπως Ἄλκηστις εἰς γῆρας μόλοι; 117 οὐδὲ ναυκληρίαν ἔσθ' ὅποι τις αἴας στείλας δυστάνου παραλύσαι ψυχάν. Krüger II § 54, 3, 8. — μοῖραν νείμαιμι: Herod. II 172 ἐν οὐδεμιῇ μοίρῃ μεγάλῃ ἦγον, Plat. Crat. 398 B μεγάλην μοῖραν καὶ τιμὴν ἔχει. Diese Bedeutung 'dignitas, Stellung, Rang' hat sich aus der Bedeutung 'Gebühr, dasjenige, worauf man verdienten Anspruch hat' entwickelt: vgl. Soph. Trach. ἀνὴρ ὅδ', ὡς ἔοικεν, οὐ νεμεῖν ἐμοὶ φθίνοντι μοῖραν.
294. χαριτογλωσσεῖν: zu V. 180. — ἔνι 'liegt im Charakter', vgl. V. 224.
296. Ὠκεανοῦ: der sprechende gibt die künftigen Gedanken des andern an. So hat die Nennung des eigenen Namens etwas zuversichtliches, vgl. Soph. O. C. 626 κοὔποτ' Οἰδίπουν ἐρεῖς ἀχρεῖον οἰκητῆρα δέξασθαι. Zugleich hat die Angabe des Namens den äusseren Zweck die Zuschauer über die Person des auftretenden aufzuklären.
298. τί χρῆμα; vgl. Ag. 1306, Cho. 885 τί δ' ἐστὶ χρῆμα; Eur. Hipp. 905, Herc. f. 525, Or. 1573 ἔα, τί χρῆμα;
299. πόνων ἐμῶν ἐπόπτης: V. 118. — ἐτόλμησας λιπὼν ἐπώνυμον ῥεῦμα: vgl. das zu V. 284 ff. u. das zu V. 893 angeführte Schol.
301. αὐτόκτιτα: vgl. αὐτοφυής, αὐτόχυτος, αὐτόρριζος, αὐτόξυλος u. a. — ἄντρα: V. 133. — σιδηρομήτορα: vgl. Il. 8, 47 Ἴδην μητέρα

ΠΡΟΜΗΘΕΥΣ ΔΕΣΜΩΤΗΣ.

ἐλθεῖν ἐς αἶαν; ἢ θεωρήσων τύχας
ἐμὰς ἀφῖξαι καὶ συνασχαλῶν κακοῖς;
δέρκου θέαμα, τόνδε τὸν Διὸς φίλον,
τὸν συγκαταστήσαντα τὴν τυραννίδα, 305
οἴαις ὑπ' αὐτοῦ πημοναῖσι κάμπτομαι.

ΩΚ. ὁρῶ, Προμηθεῦ, καὶ παραινέσαι γέ σοι
θέλω τὰ λῷστα, καίπερ ὄντι ποικίλῳ.

γίγνωσκε σαυτὸν καὶ μεθάρμοσαι τρόπους
νέους· νέος γὰρ καὶ τύραννος ἐν θεοῖς. 310
εἰ δ' ὧδε τραχεῖς καὶ τεθηγμένους λόγους

θηρῶν; wegen dieser Benennung von Scythien (V. 2) vgl. Sept. 817 Σκύθῃ σιδήρῳ, Suid. Χάλυβες· ἔθνος Σκυθίας, ἔνθεν ὁ σίδηρος τίμηται. Nach Hesiod (Alex. Strom. I 307) u. Aristoteles (Plin. VII 57 § 197) war das Erzgiessen bei den Scythen erfunden worden: vgl. unten V. 714.

308. συνασχαλῶν κακοῖς: zu V. 161.

304. δέρκου in Beziehung auf θεωρήσων vgl. zu V. 119. — θέαμα im Sinne von θέαμα δυσθέατον ὄμμασι (V. 79) vgl. Plut. Ages. 14 θέαμα ταῖς πόλεσιν ἦσαν. — τόνδε von dem sprechenden wie das häufig bei den Tragikern vorkommende ὅδε ὁ ἀνήρ = ἐγώ.

305. wie V. 216 ff. erzählt ist.

306. κάμπτομαι nach τόνδε τὸν Διὸς φίλον dem Sinne entsprechend wie Od. 2, 40 οὐχ ἑκὰς οὗτος ἀνήρ, ὃς λαὸν ἤγειρα, Il. 10, 88 γνώσεαι Ἀτρείδην Ἀγαμέμνονα, τὸν περὶ πάντων Ζεὺς ἐνέηκε πόνοισι διαμπερές, εἰς ὅ κ' ἀυτμὴ ἐν στήθεσσι μένῃ καί μοι φίλα γούνατ' ὀρώρῃ, Soph. O. C. 1329 τῷδ' ἀνδρὶ τοῦ μου πρὸς κασιγνήτου εἴην, ebd. 284 ἀλλ' ὥσπερ ἔλαβες τὸν ἱκέτην ἐχέγγυον, ῥύου με κἀκφύλασσε, Trach. 1080 ὁρᾶτε τὸν δύστηνον ὡς οἰκτρῶς ἔχω, Eur. Cycl. 290 νάμος δὲ θνητοῖς ἱκέτας ῥύεσθαι..., οὐκ ἀμφὶ βουπόροισι πηχθέντας μέλη ὀβελίαι νηδὺν καὶ γνάθον πλῆσαι σίθεν,

Demosth. 18, 79 οὐδαμοῦ Δημοσθένη γέγραφεν οὐδ' αἰτίαν οὐδεμίαν κατ' ἐμοῦ.

307. Ueber die paränetische Rede des Okeanos bemerkt der Schol.: σκόπησον τὰ τῶν ῥητόρων καλὰ παρὰ πρώτοις εὑρεθέντα τοῖς τραγικοῖς. In dieser Scene wird durch freundliche Mahnungen und Warnungen eine Einwirkung auf den Sinn des Prometheus versucht; doch sind die Warnungen dem Charakter des Prometheus gegenüber der Art, dass sie seinen Trotz nur steigern können. — ὁρῶ Προμηθεῦ: vgl. V. 144.

308. ποικίλῳ· συνετῷ Schol. vgl. Προμηθεία· ποικίλον, αἰολόμητιν Hes. Theog. 510, ποικιλόβουλον ebd. 521, Προμηθεὺς ἀγκυλομήτης ebd. 546, πάντων πέρι μήδεα εἰδώς ebd. 559, πολύιδρις ebd. 616. — Zu καί περ ὄντι ποικίλῳ vgl. Il. 1, 577 μητρὶ δ' ἐγὼ παράφημι καὶ αὐτῇ περ νοεούσῃ πατρὶ φίλῳ ἐπίηρα φέρειν Διί.

309. γνῶθι σαυτὸν ὡς ὁ ποιητής 'Φράξιο, Τυδείδη καὶ χάζεο' (Il. 5, 440) Schol.

310. μεθάρμοσαι: Eur. Alc. 1157 νῦν γὰρ μεθηρμόσμεσθα βελτίω βίον τοῦ πρόσθεν. — νέους: proleptisch — ὥστε νέους εἶναι.

311. τεθηγμένους: zu dem Bilde vgl. Sept. 715 τεθηγμένον τοί μ' οὐκ ἀπαμβλυνεῖς λόγῳ, Soph. Ai. 584 γλῶσσά σου τεθηγμένη.

ΑΙΣΧΥΛΟΥ

ῥίψεις, τάχ' ἄν σου καὶ μακρὰν ἀνωτέρω
θακῶν κλύοι Ζεύς, ὥστε σοι τὸν νῦν χόλου
παρόντα μόχθον παιδιὰν εἶναι δοκεῖν.
ἀλλ', ὦ ταλαίπωρ', ἃς ἔχεις ὀργὰς ἄφες, 315
ζήτει δὲ τῶνδε πημάτων ἀπαλλαγάς.
ἀρχαῖ' ἴσως σοι φαίνομαι λέγειν τάδε·
τοιαῦτα μέντοι τῆς ἄγαν ὑψηγόρου
γλώσσης, Προμηθεῦ, τἀπίχειρα γίγνεται.
σὺ δ' οὐδέπω ταπεινὸς οὐδ' εἴκεις κακοῖς, 320
πρὸς τοῖς παροῦσι δ' ἄλλα προσλαβεῖν θέλεις.
οὔκουν ἔμοιγε χρώμενος διδασκάλῳ
πρὸς κέντρα κῶλον ἐκτενεῖς, ὁρῶν ὅτι
τραχὺς μόναρχος οὐδ' ὑπεύθυνος κρατεῖ.

καὶ νῦν ἐγὼ μὲν εἰμι καὶ πειράσομαι 325
ἐὰν δύνωμαι τῶνδέ σ' ἐκλῦσαι πόνων·

312. ῥίψεις ('schleudern') vgl. V. 932, Ag. 1068 οὐ μὴν πλέω ῥίψασ' ('verschleudern') ἀτιμασθήσομαι, Eur. Alc. 679 νεανίας λόγους ῥίπτων ἐς ἡμᾶς.
317. ἀρχαῖα: vgl. Arist. Nub. 984 ἀρχαῖά γε καὶ Διπολιώδη καὶ τεττίγων ἀνάμεστα, Cic. or. Philipp. I 10, 25 neglegimus ista, et nimis antiqua et stulta ducimus.
319. τἀπίχειρα: eigentlich 'Handgeld' (τὰ ὑπὲρ τὸν μισθὸν διδόμενα τοῖς χειροτέχναις Hesych.), dann 'Lohn' (Arist. Vesp. 581 ταύτης ἐπίχειρα, Plat. Rep. p. 608 C τὰ μέγιστα ἐπίχειρα ἀρετῆς καὶ προκείμενα ἆθλα), vgl. Soph. Ant. 820 οὔτε ἐμφίαν ἐπίχειρα λαχοῦσα. Zu dem Gedanken bemerkt der Schol. γνωμικῶς δέ φησι vgl. V. 329, Pind. Ol. I 85 ἀνέρδεια λέλογχεν θαμινὰ κακαγόρους, Eur. Bacch. 385 ἀχαλίνων στομάτων ἀνόμου τ' ἀφροσύνας τὸ τέλος δυστυχία, frgm. 5 εἰ μὴ καθέξεις γλῶσσαν, ἔσται σοι κακά.
320. ταπεινὸς εἶ: zu V. 42. — εἴκεις κακοῖς: vgl. V. 179, Soph Ant. 471 δηλοῖ τὸ γέννημ' ὠμὸν ἐξ ὠμοῦ πατρὸς τῆς παιδός· εἴκειν δ' οὐκ ἐπίσταται κακοῖς.
321. δέ kann an vierter Stelle stehen, wenn die vorausgehenden Wörter Einen Begriff bilden oder in engstem Zusammenhang stehen (wie hier u. V. 381 Nomen mit Präposition und Artikel). Zum Gedanken vgl. Pers. 531 μή καί τι πρὸς κακοῖσι προσθῆται κακόν, Soph. Phil. 1265 μῶν τί μοι νέα κάρεστε πρὸς κακοῖσι πέμποντες κακά, O. R. 667 εἰ κακοῖς κακά προσάψει τοῖς πάλαι τὰ πρόσφατα, Philemon Com. IV 34 κακὰ πρὸς τοῖς κακοῖσιν οὗτος ἕτερα συλλέγει.
323. πρὸς κέντρα κῶλον ἐκτενεῖς ist Umselzung des sprichwörtlichen πρὸς κέντρα λακτίζειν (κέντρον, stimulus, der Treibstachel für Pferde, Ochsen u. Esel) vgl. Ag. 1624 πρὸς κέντρα μὴ λάκτιζε, μὴ πταίσας μογῇς, Pind. Pyth. II 173 ποτὶ κέντρον δέ τοι λακτιζέμεν τελέθει ὀλισθηρὸς οἶμος, Eur. Bacch. 795 θύοιμ' ἂν αὐτῷ μᾶλλον ἢ θυμούμενος πρὸς κέντρα λακτίζοιμι θνητὸς ὢν θεῷ.
324. vgl. V. 35, 150, 186.
325. πειράσομαι ἐὰν δύνωμαι vgl. Π. 18, 601 πειρήσεται, αἴκε θήρσιν, 13, 806 ἐπειρᾶτο, εἴ πως οἱ εἴξειαν, Plat. leg. 638 E πειράσιμος, ἂν ἄρα δύνωμαι δηλοῦν.

σὺ δ' ἡσύχαζε μηδ' ἄγαν λαβροστόμει.
ἦ οὐκ οἶσθ', ἀκριβῶς ὢν περισσόφρων, ὅτι
γλώσσῃ ματαίᾳ ζημία προστρίβεται;

ΠΡ. ζηλῶ σ' ὁθούνεκ' ἐκτὸς αἰτίας κυρεῖς, 330
πάντων μετασχὼν καὶ τετολμηκὼς ἐμοί.
καὶ νῦν ἔασον μηδέ σοι μελησάτω.
πάντως γὰρ οὐ πείσεις νιν· οὐ γὰρ εὐπιθής.
κάπταινε δ' αὐτὸς μή τι πημανθῇς ὁδῷ.

ΩΚ. πολλῷ γ' ἀμείνων τοὺς πέλας φρενοῦν ἔφυς 335
ἢ σαυτόν· ἔργῳ κοὐ λόγῳ τεκμαίρομαι.
ὁρμώμενον δὲ μηδαμῶς ἀντισπάσῃς.
αὐχῶ γὰρ αὐχῶ τήνδε δωρεὰν ἐμοὶ
δώσειν Δί', ὥστε τῶνδέ σ' ἐκλῦσαι πόνων.

ΠΡ. τὰ μέν σ' ἐπαινῶ κοὐδαμῇ λήξω ποτέ·
προθυμίας γὰρ οὐδὲν ἐλλείπεις. ἀτὰρ
μηδὲν πόνει· μάτην γὰρ οὐδὲν ὠφελῶν

327. λαβροστόμει: vgl. Soph. Ai. 1147 τὸ σὸν λάβρον στόμα.

328. Ueber die häufige Synizesis von ἦ οὔ vgl. Krüger II § 13, 0, 2. — ἀκριβῶς· ἀκρως Hesych. Zu dem charakteristischen Pleonasmus vgl. V. 944, Pers. 794 τοὺς ὑπερπόλλους ἄγαν, II. 7, 39 οἰόθεν οἶος, 97 αἰνόθεν αἰνῶς. — περισσόφρων: zu V. 808.

329. προστρίβεται: eine derbe Bezeichnung, vgl. Aristoph. Equ. 5 πληγὰς ἀεὶ προστρίβεται τοῖς οἰκέταις.

330 ff. ζηλῶ σε: 'du bist beneidenswerth, du darfst froh sein'. — πάντων μετασχὼν ἐμοί: vgl. V. 295 σήμαιν' ὅ τι χρή σοι συμπράσσειν. Als Freund des Prometheus (V. 297) sprach Okeanos zwar einmal, wie der Dichter annimmt, seine geneigte Gesinnung für das Unternehmen des Prometheus aus, trat aber, als es zur That kam, zurück u. hat sich der Herrschaft des Zeus unterworfen. Darauf bezieht sich V. 278 f. — καὶ τετολμηκὼς: für καὶ ('auch nur') vgl. V. 197, zu τετολμηκὼς V. 861. — ἔασον: in der Bedeutung 'sein lassen' auch Soph. O. C. 593 ὅταν μάθῃς μου, νουθέτει, τὰ νῦν δ' ἔα u. in der Redensart ἔα ταῦτο.

333 f. πάντως — οὐ: vgl. V. 1053. — εὐπιθής: vgl. zu ἀπερπὴ V. 81. — ὁδῷ: vgl. V. 325 (ὁδός 'Gang'). Zu dem Dativ vgl. λόγῳ V. 196. — Die Alliteration des π unterstützt den Nachdruck der Rede.

335. Ueber das Asyndeton bei begründendem Verhältnisse vgl. Krüger II § 59, 1, 7. — ἔργῳ κοὐ λόγῳ: vgl. V. 1080 u. zu V. 660.

337. ὁρμώμενον· με vgl. V. 176.

338. vgl. zu V. 266. Ueber αὐχῶ 'ich schmeichle mir' zu V. 686, vgl. Eur. Med. 582 γλώσσῃ γὰρ αὐχῶν τάδιν εὖ περιστελεῖν.

339. vgl. V. 326.

340. τὰ μέν: die Rede wird anders gewendet u. statt eines τὰ δέ ('anderntheils') folgt ἀτάρ.

342. μάτην οὐδὲν ὠφελῶν: vgl. Cho. 881 ὅταν μάθῃς μου, νουθέτει — κραντα βάζω, Eum. 864 λόγοι πεδάρσιοι θρώσκουσι θνήσκοντες μάτην. — ὠφελεῖν findet sich nicht blos bei den dramatischen Dichtern (vgl.

ἐμοὶ πονήσεις, εἴ τι καὶ πονεῖν θέλοις.

ἀλλ' ἡσύχαζε σαυτὸν ἐκποδὼν ἔχων·
ἐγὼ γὰρ οὐκ εἰ δυστυχῶ, τοῦδ' εἵνεκα   345
θέλοιμ' ἂν ὡς πλείστοισι πημονὰς τυχεῖν.
οὐ δῆτ', ἐπεί με καὶ κασιγνήτου τύχαι
τείρουσ' Ἄτλαντος, ὃς πρὸς ἑσπέρους τόπους
ἕστηκε κίον' οὐρανοῦ τε καὶ χθονὸς

Krüger II § 46, 6, 2) häufig mit dem Dativ verbunden, sondern auch in Prosa, so Herod. IX 103 προσωφελέειν ἐθέλοντες τοὺς Ἕλλησι u. in einer attischen Inschrift C. I. I 107 (ὠφελ)εῖν τῷ δήμῳ.

343. καὶ — θέλοις drückt einen leisen Zweifel aus, welchen Prometheus mit gewisser Geringschätzung des Okeanos hinzusetzt.

344. σαυτὸν ἐκποδὼν ἔχων: 'und halte dich davon fern, lass die Hand aus dem Spiele' vgl. Xen. Cyr. 6, 1, 37 οἱ δὲ φίλοι προσιόντες συμβουλεύουσιν ἐκποδὼν ἔχειν ἑμαυτόν.

345. εἵνεκα: die epische Form für ἕνεκα, welche die Tragiker dem Metrum zu Liebe gebraucht haben, wie ξεῖνος für ξένος, κεινός für κενός, κεῖνος für ἐκεῖνος, εἰλίσσειν (V. 138, 1085) für ἑλίσσειν, μοῦνος für μόνος (V. 543, 804).

346. πλείστοισι πημονὰς τυχεῖν: Pers. 706 ἀνθρώπεια δ' ἄν τοι πήματ' ἂν τύχοι βροτοῖς. — Der Schol. bemerkt: Προμηθικὸς· οὐ γὰρ κατὰ τὸν ἀνθρώπινον λογισμὸν πολλοὺς αὑτῷ συνατυχεῖν βούλεται ὁ Προμηθεύς (vgl. das Sprichwort solamen miseris socios habuisse malorum). Dieser Gedanke dient übrigens dem Dichter als Mittel, um etwas, was nicht eigentlich zur Sache gehört, hereinzubringen. Denn die Erwähnung des Atlas ist gleichfalls nur Ueberleitung zur Schilderung des Typhon, durch welche sich der Dichter Gelegenheit verschafft, von dem zerstörenden Ausbruch des Aetna (V. 367—69) zu reden.

347. οὐ δῆτ', ἐπεί: vgl. Soph. O. C. 431 εἴκοις ἂν ὡς θέλοντι τοῦτ' ἐμοὶ τότε πόλις τὸ δῶρον εἰκότως κατήνεσεν. οὐ δῆτ', ἐπεί τοι τὴν μὲν αὐτίχ' ἡμέραν — οὐδεὶς ἔρωτος τοῦδ' ἐφαίνετ' ὠφελῶν, Eur. Heracl. 505 αὐτοὶ δὲ προστιθέντες ἄλλοισιν πόνους παρὸν σφε σῶσαι, φευξόμεσθα μὴ θανεῖν; οὐ δῆτ', ἐπεί τοι καὶ γέλωτος ἄξια κτἑ., Alc. 555. — Der Gedanke, durch welchen die folgende Schilderung motiviert wird, ist: 'ich will nicht noch andere mit mir ins Unglück ziehen; das Unglück meines Bruders Atlas u. des Typhon ist für mich schon schmerzlich genug'. — Zu dem folgenden vgl. Hes. Theog. V. 517 Ἄτλας δ' οὐρανὸν εὐρὺν ἔχει κρατερῆς ὑπ' ἀνάγκης, πείρασιν ἐν γαίης, πρόπαρ Ἑσπερίδων λιγυφώνων ἑστηώς, κεφαλῇ τε καὶ ἀκαμάτοισι χέρεσσιν· ταύτην γὰρ οἱ μοῖραν ἐδάσσατο μητίετα Ζεύς.

348. πρὸς ἑσπέρους τόπους: 'gegen Abend', die Richtung vom Standpunkt des sprechenden aus, der gleichsam dahin deutet; vgl. Od. 13, 240 ἡμὲν ὅσοι ναίουσι πρὸς ἠῶ τ' ἠέλιόν τε ἠδ' ὅσσοι μετόπισθε ποτὶ ζόφον ἠερόεντα, auch Eur. Jon 908 ὃς ὀμφὰν κληροῖς πρὸς χρυσίους θάκους καὶ γαίας μεσσήρεις ἕδρας.

349. Wie bei Pind. Pyth. I 35 der Aetna als κίων οὐρανία bezeichnet wird, so heisst es vom Atlas bei Herod. IV 184 ἔστι δὲ στεινός καὶ κυκλοτερὴς πάντῃ, ὑψηλὸς δὴ οὕτω δή τι λέγεται ὡς τὰς κορυφὰς αὐτοῦ οὐκ οἷά τε εἶναι ἰδέσθαι . . . . , τοῦτον κίονα τοῦ οὐρανοῦ λέγουσι οἱ ἐπιχώριοι εἶναι. Der hoch in die Wolken hineinragende Berg erschien der Phantasie als eine Säule, welche das Himmelsgewölbe trägt (vgl. Verg. Aen. IV 247). Dieser 'Träger' (ἄτλας) wurde in der Sage zu einem

ΠΡΟΜΗΘΕΤΣ ΔΕΣΜΩΤΗΣ. 61

ὤμοιν ἐρείδων, ἄχθος οὐκ εὐάγκαλον. 350

τὸν γηγενῆ τε Κιλικίων οἰκήτορα
ἄντρων ἰδὼν ᾤκτειρα, θάιον τέρας
ἑκατογκάρανον πρὸς βίαν χειρούμενον,
Τυφῶνα θοῦρον, πᾶσι δ᾽ ἀντέστη θεοῖς,

Titanen, dem zur Strafe die Last des Himmels auf den Nacken gelegt ist (Hes. a. d. vorans a. St.). Umgekehrt werden gewaltige Wesen mit Bergkuppen verglichen. So heisst es Od. X 113 von der Königin der Lästrygonen τὴν δὲ γυναῖκα εὗρον ὅσην τ᾽ ὄρεος κορυφήν u. Polyphem gleicht nach Od. IX 191 ῥίῳ ὑλήεντι ὑψηλῶν ὀρέων. — Bei Homer jedoch Od. 1, 53 ἔχει (Ἄτλας) δέ τε κίονας αὐτὸς μακράς, αἳ γαῖάν τε καὶ οὐρανὸν ἀμφὶς ἔχουσιν liegt noch die ursprüngliche Vorstellung von den tragenden Säulen zu Grunde und der persönliche Atlas ist noch nicht ganz an die Stelle der Säulen getreten. Die Erde u. Himmel auseinanderhaltenden Säulen bestehen noch für sich u. Atlas ist nur derjenige, der sie 'hält'. Aeschylus hat sich an Homer angeschlossen; er konnte in Rücksicht auf die allgemein bekannte homerische Stelle kurz κίονα οὐρανοῦ τε καὶ χθονός sagen, indem er an den Zweck der Säule γαῖάν τε καὶ οὐρανὸν ἀμφὶς ἔχειν dachte, was zum einen Theil nicht unmittelbar durch die Säule, sondern durch den auf die Erde gestemmten Fuss des Atlas erfüllt wird.

351. τὸν Γηγενῆ: Hes. Theog. 820 αὐτὰρ ἐπεὶ Τιτῆνας ἀπ᾽ οὐρανοῦ ἐξέλασε Ζεύς, ὁπλότατον τέκε παῖδα Τυφωέα Γαῖα πελώρη, — ἐκ δέ οἱ ὤμων ἦν ἑκατὸν κεφαλαὶ ὄφιος, δεινοῖο δράκοντος. Typhoeus ist eine Personifikation aller Dünste und gasartigen Dämpfe im Innern der Erde, welche Erdbeben u. vulkanische Ausbrüche bewirken. Bei dieser Schilderung des Typhon (od. Typhos) hört man mehr den Dichter als den Prometheus. Die Schilderung selbst ist der bei Pindar Pyth. I 30 sehr ähnlich: ὅς τ᾽ ἐν αἰνᾷ Ταρτάρῳ κεῖται, θεῶν πολέμιος, Τυφὼς ἑκατοντακάρανος· τόν ποτε Κιλίκιον θρέψεν πολυώνυμον ἄντρον· νῦν γε μὰν ταί θ᾽ ὑπὲρ Κύμας ἁλιερκέες ὄχθαι Σικελία τ᾽ αὐτοῦ πιέζει στέρνα λαχνάεντα· κίων δ᾽ οὐρανία συνέχει, νιφόεσσ᾽ Αἴτνα. — Κιλικίων ἄντρων οἰκήτορα: οἰκήσαντα μὲν ἐν Κιλικίᾳ, κολασθέντα δὲ ἐν Σικελίᾳ (wie bei Pindar) Schol. Bei Homer Il. 2, 781 γαῖα δ᾽ ὑπεστενάχιζε Διὶ ὡς τερπικεραύνῳ χωομένῳ, ὅτε τ᾽ ἀμφὶ Τυφωέι γαίαν ἱμάσσῃ Ἀρίμοις, ὅθι φασὶ Τυφωέος ἔμμεναι εὐνάς hat die Sage noch eine andere Gestalt: der homerische Ausdruck Τυφωέος εὐνάς ist bei Pindar wahrscheinlich unter Sicilischem Einfluss in das ganz verschiedene τόν ποτε Κιλίκιον θρέψεν πολυώνυμον ἄντρον übergegangen, wodurch der ursprünglich an den Vulkanen in Kleinasien haftende Name des Typhon für den Vulkan in Sicilien gewonnen ward. Diese Gestalt der Sage hat Aeschylus benützt.

352. ἰδὼν ᾤκτειρα erinnert an Od. 11, 582 καὶ μὴν Τάνταλον εἰσεῖδον χαλέπ᾽ ἄλγε᾽ ἔχοντα. — θάιον bezeichnet in Typhon nach ursprünglicher Auffassung das zerstörende Wesen des vulkanischen Elements, vgl. Sept. 222 πυρὶ θαίῳ.

353. ἑκατογκάρανον: so ist Typhon auch in der o. a. St. des Pindar bezeichnet; ebd. Ol. IV 11 ἑκατογκεφάλα Τυφῶνος ὀμβρίμου. Näher kommt der ursprünglichen Bedeutung züngelnder Flammen die Bezeichnung bei Hesiod V. 825 ἑκατὸν κεφαλαὶ ὄφιος, δεινοῖο δράκοντος, γλώσσῃσι δνοφερῇσι λελιχμότες.

354. πᾶσι δέ: der Uebergang in die Schilderung wie Sept. 568

σμερδναῖσι γαμφηλαῖσι συρίζων φόβον·   355
ἐξ ὀμμάτων δ' ἤστραπτε γοργωπὸν σέλας,
ὡς τὴν Διὸς τυραννίδ' ἐκπέρσων βίᾳ·
ἀλλ' ἦλθεν αὐτῷ Ζηνὸς ἄγρυπνον βέλος,
καταιβάτης κεραυνὸς ἐκπνέων φλόγα,
ὃς αὐτὸν ἐξέπληξε τῶν ὑψηγόρων   360
κομπασμάτων. φρένας γὰρ εἰς αὐτὰς τυπεὶς
ἐφεψαλώθη κἀξεβροντήθη σθένος.
καὶ νῦν ἀχρεῖον καὶ παράορον δέμας
κεῖται στενωποῦ πλησίον θαλασσίου
ἰπούμενος ῥίζαισιν Αἰτναίαις ὕπο,   365
κορυφαῖς δ' ἐν ἄκραις ἥμενος μυδροκτυπεῖ

[ἶσον λέγοιμ' ἂν ἄνδρα σωφρονέ
στατον αἰχμὴν τ' ἄριστον, μάντιν
Ἀμφιάρεω βίαν· Ὁμολωΐσιν δὲ πρὸς
πύλαις — κακοῖσι βάξει κτέ. Vgl.
V. 366.
355. συρίζων φόβον (metonymisch): vgl. Sept. 385 ὑπ' ἀσπίδος
δὲ τῷ γαλκήλατοι κλάζουσι κώδω
νες φόβον.
356. ἤστραπτε in transitiver Bedeutung wie bei späteren Dichtern.
— γοργωπὸν σέλας: vgl. φλογωπὸν
φᾶς V. 253.
357 f. Dieser V. erinnert uns
wieder daran, dass Prometheus
spricht; denn wie dieser die rohen
Kraftanstrengungen der Titanen
(πρὸς βίαν τε δεσπόσειν V. 208)
als eitles Beginnen kannte u. verachtete, so hat er auch für das
Toben des Typhon nur mitleidige
Ironie. In diesem Sinne sagt er
das folgende ἀλλ' ἦλθεν κτέ. Vgl.
übrigens Hes. Theog. 837:
καί κεν ὅγε (Typhon) θνητοῖσι
καὶ ἀθανάτοισιν ἄναξεν,
εἰ μὴ ἄρ' ὀξὺ νόησε πατὴρ ἀν
δρῶν τε θεῶν τε.
— ἦλθεν: vgl. V. 667, Sept. 444
αὐτῷ.. τὸν πυρφόρον ἥξειν κε
ραυνόν. — ἄγρυπνον von der Person auf die Sache übertragen: vgl.
zu V. 115, Cleanth. h. in Iov. 10
πυρόεντα ἀεὶ ζώοντα κεραυνόν.
Zeus liess sich nicht überraschen
(ὀξὺ νόησε Hesiod.).
359. καταιβάτης: vgl. Arist. Pax

42 Διὸς καταιβάτου ('der in Donner u. Blitz niederfahrende Zeus'),
Hor. Carm. III 4, 42 scimus, ut
impios Titanas immanemque turmam fulmine sustulerit caduco. —
ἐκπνέων φλόγα: vgl. V. 917, Pind.
frgm. 111 πῦρ πνέοντος κεραυνοῦ.
360. ἐξέπληξε: zu V. 184.
361. φρένας 'praecordia': vgl.
V. 881, Eum. 159 ὑπὸ φρένας, ὑπὸ
λοβόν, Od. 9, 301 οὐτάμεναι πρὸς
στῆθος, ὅθι φρένες ἥπαρ ἔχουσιν
u. Schol. zu Il. 11, 579 φρένας ὁ
ποιητὴς καὶ πάντες οἱ παλαιοὶ ἐκά
λουν τὸ διάφραγμα, Aristot. H. A.
II 15 τὸ διάζωμα ὃ καλοῦνται φρέ
νες. Typhon wurde in den Sitz des
μέγα φρονεῖν getroffen.
362. ἐξεβροντήθη σθένος: Krüger I § 52, 4, 2.
363. παράορον: der Dichter hat
aus Il. 7, 156 πολλὸς γάρ τις ἔκειτο
παρήορος ἔνθα καὶ ἔνθα die allgemeine Bedeutung von παρήορος
ἔνθα καὶ ἔνθα ohne besondere
Beziehung von παρα- genommen
('weithin, nach allen Seiten ausgestreckt').
364. στενωποῦ durch den folg.
V. genauer bestimmt vgl. V. 729.
365. ἰπούμενος: vgl. Pind. Ol.
IV 10 Αἴτναν — ἶπον ἀνεμόεσσαν
ἑκατογκεφάλα Τυφῶνος, frgm. 94
νείφῳ μὲν Αἴτνα δεσμὸς ὑπερφίαλος
ἀμφίκειται.
366. κορυφαῖς δὲ: das dem Gedanken nach Untergeordnete wird

ΠΡΟΜΗΘΕΥΣ ΔΕΣΜΩΤΗΣ. 63

Ἥφαιστος, ἔνθεν ἐκραγήσονταί ποτε
ποταμοὶ πυρὸς δάπτοντες ἀγρίαις γνάθοις
τῆς καλλικάρπου Σικελίας λευροὺς γύας·
τοιόνδε Τυφὼς ἐξαναζέσει χόλον 370
θερμοῖς ἀπλάτου βέλεσι πυρπνόου ζάλης,
καίπερ κεραυνῷ Ζηνὸς ἠνθρακωμένος.

σὺ δ' οὐκ ἄπειρος, οὐδ' ἐμοῦ διδασκάλου
χρῄζεις· σεαυτὸν σῷζ' ὅπως ἐπίστασαι·
ἐγὼ δὲ τὴν παροῦσαν ἀντλήσω τύχην, 375
ἔς τ' ἂν Διὸς φρόνημα λωφήσῃ χόλου.

ΩΚ. οὔκουν, Προμηθεῦ, τοῦτο γιγνώσκεις, ὅτι
ὀργῆς σφριγώσης εἰσὶν ἰατροὶ λόγοι;
ΠΡ. ἐάν τις ἐν καιρῷ γε μαλθάσσῃ κέαρ

der Schilderung zu Liebe als gleichgeordneter Gedanke behandelt. κορυφαῖς im Gegensatz zu ῥίζαισιν.
— V. 366—72 gehören nicht zur Sache; aber auf dieses vaticinium post eventum ist die ganze Schilderung von Atlas u. Typhon abgesehen.

367. ἐκραγήσονταί ποτε: die Zuschauer mussten an den Ausbruch von Ol. 75, 2 (479,8 v. Chr.) erinnert werden, dessen die Parische Marmortafel Z. 67 mit den Worten Erwähnung thut: καὶ τὸ πῦρ ἐρρύη μέσον ἐν Σικελίᾳ περὶ τὴν Αἴτνην (nach Boeckh Corp. Inscr. Gr. II S. 802). Von einem Ol. 88, 2 (425 v. Chr.) erfolgten Ausbruch berichtet Thuc. III 116 γῆν τινα ἔφθειρε (ὁ ῥύαξ τοῦ πυρός) τῶν Καταναίων, οἳ ἐπὶ τῇ Αἴτνῃ, τῷ ὄρει οἰκοῦσιν, ὅπερ μέγιστόν ἐστιν ὄρος ἐν τῇ Σικελίᾳ.

368. δάπτοντες ἀγρίαις γνάθοις: wie ein gefrässiges wildes Thier, vgl. Cho. 325 πυρὸς μαλερὰ γνάθος.

371. ἀπλάτου: vgl. Pind. Pyth. I 39 τὰς (Αἴτνας) ἐρεύγονται μὲν ἀπλάτου πυρὸς ἁγνόταται ἐκ μυχῶν παγαί, frgm. 94 ἀλλ' οἷος ἄπλατον κεράιζε θεῶν Τυφῶν· ἑκατοντακάρανον ἀνάγκᾳ, Ζεῦ πάτερ, ἐν Ἀρίμοις ποτέ, Eum. 53 οὐ πλα-

τοῖσι φυσιάμασιν. — βέλεσι von den Lavabächen, die wie Pfeile hervorschiessen.

372 f. Dieser Gedanke dient dazu, wieder zur Sache überzuleiten durch die Erinnerung an den κεραυνὸς Ζηνός. — σὺ δὲ: damit geht Prometheus auf den Gedanken von V. 344 zurück; der Gedankenzusammenhang ist derselbe, wie wenn es hiesse: σὺ δὲ σεαυτὸν σῷζε, ὅπως ἐπίστασαι οὐκ ἄπειρος ὤν (ἄπειρος absolut gebraucht). Vgl. zu V. 330 ff. — Die Worte οὐδ' ἐμοῦ διδασκάλου χρῄζεις erinnern an die Worte des Okeanos V. 322 ἐμοιγε χρώμενος διδασκάλῳ.

376. ἔς τε findet sich bei Aeschylus 5mal in unserm Stücke (V. 457, 656, 697, 792) u. 1mal in den Eum. 449. — λωφήσῃ: vgl. zu V. 27.

377—380: vgl. Cic. Tusc. III 81 ut Prometheus ille Aeschyli, cui quum dictum esset
Atqui, Promethei, te hoc tenere
existumo,
mederi posse rationem iracundiae.
respondit
Siquidem qui tempestivam medicinam admovens
non ad gravescens vulnus illidat manus.

379. ἐάν τις ἐν καιρῷ γε μαλ-

καὶ μὴ σφυδῶντα θυμὸν ἰσχναίνῃ βίᾳ. 380
ΩΚ. ἐν τῷ προθυμεῖσθαι δὲ καὶ τολμᾶν τίνα
ὁρᾷς ἐνοῦσαν ζημίαν; δίδασκέ με.
ΠΡ. μόχθον περισσὸν κουφόνουν τ' εὐηθίαν.
ΩΚ. ἔα με τῇδε τῇ νόσῳ νοσεῖν, ἐπεὶ
κέρδιστον εὖ φρονοῦντα μὴ δοκεῖν φρονεῖν. 385
ΠΡ. ἐμὸν δοκήσει τἀμπλάκημ' εἶναι τόδε.

ΩΚ. σαφῶς μ' ἐς οἶκον σὸς λόγος στέλλει πάλιν.
ΠΡ. μὴ γάρ σε θρῆνος οὑμὸς εἰς ἔχθραν βάλῃ.
ΩΚ. ἦ τῷ νέον θακοῦντι παγκρατεῖς ἕδρας;
ΠΡ. τούτου φυλάσσου μή ποτ' ἀχθεσθῇ κέαρ. 390
ΩΚ. ἡ σή, Προμηθεῦ, ξυμφορὰ διδάσκαλος.

θάσσῃ — σφυδῶντα — ἰσχναίνῃ βίᾳ: durch σφρίγωσης ist die Vorstellung einer Geschwulst (tumor) erweckt; nach dieser Vorstellung ist dem vorausgehenden ἰατροί entsprechend der Ausdruck gewählt; der Zorn lässt sich behandeln, wenn er ausgetobt u. durch die Zeit das starre u. rauhe abgelegt hat (μαλθάσσειν deutet das weiche u. dem Drucke nachgebende der gezeitigten Geschwulst an), nicht wenn er noch in Wallung u. Gährung ist (σφυδῶν· ἰσχυρός, εὔρωστος, συληρός Hesych.: die Geschwulst, die sich erst i entwickelt, ist wie vollgepfropft, fest u. hart u. rührt sich unsanft an); ἰσχναίνειν 'die Geschwulst ausdrücken'; durchgängig ist hier eigentlicher u. bildlicher Ausdruck gemischt. — πέπονα φαρμακεύειν, μὴ ὠμά führt der Schol. als einen Satz des Arztes Hippokrates an.
381. Ueber die Stellung von δὲ zu V. 321.
383. Des weiteren Redens überdrüssig antwortet Prometheus hier u. V. 386 kurz angebunden, bis auch Okeanos ärgerlich wird u. der Dialog in Stichomythie übergeht. εὐηθίαν: εὐηθία neben εὐήθεια wie ὠφελία neben ἀφέλεια. Ueber die Bedeutung des Wortes vgl. Thuc. III 83 οὕτω πᾶσα ἰδέα κατέστη κακοτροπίας διὰ τὰς στάσεις τῷ Ἑλ-
ληνικῷ, καὶ τὸ εὔηθες, οὗ τὸ γενναῖον πλεῖστον μετέχει, καταγελασθὲν ἠφανίσθη, Plat. rep. III 400 E εὐηθείᾳ, οὐχ ἣν ἄνοιαν οὖσαν ὑποκοριζόμενοι καλοῦμεν ὡς εὐήθειαν, ἀλλὰ τὴν ὡς ἀληθῶς εὖ τε καὶ καλῶς τὸ ἦθος κατεσκευασμένην διάνοιαν u. das Wortspiel bei Demosth. 18, 228 κακοήθης δ' ὤν, Αἰσχίνη, τοῦτο παντελῶς εὐηθες ᾠήθης κτέ.
384. τῇδε τῇ νόσῳ νοσεῖν: vgl. Soph. Trach. 544 νοσοῦντι κείνῳ πολλὰ τῇδε τῇ νόσῳ, El. 650 ζῶσαν ἀβλαβεῖ βίῳ.
386. ἐμὸν δοκήσει: 'es wird sich zeigen, dass ich mit dieser 'Schuld' behaftet bin Recht zu haben, während man im Unrecht zu sein scheint, nicht du'. — ἀμπλάκημα ironisch, wie voraus νόσῳ.
387. σὸς λόγος bezieht sich nicht bloss auf den unmittelbar vorausgehenden V., sondern auf den Eindruck der ganzen Unterredung.
388. γάρ gibt die Bestätigung des vorausgehenden. — θρῆνος: ὁ οἶκτος Schol. — οὑμός: vgl. Pers. 699 τὴν ἐμὴν αἰδῶ μεθείς, Krüger I § 47, 7, 8.
389. νέον: zu V. 35. — Ueber den Accusativ des Inhalts vgl. Krüger II § 46, 8, 2.
391 f. Mit dieser Antwort zeigt Okeanos, wie wenig seine Gesin-

ΠΡ. στέλλου, κομίζου, σῷζε τὸν παρόντα νοῦν.
ΩΚ. ὁρμωμένῳ μοι τόνδ' ἐθώυξας λόγον.
λευρὸν γὰρ οἶμον αἰθέρος ψαίρει πτεροῖς
τετρασκελὴς οἰωνός· ἄσμενος δέ τἂν   395
σταθμοῖς ἐν οἰκείοισι κάμψειεν γόνυ.

(στροφὴ α'.)

ΧΟ. στένω σε τᾶς οὐλομένας τύχας, Προμηθεῦ,
δακρυσίστακτα δ' ἀπ' ὄσσων ῥαδινὸν λει-
βομένα ῥέος παρειὰν   400
νοτίοις ἔτεγξα παγαῖς.
ἀμέγαρτα γὰρ τάδε Ζεὺς
ἰδίοις νόμοις κρατύνων
ὑπερήφανον θεοῖς τοῖς
πάρος ἐνδείκνυσιν αἰχμάν.   405

(ἀντιστροφὴ α'.)

πρόπασα δ' ἤδη στονόεν λέλακε χώρα

nung der des Prometheus entspricht. Darum erwidert Prometheus mit Emphase στέλλου, κομίζου, σῷζε. Ueber das Asyndeton vgl. zu V. 56 u. unten V. 937.

893. ὁρμωμένῳ — λόγον gibt den Sinn wie wenn es hiesse: ὁρμωμένῳ μοι ἐθώυξας ὁρμᾶσθαι. Vgl. V. 277. — Okeanos spricht mit dem Ausdrucke schlecht verhehlten Aergers. Zugleich deutet der Dichter die Art u. Weise des Abtretens an.

894. ψαίρει: vgl. Verg. Aen. V 216 mox aere lapsa (columba) quieto radit iter liquidum, XI 756 aethera verberat alis (aquila). Hier von der Bewegung der Flügel des zum Fluge sich anschickenden Thieres. — Damit setzt sich die Maschinerie in Bewegung.

397—436 erstes Stasimon. Das ionische Mass entspricht dem wehmüthigen Inhalte, welcher an die Worte Fr. v. Schlegels erinnert 'Es geht ein allgemeines Jammern, so weit die stillen Sterne scheinen, durch alle Adern der Natur'.

397. Die epische Form οὐλόμε-

νος findet sich zuweilen in lyrischen Stellen der Tragiker. ὀλόμενος 'perditus, heillos, unselig, worauf kein Segen ruht'. — Ueber den Gen. der Relation Krüger I § 47, 21.

398 ff. δακρυσίστακτα adverbial: vgl. Eur. Or. 410 ευπαίδευτα δ' ἀποτρέπει λέγειν, Phoen. 810 μόλις φανεὶς ἄτλητα καθόδευσε, 1739 ἀκαρδίευντ' ἀλωμένη, Soph. Ant. 527 φιλάδελφα κάτω δάκρυ λειβομένη, El. 962 ἄλεκτρα γηράσκουσαν ἀνυμέναιά τε. — ῥαδινόν· λεπτόν, ἰσχνόν, εὐκίνητον, ἁπαλόν, εὐδιαίσιτον. Mit ῥαδινὸν ῥέος (Alliteration) hat der Dichter das homerische τέρεν δάκρυ (Il. 3, 142; 19, 323) wiedergegeben. — νοτίοις ἔτεγξα παγαῖς: vgl. Eur. Ion 105 ὑγραῖς ῥανίσιν νοτερόν, Herc. f. 98 δακρυρρόους πηγάς.

402 ff. ἀμέγαρτα (vgl. V. 143) τάδε abhängig von κρατύνων. — ἰδίοις νόμοις: vgl. V. 186. — θεοῖς τοῖς πάρος vgl. V. 151. — αἰχμή 'die Lanzenspitze' hier metonymisch für Gewaltherrschaft: vgl. Cho. 630 γυναικείαν ἄτολμον αἰχμάν.

406. στονόεν λέλακε (transitiv

μεγαλοσχήμονά τ' ἀρχαιοπρεπῆ ⟨θ' ἑ-
σπέριοι⟩ στένουσι τὰν σὰν
συνομαιμόνων τε τιμάν,   410
ὁπόσοι τ' ἔποικον ἁγνᾶς
Ἀσίας ἕδος νέμονται,
μεγαλοστόνοισι σοῖς πή-
μασι συγκάμνουσι θνατοί.

(στροφὴ β'.)

Κολχίδος τε γᾶς ἔνοικοι   415
παρθένοι μάχας ἄτρεστοι
καὶ Σκύθης ὅμιλος, οἳ γᾶς
ἔσχατον τόπον ἀμφὶ Μαι-
ῶτιν ἔχουσι λίμναν,

(ἀντιστροφὴ β'.)

Ἀρίας τ' ἄρειον ἄνθος   420
ὑψίκρημνον οἳ πόλισμα

'ertönen lassen"): vgl. Ag. 711 πο-
λύθρηνον μέγα που στένει, Pers.
944 ᾖσαν τὰ καὶ πάνδυρτον.
407 f. μεγαλοσχήμονα: vgl. εὔμορ-
φον κράτος Cho. 490. — ἀρχαιοπρεπῆ
im Gegensatz zur jungen Herr-
schaft des Zeus. — ἑσπέριοι ergänzt
nach Od. 8, 29 ἠὲ πρὸς ἠοίων ἢ
ἑσπερίων ἀνθρώπων: Westu. Ost,
Ausführung von πρόπασα χώρα.
409. συνομαιμόνων: des Atlas
u. Typhon, welche beide in der
westlichen Gegend dulden.
410. ἔποικον ἕδος Ἀσίας νέμον-
ται — Ἀσίαν ἐποικοῦσι; ἔποικον
steht in allgemeiner, bloss den
Begriff 'Wohnung' angebender Be-
deutung ('Wohn-Sitz'). Mit Unrecht
denkt der Schol., welcher ἔποικος
im speciellen Sinne nimmt, an einen
Anachronismus (οὔπω γὰρ ἦν ἐποι-
κισθεῖσα τοῖς Ἕλλησιν ἡ Ἀσία). Zu
Ἀσίας ἕδος vgl. Ἰθάκης ἕδος Od.
13, 344, Θήβης ἕδος Il. 4, 406.
414. συγκάμνουσι: nicht σὺν
ἡμῖν κάμνουσι (Schol.), sondern wie
oben συνασχαλᾶν (V. 161, 243),
συμπονεῖν (V. 274); vgl. Eur. Alc.

614 ἦμεν κακοῖσι σοῖσι συγκάμνων,
τέκνον.
416. παρθένοι: vgl. zu V. 723.
— μάχας ἄτρεστοι: vgl. Soph. O.
R. 885 Δίκας ἀφόβητος, Sept. 875
κακῶν ἀτρόμονες, Pers. 51 λόγχης
ἄκμονες. Krüger II § 47, 26, 9.
417 f. Σκύθης: zu V. 2. — οἵ:
σχῆμα πρὸς τὸ σημαινόμενον, vgl.
V. 421, 805, 808. — γᾶς ἔσχατον
τόπον: vgl. V. 666, Soph. Trach.
1100 ἐπ' ἐσχάτοις τόποις.
420. Ἀρίας (vgl. Anhang): Choeph.
423 Ἄριον, wozu der Schol. bemerkt
Περσικόν; Ἀρίας ἄρειον ein etymo-
logisches Wortspiel; vgl. frgm. 305
τοῦτον δ' ἐπόπτης Ἴκοπα τῶν αὑ-
τοῦ κακῶν, auch Eum. 115 ὄνειδος
ἐξ ὀνειράτων, Pers. 996 ἀρείων τ'
Ἀγχάρης, Π. 6, 201 ἤτοι ὁ κὰπ πε-
δίον τὸ Ἀλήιον οἶος ἀλᾶτο u. zu
V. 66 u. V. 892. — ἄνθος: vgl.
Ag. 197 ἄνθος Ἀργείων, Pers. 59
ἄνθος Περσίδος αἴας οἴχεται ἀνδρῶν.
421. ὑψίκρημνον πόλισμα: da-
mit ist wahrscheinlich das hoch-
gelegene Ekbatana (Ἀγβάτανα Pers.
961), die Hauptstadt der Meder,
gemeint.

Καυκάσου πέλας νέμουσιν,
δάϊος στρατός, όξυπρώ-
ροισι βρέμων έν αίχμαϊς.

(Ἐπῳδός.)

μόνον δὴ πρόσθεν ἄλλον ἐν πόνοις   425
δαμέντ' ἀκμαίαις εἰσιδόμαν θεὸν [Ἄτλαν], ὃς
⟨γᾶς⟩ αἰὲν ὑπέροχον σθένος κραταιὸν
οὐράνιόν τε πόλον νώτοις ὑπο⟨στέγων⟩ στενάζει.   430
βοᾷ δὲ πόντιος κλύδων

422. *Καυκάσου πέλας*: eine Bestimmung, wie die vorausgehende ἀμφὶ Μαιώτιν λίμναν. — *νέμουσιν*: vgl. Eum. 1019 Παλλάδος πόλιν νέμοντες.
423. *ὀξύπρωροις*: vgl. βούπρωρος, ἀνδρόπρωρος. — *βρέμων ἐν αἰχμαῖς*: vgl. Eur. Phoen. 113 πολλοῖς μὲν ἵπποις, μυρίοις δ' ὅπλοις βρέμων. Zu *ἐν αἰχμαῖς* vgl. Eur. El. 321 καὶ σκῆπτρ' ἐν οἷς Ἕλλησιν ἐστρατηλάτει, Xen. Mem. III 9, 2 ἐν πέλταις καὶ ἀκοντίοις διαγωνίζεσθαι.
425. Zu dem Gedanken 'ich beweine deine Qual mit der gesammten Menschheit' bringt die Epodos noch das einzige Beispiel einer ähnlichen Qual, welche dann lebendig geschildert wird.
426. *ἀκμαίαις* bezeichnet das unablässige, unermüdliche der Qual. — *θεόν*: wie des Atlas Bruder Prometheus.
420 ff. (s. den Anhang). Zum Gedanken vgl. V. 348 ff. Noch allgemeiner als dort ist hier von einem Tragen des Himmels u. der Erde die Rede. Doch liegt in dem Ausdruck σθένος γᾶς eine Andeudung der eigentlichen Vorstellung von der Art u. Weise des Tragens. Denn während das Himmelsgewölbe eine drückende Last ist, kommt bei der Erde, welche niedergehalten werden muss, die Stärke, mit welcher sie dem Drucke des Fusses entgegenwirkt, in Betracht. — *πόλον*: vgl. Schol. zu Aristoph. Av. 170 πόλον γὰρ οἱ παλαιοὶ οὐχ ὡς

οἱ νεώτεροι σημεῖόν τι (Punkt) καὶ πέρας ἄξονος, ἀλλὰ τὸ περιέχον ἅπαν. Εὐριπίδης Πειρίθῳ (frgm. 597) 'τὸν Ἀτλάντειον τηροῦσι πόλον'. — *νώτοις ὑποστέγων*: vgl. Eurip. Ion 1 Ἄτλας ὁ χαλκέοισι νώτοις οὐρανὸν . . ἐκτρίβων. Zu der Bedeutung von ὑποστέγων, ὑποβαστάζων vgl. Hesych. *στέγει*· κρύπτει, συνέχει, βαστάζει, ὑπομένει, Suidas unter *στέγει* καὶ *στεγόντων*, ἀνεχόντων, βασταζόντων.
431—5. Die Situation des Atlas wird weiter ausgemalt. Floctus marinos quasi misericordia Atlantis tangi fingit, quia Atlas haud procul a mari in Mauretania stare ferebatur (Schütz). — *συμπίπτων* nämlich Ἄτλαντι *στενάζοντι*: Mit Atlas stöhnt die bei ihm brandende Woge u. von ihr verbreitet sich das Stöhnen zur Meerestiefe, von hier zum dunklen Erdengrund. Ebenso stöhnen die Flüsse, deren Quellen beim Atlas entspringen. — *Ἄιδος μυχὸς γᾶς*: von den zwei Genetiven steht der eine (γᾶς) in näherer Beziehung zu dem regierenden Substantiv als der andere, vgl. Soph. O. C. 669 τᾶσδε χώρας ἵκου τὰ κράτιστα γᾶς ἔπαυλα, Eur. Suppl. 53 τάφων χώματα γαίας, Cycl. 293 ἢ τε Σουνίου δίας Ἀθάνας σῶς ὑπάργυρος πέτρα. Ἄιδος bezeichnet hier in weiterem Sinne die dunkle Welt der Tiefe. — Zu dem Asyndeton *στένει* — *ὑποβρέμει* wie zur ganzen Schilderung vgl. Sept. 900 *διήκει δὲ καὶ πόλιν στόνος, στένουσι πύργοι, στένει πέδον φιλανδρον*.

συμπίτνων, στένει βυθός,
κελαινὸς Ἄιδος ὑποβρέμει μυχὸς γᾶς,
παγαί θ᾽ ἁγνορύτων ποταμῶν στένουσιν ἄλγος
οἰκτρόν. 435

ΠΡ. μή τοι χλιδῇ δοκεῖτε μηδ᾽ αὐθαδίᾳ
σιγᾶν με· συννοίᾳ δὲ δάπτομαι κέαρ,
ὁρῶν ἐμαυτὸν ὧδε προυσελούμενον.
καίτοι θεοῖσι τοῖς νέοις τούτοις γέρα
τίς ἄλλος ἢ 'γὼ παντελῶς διώρισεν; 440
ἀλλ᾽ αὐτὰ σιγῶ. καὶ γὰρ εἰδυίαισιν ἂν
ὑμῖν λέγοιμι· τἀν βροτοῖς δὲ πήματα
ἀκούσαθ᾽, ὡς σφᾶς νηπίους ὄντας τὸ πρὶν
ἔννους ἔθηκα καὶ φρενῶν ἐπηβόλους.
λέξω δὲ, μέμψιν οὔτιν᾽ ἀνθρώποις ἔχων, 445

436—525 zweites Epeisodion: Prometheus und der Koryphäos. Durch die Erinnerung an seine Wohlthaten im Gegensatz zu der jetzigen Misshandlung (V. 436) verbittert sich das Gemüth des Prometheus immer mehr.
436. μή τοι: vgl. zu V. 625.
437. σιγᾶν: vgl. Einleitung S. 19 u. 22. — συννοίᾳ: vgl. Soph. AuL 278 ἐμοί τοι, μή τι καὶ θήλατον τοὔργον τόδ᾽, ἡ ξύννοια βουλεύει πάλαι, Herod. I 88 ὁ δὲ συννοίῃ ἐχόμενος ἥσυχος ἦν. Die durch die Betrachtung der Qualen erregten schmerzlichen Gedanken sind durch καίτοι — διώρισεν; angedeutet. — δάπτομαι κέαρ: vgl. Π. 6, 202 ὃν θυμὸν κατέδων, ipse suum cor edens bei Ennius.
439. τούτοις: mit dem Ausdruck tiefer Verachtung gesprochen ('istis').
440 f. τίς ἄλλος ἢ 'γώ: διὰ τῷ συμβαλέσθαι Διὶ κατὰ τῶν Τιτάνων Schol. vgl. V. 219 mit V. 229. Dieses Verhältniss ist durch παντελῶς ('wenn man auf den Grund zurückgeht') hervorgehoben.
441. εἰδυίαισιν ἂν ὑμῖν λέγοιμι: vgl. V. 1040, Suppl. 742 καὶ λέγω πρὸς εἰδότα, Ag. 1402 πρὸς εἰδό-
τας λέγω, Π. 10, 250 εἰδόσι γάρ τοι ταῦτα μετ᾽ Ἀργείοις ἀγορεύεις, 23, 787 εἰδόσιν ὑμμ᾽ ἐρίω πᾶσιν, Pind. Pyth. IV 142 εἰδότι τοι ἐρέω, Soph. O. C. 1539 τὰ μὲν τοιαῦτ᾽ οὖν εἰδότ᾽ ἐκδιδάσκομεν, Eur. Hec. 670 οὐ καινὸν εἶπας, εἰδόσιν δ᾽ ἀνείδισας, Orest. 1183 εἰδότ᾽ ἠρόμην, Thuc. II 36 μακρηγορεῖν ἐν εἰδόσιν οὐ βουλόμενος ἐάσω, Plaut. Pseud. 996 novi: notis praedicas.
442. τἀν βροτοῖς δὲ πήματα: ἃ εἶχον πήματα πρώην Schol. Die gegenwärtigen Zustände der Menschen sind bekannt; deshalb ist zur Angabe der Verdienste des Prometheus die Schilderung des früheren Elendes der Menschheit nöthig; in diesem Sinne sagt Prometheus nachher λέξω δὲ μέμψιν οὔτιν᾽ ἀνθρώποις ἔχων.
444. φρενῶν ἐπηβόλους: vgl. Soph. AnL 492 λυσσῶσαν αὐτὴν οὐδ᾽ ἐπήβολον φρενῶν· Porphyr. quaest. Homer. I τὸ δὲ ἐπήβολος σημαίνει τὸν ἐπιτυχῆ καὶ ἐγκρατῆ ἀπὸ τῆς βολῆς καὶ τοῦ βάλλειν. Σοφοκλῆς Ἀλκμαίωνι 'εἴθ᾽ εὖ φρονήσαντ᾽ εἰσίδοιμί πως φρενῶν ἐπήβολον καλῶν σε'.
445. μέμψιν ἔχων: Soph. Ai. 179 σοί τινα μομφὰν ἔχων, Eur. Phoen. 773 ὥστε μοι μομφὰς ἔχειν, Or.

ἀλλ' ὧν δέδωκ' εὔνοιαν ἐξηγούμενος·
οἳ πρῶτα μὲν βλέποντες ἔβλεπον μάτην,
κλύοντες οὐκ ἤκουον, ἀλλ' ὀνειράτων
ἀλίγκιοι μορφαῖσι τὸν μακρὸν χρόνον
ἔφυρον εἰκῇ πάντα, κοὔτε πλινθυφεῖς   450
δόμους προσείλους ᾖσαν, οὐ ξυλουργίαν·
κατώρυχες δ' ἔναιον ὥστ' ἀήσυροι
μύρμηκες ἄντρων ἐν μυχοῖς ἀνηλίοις.

ἦν δ' οὐδὲν αὐτοῖς οὔτε χείματος τέκμαρ
οὔτ' ἀνθεμώδους ἦρος οὔτε καρπίμου   455
θέρους βέβαιον, ἀλλ' ἄτερ γνώμης τὸ πᾶν
ἔπρασσον, ἔς τε δὴ σφιν ἀντολὰς ἐγὼ

1069 ἓν μὲν πρῶτά σοι μομφὴν ἔχω, vgl. Soph. Phil. 322 ἔχεις ἐγκλημ' Ἀτρείδαις (passivisch Thuc. II 41 τῷ ὑπηκόῳ κατάμεμψιν ἔχει ⟨ἡ πόλις⟩ ὡς οὐχ ὑπ' ἀξίων ἄρχεται). 446. ὧν δέδωκ' εὔνοιαν: 'wie gut es mit meinen Gaben gemeint war', vgl. Krüger I § 47, 7, 6. 447. πρῶτα μέν: dem entspricht ἦν δ' οὐδὲν V. 454 (vgl. 707—9, 1016—1020); das dritte ist mit καί μήν, das vierte mit καί angeknüpft. — τὸ παραιμιῶδες ἐξηγεῖται 'νοῦς ὁρᾷ καὶ νοῦς ἀκούει' Schol. (νοῦς ὁρᾷ καὶ νοῦς ἀκούει, τἆλλα κωφὰ καὶ τυφλά ist ein Vers des Epicharmos). 448 f. ὀνειράτων ἀλίγκιοι μορφαῖσι: vgl. zu V. 548; Arist. Av. 687 ἀνέρες εἰκελόνειροι. In anderer Beziehung heisst es Ag. 1218 ἀνείρων προσφερεῖς μορφώμασι. ἀλίγκιος ist ein homerisches Wort. — τὸν μακρὸν βίον um auszudrücken, dass es sich über die ganze Dauer des Lebens (τὸ μῆκος τοῦ βίου) erstreckte, wie wir sagen 'den lieben langen Tag'. Vgl. V. 537. 450. ἔφυρον εἰκῇ: vgl. Eur. Suppl. 201 αἰνῶ δ' ὅς ἡμῖν βίοτον ἐκ πεφυρμένου καὶ θηριώδους θεῶν διεσταθμήσατο und die bei Stob. Ecl. phys. I 1 erhaltene Stelle eines Tragikers: ἔπειτα πάσης Ἑλλάδος καὶ συμμάχων βίον διώκησ' ὄντα πρὶν πεφυρμένον θηρσίν θ' ὅμοιον. πρῶτα μὲν τὸν πάνσοφον ἀριθμὸν ηὗρηκ' ἔξοχον σοφισμάτων (vgl. V. 459). — οὔτε — οὐ: vgl. V. 479, Cho. 291 οὔτε κρατῆρος μέρος εἶναι μετασχεῖν, οὐ φιλοσπόνδου Λιβᾶς, Soph. Ant. 249 οὔτε του γενῆδος ἦν πλῆγμ', οὐ δικέλλης ἐκβολή, O. C. 972 οὔτε βλάστας πω γενεθλίου πατρός, οὐ μητρὸς εἶχον. Eur. Or. 46 ἔδοξε δ' Ἄργει τῷδε μήθ' ἡμᾶς στέγαις, μὴ πυρὶ δέχεσθαι μήτε προσφωνεῖν τινα. — πλινθυφής (nur hier) 'lateribus contextus'. 451. προσείλους (εἴλη 'die Sonnenwärme') vgl. mit προσήλιος, ἀντήλιος. — Ueber die attische Form ᾖσμεν vgl. Krüger I § 38, 7, 8. 452. ἀήσυροι 'agiles alacriter discurrentes' (Schütz), 'wimmelnd' (aus der Wurzel ἀϝ- mit einem an die Wurzel tretenden σ). 453. Vgl. Homer. hymn. XX Ἥφαιστον ... ὃς μετ' Ἀθηναίης γλαυκώπιδος ἀγλαὰ ἔργα ἀνθρώπους ἐδίδαξεν ἐπὶ χθονός οἳ τὸ πάρος περ ἄντροις ναιετάασκον ἐν οὔρεσιν ἠΰτε θῆρες. νῦν δὲ ... εὔκηλοι διάγουσιν ἐνὶ σφετέροισι δόμοισιν. 457. σφίν: zu V. 252.

ἄστρων ἔδειξα τάς τε δυσκρίτους δύσεις.
καὶ μὴν ἀριθμόν, ἔξοχον σοφισμάτων,
ἐξηῦρον αὐτοῖς, γραμμάτων τε συνθέσεις,   460
μνήμην ἁπάντων, μουσομήτορ' ἐργάνην.
κἄζευξα πρῶτος ἐν ζυγοῖσι κνώδαλα,
ζεύγλαισι δουλεύοντα σάγμασίν θ' ὅπως
θνητοῖς μεγίστων διάδοχοι μοχθημάτων
γένοιντ', ὑφ' ἅρμα τ' ἤγαγον φιληνίους   465
ἵππους, ἄγαλμα τῆς ὑπερπλούτου χλιδῆς.
θαλασσόπλαγκτα δ' οὔτις ἄλλος ἀντ' ἐμοῦ
λινόπτερ' ηὗρε ναυτίλων ὀχήματα.

458. *δυσκρίτους* gehört auch zu *ἀντοιάς*: 'Dichter lieben Wörter, die zwei Gliedern gemein, ins zweite zu rücken, um es zu kräftigen u. beide enger zu knüpfen. Vgl. El. 105 *ἔστ' ἂν παμφεγγεῖς ἄστρων ῥιπάς, λεύσσω δὲ τόδ' ἦμαρ*, 929 *ἡδὺς οὐδὲ μητρὶ δυσχερής*, O. C. 1399 *οἴμοι κελεύθου τῆς τ' ἐμῆς δυσπραξίας*, Aesch. Ag. 599 *φράζων ἅλωσιν Ἰλίου τ' ἀνάστασιν*, Eum. 9 *λιπὼν δὲ λίμνην Δηλίαν τε χοιράδα*'. (Schneidewin zu Soph. O. R. 802 *κῆρύξ τε κἀπὶ πωλικῆς ἀνὴρ ἀπήνης ἐμβεβώς*). Vgl. zu V. 21 u. unten V. 1015, Cho. 206 *στίβοι ποδῶν ὅμοιοι τοῖς τ' ἐμοῖσιν ἐμφερεῖς*. Zu *δυσκρίτους* führt der Schol. als Beispiel an: *οἶον Ὡρίων ὅτι δύων χειμῶνα ποιεῖ*.
459 f. *καὶ μὴν* 'ferner aber': zu V. 246. — *ἀριθμόν . . γραμμάτων τε συνθέσεις*. Die Erfindungen der Baukunst, der Sternkunde, Zahlenlehre u. Buchstabenschrift werden bei Sophocles frgm. 379 οὗτος (*Παλαμήδης*) δ' *ἐφηῦρε τεῖχος Ἀργείων στρατῷ, σταθμῶν τ', ἀριθμῶν καὶ μέτρων εὑρήματα . . , ἐφηῦρε δ' ἄστρων μέτρα καὶ περιστροφάς* u. Euripides frgm. 582 *τὰ τῆς γε λήθης φάρμακ' ὀρθώσας μόνος ἄφωνα καὶ φωνοῦντα συλλαβάς τε θεὶς ἐξηῦρον ἀνθρώποισι γράμματ' εἰδέναι* dem Palamedes zugeschrieben.
461. *μουσομήτορα*: Hes. Theog. 52 *Μοῦσαι Ὀλυμπιάδες κοῦραι Διὸς αἰγιόχοιο, τὰς ἐν Πιερίῃ τίκε Μνημοσύνη*. Statt *ἐργάτις Μουσῶν* wird *μνήμη* dichterisch als *ἐργάνη μουσομήτωρ* bezeichnet. Vgl. noch zu V. 241.
463. *ζεύγλαισι δουλεύοντα σάγμασίν τε*: so werden im Lat. iugalia u. clitellaria iumenta unterschieden. Zu *ζεύγλαισι δουλεύοντα* vgl. V. 968, Soph. O. C. 105 *μόχθοις λατρεύων τοῖς ὑπερτάτοις*.
464. *διάδοχοι*: vgl. V. 1027 u. unten das IV. Frgm. des *Προμ. λυόμενος*.
466. *ἄγαλμα τῆς ὑπερπλούτου χλιδῆς*: Die Liebhaberei an schönen Pferden war bei den Athenern sehr gross u. in Pferden wurde bei ihnen der kostspieligste Luxus getrieben; so rühmt sich bei Thuc. VI 16 Themistokles der Pracht *τῆς Ὀλυμπίας θεωρίας — διότι ἅρματα μὲν ἑπτὰ καθῆκα, ὅσα οὐδείς πω ἰδιώτης πρότερον*, vgl. [Demosth.] 42, 24 *ἱπποτρόφος ἀγαθός ἐστι (Φαίνιππος) καὶ φιλότιμος ἅτε νέος καὶ πλούσιος καὶ ἰσχυρὸς ὤν*, besonders aber den Anfang von Aristoph. Wolken.
467. *ἄλλος ἀντ' ἐμοῦ*: vgl. Soph. O. C. 488 *καί τις ἄλλος ἀντὶ σοῦ*, Ai. 444 *ἄλλος ἀντ' ἐμοῦ*, Eur. Herc. f. 519 *ἄλλος ἀντὶ σοῦ παιδός*, Hel. 574 *οὐκ ἔστιν ἄλλη σὴ τις ἀντ' ἐμοῦ γυνή*. Dazu Eur. Suppl. 419 *ὁ γὰρ χρόνος μάθησιν ἀντὶ τοῦ τάχους κρείσσω τίθησιν*.
468. *λινόπτερα*: so sagt Ennius

τοιαῦτα μηχανήματ' ἐξευρὼν τάλας
βροτοῖσιν αὐτὸς οὐκ ἔχω σόφισμ' ὅτῳ   470
τῆς νῦν παρούσης πημονῆς ἀπαλλαγῶ.

ΧΟ. πέπονθας αἰκὲς πῆμ'· ἀποσφαλεὶς φρενῶν
πλανᾷ, κακὸς δ' ἰατρὸς ὥς τις ἐς νόσον
πεσὼν ἀθυμεῖς καὶ σεαυτὸν οὐκ ἔχεις
εὑρεῖν ὁποίοις φαρμάκοις ἰάσιμος.   475

ΠΡ. τὰ λοιπά μου κλύουσα θαυμάσει πλέον,
οἵας τέχνας τε καὶ πόρους ἐμησάμην.

τὸ μὲν μέγιστον, εἴ τις ἐς νόσον πέσοι,
οὐκ ἦν ἀλέξημ' οὐδὲν, οὔτε βρώσιμον
οὐ χριστὸν οὔτε πιστὸν, ἀλλὰ φαρμάκων   480

(bei Serv. zu Verg. A. I 224) naves velivolae, Ovid. Pont. 4, 5, 42 rates velivolae, vgl. Suppl. 734 νῆες ὠκύπτεροι, Eur. Hipp. 752 ὦ λευκόπτερε πορθμίς; Od. 7, 36 νῆες ὠκεῖαι ὡς εἰ πτερὸν ἠὲ νόημα, 11, 125 εὑῆρε' ἐρετμά, τά τε πτερὰ νηυσὶ πέλονται. — ὀχήμαται vgl. Suppl. 33 ξὺν ὄχῳ ταχυήρει, Od. 4, 708 νηῶν ὠκυπόρων ἐπιβαίνεμεν, αἵ θ' ἁλὸς ἵπποι ἀνδράσι γίγνονται, Soph. Trach. 656 πολύκωπον ὄχημα ναός, Eur. Iph. T. 410 ναΐον ὄχημα.

472. μεσολαβοῦσαι αἱ τοῦ χοροῦ τὴν ἰάθεσιν τῶν κατορθωμάτων διαναπαύουσι τὸν ὑποκριτήν [Αἰσχύλον]. Schol. Zu dem Zwecke gibt die Chorführerin, wie es bei solchen Zwischenreden der Chors häufig der Fall ist, nur den vorausgehenden Gedanken des Prometheus bestätigend wieder. Mit πέπονθας αἰκὲς πῆμ' (dir ergeht es 'schmählich') drückt der Chor denselben Unwillen aus, welcher in den Worten des Prometheus liegt. Er ist über die ungerechte Fügung erstaunt, dass Prometheus in eine solche Lage gekommen, in welcher er, der andern geholfen, sich selbst nicht zu helfen weiss. — ἀποσφαλεὶς φρενῶν πλανᾷ bedeutet dasselbe wie voraus οὐκ ἔχω σόφισμα: vgl. Pers. 392 φόβος δὲ

πᾶσι βαρβάροις παρῆν γνώμης ἀποσφαλεῖσιν, Eur. Iph. A. 748 μάτην ἠξ', ἐλπίδος δ' ἀπεσφάλην, Ag. 1530 ἀπήγανῳ φροντίδος στερηθεὶς εὐπάλαμον μέριμναν ὅπα τράπωμαι. — Das Asyndeton, weil die Erklärung von πέπονθας αἰκὲς πῆμα gegeben wird. Krüger I § 59, 1, 5.

474. ἀθυμεῖς: Folge des ἀπορεῖν.

475. Ueber das ausgelassene εἰ n. das dazu gehörige σύ vgl. zu V. 42. Der Gedanke erinnert an Marcus XV 31 ἄλλους ἔσωσεν, ἑαυτὸν οὐ δύναται σῶσαι. (Doch liegt in den Worten des Chors kein Hohn.)

479. οὔτε — οὐ — οὔτε statt eines dreifachen οὔτε (wie V. 454): zu V. 450. — οὔτε βρώσιμον οὐ χριστὸν οὔτε πιστόν: vgl. Ag. 1407 ἰδανὸν ἢ ποτόν, Eur. Hipp. 516 πότερα δὲ χριστὸν ἢ ποτὸν τὸ φάρμακον, Schol. zu Arist. Plut. 717 φάρμακον καταπλαστόν· τῶν φαρμάκων τὰ μέν ἐστι κατάπλαστα, τὰ δὲ χριστά, τὰ δὲ ποτά. Mit der nur hier vorkommenden Form πιστός vgl. πίστρα, πιστήρια. Nicht bloss das Metrum, sondern auch der Gleichklang χριστόν πιστόν scheint die ungewöhnliche Form veranlasst zu haben.

χρεία κατεσκέλλοντο, πρίν γ' ἐγὼ σφίσιν
ἔδειξα κράσεις ἠπίων ἀκεσμάτων,
αἷς τὰς ἁπάσας ἐξαμύνονται νόσους.

τρόπους τε πολλοὺς μαντικῆς ἐστοίχισα,
κἄκρινα πρῶτος ἐξ ὀνειράτων ἃ χρή   485
ὕπαρ γενέσθαι, κληδόνας τε δυσκρίτους
ἐγνώρισ' αὐτοῖς ἐνοδίους τε συμβόλους·

γαμψωνύχων τε πτῆσιν οἰωνῶν σκεθρῶς
διώρισ', οἵτινές τε δεξιοὶ φύσιν
εὐωνύμους τε, καὶ δίαιταν ἥντινα   490

481. σφίσιν: zu V. 262.
482. ἠπίων: vgl. ἤπια φάρμακα
Il. 4, 218; 11, 830; ἠπίοισι φύλλοις
Soph. Phil. 697.
484. τρόπους τε πολλοὺς μαντικῆς:
über diese Quellen der Weissagung
(Träume u. Stimmen, Vorbedeutungen, Vögel, Opfer) vgl. Xen. Mem.
I 1, 3 ὅσοι μαντικὴν νομίζοντες
οἰωνοῖς τε χρῶνται καὶ φήμαις καὶ
συμβόλοις καὶ θυσίαις, Arist. Av. 720
φήμη γ' ὑμῖν ὄρνις ἐστίν, πταρμόν
τ' ὄρνιθα καλεῖτε, ξύμβολον ὄρνιν,
φωνὴν ὄρνιν, θεράποντ' ὄρνιν, ὄνον
ὄρνιν, Eur. Suppl. 211 ἃ δ' ἔστ'
ἄσημα κοὐ σαφῆ, γιγνώσκομεν εἰς
πῦρ βλέποντες, καὶ κατὰ σπλάγχνων
πτυχὰς μάντεις προσημαίνουσιν οἰω-
νῶν τ' ἄπο. — Auch die Mantik ge-
hört zu den das Wohl der Menschheit
fördernden Cultureinrichtungen.
485. ἔκρινα der gewöhnliche
Ausdruck, vgl. ὀνειροκρίτης, Cho.
37 κριταὶ τε τῶνδ' ὀνειράτων. —
Zu dem Gedanken vgl. Pindar frgm.
96 εὕδει δὲ (ζωοῦ, die Seele) πρασ-
σόντων μελέων, ἀτὰρ εὑδόντεσσιν
ἐν πολλοῖς ὀνείροις δείκνυσι τερπνῶν
ἐφέρποισαν χαλεπῶν τε κρίσιν.
486 f. ὕπαρ: vgl. Od. 19, 547
οὐκ ὄναρ, ἀλλ' ὕπαρ ἐσθλόν, ὅ τοι
τετελεσμένον ἔσται. — κληδόνες (od.
φῆμαι) sind Schicksalsstimmen, ἐνό-
διοι σύμβολοι Anzeichen, die uns beim
Ausgehen oder auf Reisen begegnen,
vgl. Cram. Anecd. 4, 241 ἐνόδιον,
ὅταν ἐξηγήσηταί τις τὰ ἐν ὁδῷ
ἀπαντῶντα λέγων· ἐάν σοι ὑπαν-

τήσῃ τοιοῦτος ἄνθρωπος ἢ τόδε
βαστάζων ἢ τόδε, συμβήσεταί σοι
τόδε und Chrysost. zu Paul. Ephes.
4, Homil. 12: πολλῶν θειράτων
αὐτοῖς (den Griechen) ἡ ψυχὴ μεστή
οἷον· 'ὁ δεῖνά μοι πρῶτος ἐνέτυχεν
ἐξιόντι τῆς οἰκίας· πάντως μυρία
δεῖ κακὰ συμπεσεῖν'. 'ἔξω δὲ
ἐξελθόντι ὁ ὀφθαλμός μοι ὁ δεξιὸς
κατεθὲν ἀνεπήδα· δακρύων τοῦτο
τεκμήριον', Hor. carm. III 27, 1
impios parrae recinentis omen ducat
et praegnans canis aut ab agro
rava decurrens lupa Lanuvino feta-
que vulpes. Rumpit et serpens iter
institutum, si per obliquum similis
sagittae tarruit mannos.
488. γαμψωνύχων (Il. 16, 428
αἰγυπιοὶ γαμψώνυχες): grosse hoch-
fliegende Raubvögel (Adler, Ha-
bichte, Raben) dienten zur Weis-
sagung. σκεθρῶς vgl. V. 102.
490 ff. εὐωνύμους τε: vgl. zu
V. 91, Ag. 444 στένουσι δ' εὖ
λέγοντες τὸν μὲν ὡς μάχης ἴδρις,
τὸν δ' ἐν φοναῖς καλῶς πεσόντα,
Pers. 76 πιστοτόμος ἔκ τε θαλάσ-
σας. — δίαιταν . . συνεδρίας: Auch
diese Kenntnisse gehörten zur Au-
guralehre: sie konnten Vorbe-
deutungen menschlicher Verhält-
nisse an die Hand geben, vgl.
Aristot. hist. an. IX 1 τοῖς ὁμο-
φάγοις ἅπαντα πολεμεῖ, καὶ ταῦτα
τοῖς ἄλλοις· ὅθεν καὶ τὰς διεδρίας
καὶ τὰς συνεδρίας οἱ μάντεις
λαμβάνουσι· δίεδρα μὲν τὰ πολέμια
τιθέντες, σύνεδρα δὲ τὰ εἰρηνεύοντα

ΠΡΟΜΗΘΕΥΣ ΔΕΣΜΩΤΗΣ. 73

ἔχουσ' ἕκαστοι, καὶ πρὸς ἀλλήλους τίνες
ἔχθραι τε καὶ στέργηθρα καὶ συνεδρίαι·
σπλάγχνων τε λειότητα, καὶ χροιὰν τίνα
ἔχοντ' ἂν εἴη δαίμοσιν πρὸς ἡδονήν,
* * * * * *
χολῆς λοβοῦ τε ποικίλην εὐμορφίαν· 495
κνίσῃ τε κῶλα συγκαλυπτὰ καὶ μακρὰν
ὀσφῦν πυρώσας δυστέκμαρτον ἐς τέχνην
ὥδωσα θνητούς, καὶ φλογωπὰ σήματα
ἐξωμμάτωσα, πρόσθεν ὄντ' ἐπάργεμα.

πρὸς ἀλλήλα. Nach στέργηθρα folgt also συνεδρίαι als technischer Ausdruck.

493 ff. σπλάγχνων τε λειότητα: das regierende Verbum (ein ähnliches wie διώρισα, ἐγνώρισα z. B. ἔδειξα) ist in der nachfolgenden Lücke ausgefallen. — Die Eingeweideschau (extispicina) bezog sich auf Form, Lage, Gestalt u. Farbe der Eingeweide. In besonderer Weise beschäftigten sich damit die ἱεροσκόποι (θυοσκόοι).

495. χολῆς: es war wohl von der richtigen Lage und gesunden Umgebung der Galle die Rede: vgl. Eur. El. 826 ἱερὰ δ' εἰς χεῖρας λαβὼν Αἴγισθος ἤθρει· καὶ λοβὸς μὲν οὐ προσῆν σπλάγχνοις, πύλαι δὲ. καὶ δοχαὶ χολῆς πέλας κακὰς ἔφαινον τῷ σκοποῦντι προσβολάς.

496 ff. κνίσῃ — τέχνην: diese τέχνη ist die ἐμπυρομαντεία, welche Wahrzeichen (σήματα) aus den Formen, der Helle u. Stärke der Opferflamme schöpfte. Solche ἔμπυρα (φλογωπά) σήματα (vgl. Apoll. Rh. I 444 αὐτός δὲ θεοπροπίας ἐδίδαξεν οἰωνούς τ' ἀλέγειν ἠδ' ἔμπυρα σήματ' ἰδέσθαι) von schlimmer Vorbedeutung sind Soph. Ant. 1006 geschildert: ἐκ δὲ θυμάτων Ἥφαιστος οὐκ ἔλαμπεν, ἀλλ' ἐπὶ σποδῷ μυδῶσα κηλὶς μηρίων ἐτήκετο κάτυφε κάνέπτυε καὶ μετάρσιοι χολαὶ διεσπείροντο, καὶ καταρρυεῖς μηροὶ καλύπτης ἐξέκειντο πιμελῆς. — Nur nebenbei ist mit

κνίσῃ - ὀσφῦν auch die Lehre hervorgehoben, welche Theile des Opferthieres u. in welcher Weise diese dargebracht werden, eine Erinnerung u. nicht mehr als eine Erinnerung an die hesiodische Sage (s. Einleitung S. 3); vgl. dazu Il. 1, 460 μηροὺς τ' ἐξέταμον κατά τε κνίσῃ ἐκάλυψαν δίπτυχα ποιήσαντες, ἐπ' αὐτῶν δ' ἀμοθέτησαν.— μακρὰν ὀσφῦν, μεγάλην ὀσφῦν (vgl. Eum. 75 δι ἠπείροιο μακρᾶς): es ist das a. g. ἱερὸν ὀστοῦν, das Heiligenbein, Kreuzende gemeint, vgl. Et. M. p. 468, 28 ἱερὸν ὀστοῦν, τὸ ἄκρον τῆς ὀσφύος· οὕτω γὰρ κέκληται ὅτι μέγα ἐστίν (darnach ist das Epitheton μακρὰν zu erklären) ἢ ὅτι ἱερουργεῖται τοῖς θεοῖς.

499. ἐξωμμάτωσα u. ἐπάργεμα entsprechen sich in ihrer eigentlichen Bedeutung; denn ἄργεμος νόσος ὀμμάτων (Staar)· ἀφ' οὗ ἄργεμα κατὰ Δίδυμον τὰ ἐπὶ ὀφθαλμῶν λευκώματα (albugo) (Eustath. p. 1430, 60) u. ἐπάργεμα λέγεται τὰ ὄμματα, ὅταν ᾖ τετυφλωμένα ὑπὸ λευκωμάτων (Hesych). Zu ἐξομμάτουν ('die Schuppen von den Augen nehmen') vgl. den aus Soph. Phineus stammenden V. bei Aristoph. Plut. 635 (ἀντὶ γὰρ τυφλοῦ) ἐξομμάτωται καὶ λελάμπρυνται κόρας; dazu unseren bildlichen Ausdruck 'einem den Staar stechen'. Was wir wahrnehmen, erhält gleichsam Augen für uns, wie τυφλός sowohl 'nicht sehend' als auch 'nicht sichtbar' heisst.

ΑΙΣΧΥΛΟΥ

τοιαῦτα μὲν δὴ ταῦτ'· ἔνερθε δὲ χθονὸς 500
κεκρυμμέν' ἀνθρώποισιν ὠφελήματα,
χαλκόν, σίδηρον, ἄργυρον χρυσόν τε τίς
φήσειεν ἂν πάροιθεν ἐξευρεῖν ἐμοῦ;
οὐδείς, σάφ' οἶδα, μὴ μάτην φλῦσαι θέλων.
βραχεῖ δὲ μύθῳ πάντα συλλήβδην μάθε, 505
πᾶσαι τέχναι βροτοῖσιν ἐκ Προμηθέως.

ΧΟ. μή νυν βροτοὺς μὲν ὠφέλει καιροῦ πέρα,
σαυτοῦ δ' ἀκήδει δυστυχοῦντος· ὡς ἐγὼ
εὐελπίς εἰμι τῶνδέ σ' ἐκ δεσμῶν ἔτι
λυθέντα μηδὲν μεῖον ἰσχύσειν Διός. 510

ΠΡ. οὐ ταῦτα ταύτῃ μοῖρά πω τελεσφόρος

501. ἀνθρώποισιν ist mit dem vorhalen Substantiv ὠφελήματα zu verbinden (über den Dativ bei ὠφελεῖν oben zu V. 342): vgl. V. 612, Aristoph. Nub. 306 οὐρανίαις τε θεοῖς δωρήματα, Plat. Apol. 30 A τὴν ἐμὴν τῷ θεῷ ὑπηρεσίαν, auch Eur. Iph. T. 887 τὰ Ταντάλου τε θεοῖσιν ἑστιάματα, Krüger I § 48, 12, 4.
502. ἄργυρον χρυσόν τε: die beiden letzten Gegenstände sind für sich durch τὲ verbunden u. geben zusammen das dritte Glied der Aufzählung vgl. Cic. div. I 51 aurum et argentum, aes, ferrum.
504. φλύσαι vgl. Cic. de fin. V 27 dixerit hoc quidem Epicurus, semper beatum esse sapientem, quod quidem solet ebullire nonnunquam.
505. Vgl. Eur. fragm. 864, 5 βραχεῖ δὲ μύθῳ πολλὰ συλλαβὼν ἐρῶ.
507. μή νυν βροτοὺς μὲν ὠφέλει, σαυτοῦ δ' ἀκήδει (ἀκηδεῖν ein episches Wort) nach der im Griechischen besonders beliebten paratakitischen Satzfügung für μὴ νυν βροτοὺς ὠφελῶν σαυτοῦ ἀκήδει. Vgl. Demosth. 9, 27 καὶ οὐ γράφει μὲν ταῦτα, τοῖς δ' ἔργοις οὐ ποιεῖ, 18, 229 οὐ γὰρ δήπου Κτησιφῶντα μὲν δύνασαι διώκειν δι' ἐμέ, ἐμὲ δ', εἴπερ ἐξελέγχειν ἐνόμιζες, αὐτὸν οὐκ ἂν ἐγράψατο, Aeschin. 3, 144 καὶ ταῦτ' οὐκ ἐγὼ μὲν κατηγορῶ, ἕτεροι δὲ παραλείπουσιν. In

ὠφέλει ist nicht die Zeit, sondern nur der dem ἀκήδει entgegengesetzte Inhalt berücksichtigt.
509 f. Was Prometheus V. 476 vorausgesagt hat, ist eingetreten: auf den Chor hat die Schilderung des Wirkens und Schaffens des Prometheus solchen Eindruck gemacht, dass er in überschwänglicher Bewunderung meint, Prometheus brauche nur seine Klugheit auf seine eigenen Angelegenheiten zu richten, um gleiche Macht wie Zeus zu erlangen. Nebenbei enthält der Gedanke des Chors eine gewisse Wahrheit für den kundigen Zuschauer, indem am Ende der befreite Prometheus als ein hochverehrter Culturgott den anderen Göttern, also auch Zeus zur Seite tritt. Uebrigens dient der Gedanke dazu, um auf die Erwähnung des Geheimnisses überzuleiten u. die innere Stimmung des Prometheus zu offenbaren.
511. Prometheus nimmt das ἐν δεσμῶν λυθέντα μηδὲν μεῖον ἰσχύσειν Διός an, nur lässt er die Meinung des Chors über den Zeitpunkt (οὔπω τελεσφόρος) u. die Art u. Weise der Befreiung (ταύτῃ 'wie du meinst' vgl. zu V. 247) nicht gelten. — μοῖρα πέπρωται: vgl. τὴν πεπρωμένην μοῖραν Herod. I 91. Diese allgemeine Bezeichnung leitet

ΠΡΟΜΗΘΕΥΣ ΔΕΣΜΩΤΗΣ.

κρᾶναι πέπρωται, μυρίαις δὲ πημοναῖς
δύαις τε καμφθεὶς ὦδε δεσμὰ φυγγάνω·
τέχνη δ' ἀνάγκης ἀσθενεστέρα μακρῷ.

ΧΟ. τίς οὖν ἀνάγκης ἐστὶν οἰακοστρόφος; 513
ΠΡ. Μοῖραι τρίμορφοι μνήμονές τ' Ἐρινύες.
ΧΟ. τούτων ἄρα Ζεύς ἐστιν ἀσθενέστερος;
ΠΡ. οὔκουν ἂν ἐκφύγοι γε τὴν πεπρωμένην.
ΧΟ. τί γὰρ πέπρωται Ζηνὶ πλὴν ἀεὶ κρατεῖν;
ΠΡ. τοῦτ' οὐκ ἂν ἐκπύθοιο μηδὲ λιπάρει. 520
ΧΟ. ἦ πού τι σεμνόν ἐστιν ὃ ξυναμπέχεις.

über zur besonderen Besprechung des Verhängnisses. — τελεσφόρος: Eur. Heracl. 899 Μοῖρα τελεσσιδώτειρα. — Zu der intransitiven Bedeutung von κρᾶναι 'sich erfüllen' (οὔπω μοῖρα πέπρωται ταῦτα ταύτῃ κρᾶναι) vgl. Cho. 1075 ποῖ δῆτα κρανεῖ, ποῖ καταλήξει μετακοιμισθὲν μένος ἄτης; — Der Schol. bemerkt: οὔπω μοι λυθῆναι μεμοίραται· ἐν γὰρ τῷ ἑξῆς δράματι λύεται, ὅπερ ἐμφαίνει Αἰσχύλος. — Eine Nachahmung dieses Verses scheint Eur. Med. 865 ἀλλ' οὔτι ταύτῃ ταῦτα, μὴ δοκεῖτέ και zu sein.

513. φυγγάνω: das praesens bedeutet 'es ist die Bestimmung, dass ich entkomme', wie V. 525 ἐκφυγγάνω 'ich habe das Mittel in den Händen zu entkommen'.

514. τέχνη, sollertia: der Satz 'Geschicklichkeit u. Erfindsamkeit ist schwächer als die Nothwendigkeit' ist allgemein; Prometheus meint, die Zeit seiner Lösung sei durch das Verhängnis bestimmt; das könne er nicht ändern u. auch Zeus müsse sich dem unterwerfen. Das letztere hebt der Chor V. 517 hervor.

515. οἰακοστρόφος (V. 148): d. h. 'in wessen Händen liegt die Ausführung des ewigen Weltgesetzes?'

516. τρίμορφοι: d. i. ἑνὸς ὀνόματος (Μοίρας) τρεῖς μορφαί, wie umgekehrt Γαῖα πολλῶν ὀνομάτων μορφὴ μία V. 210. — μνήμονες: vgl.

Ag. 155 παλίνορτος οἰκονόμος δολία μνάμων μῆνις; Eum. 382 bezeichnen sich die Erinyen als κακῶν μνήμονες, σεμναὶ καὶ δυσπαρήγοροι βροτοῖς. Die Moiren sind die Vertreterinnen der ewigen Gesetze, die Erinyen wachen über ihre Ausführung, indem sie deren Verletzung schwer ahnden, vgl. Eum. 384, wo die Erinyen sagen τοῦτο γὰρ λάχος Μοῖρ' ἐπέκλωσεν ἐμπέδως ἔχειν, θνατῶν τοῖσιν αὐτουργίαι ξυμπέσωσιν μάταιοι, τοῖς ὁμαρτεῖν, ὄφρ' ἂν γᾶν ὑπέλθῃ, u. Hesiod. Theog. 217 καὶ Μοίρας καὶ Κῆρας ἐγείνατο (Νὺξ) νηλεοποίνους (die erbarmungslos strafenden Keren haben dieselbe Bedeutung wie die Erinyen vgl. Sept. 1054 φθερσιγενεῖς Κῆρες Ἐρινύες und Eum. 321, wo die Erinyen gleichfalls Kinder der Nacht genannt werden). — Dieser V. zusammengehalten mit V. 910 f. zeigt, warum Zeus noch dem Verhängnisse unterliegt, worunter Prometheus die Gefahr der Entthronung versteht. Vgl. Einleitung S. 14.

518. οὔκουν — γε: die Macht des Verhängnisses über Zeus wird auf die Nothwendigkeit, ein Vergehen gegen die Weltordnung zu büssen, beschränkt. Vgl. die Worte der Pythia bei Herod. I 91 τὴν πεπρωμένην μοῖραν ἀδύνατά ἐστι ἀποφυγεῖν καὶ θεῷ.

519. vgl. Eum. 125 τί σοι πέπρακται πρᾶγμα πλὴν τεύχειν κακά;

ΠΡ. ἄλλου λόγου μέμνησθε, τόνδε δ' οὐδαμῶς
καιρὸς γεγωνεῖν, ἀλλὰ συγκαλυπτέος
ὅσον μάλιστα· τόνδε γὰρ σῴζων ἐγὼ
δεσμοὺς ἀεικεῖς καὶ δύας ἐκφυγγάνω. 525

(στροφὴ α'.)

ΧΟ. μηδάμ' ὁ πάντα νέμων
θεῖτ' ἐμᾷ γνώμᾳ κράτος ἀντίπαλον Ζεύς,
μηδ' ἐλινύσαιμι θεοὺς ὁσίαις θοίναις ποτινισσομένα 530
βουφόνοις, παρ' Ὠκεανοῦ πατρὸς ἄσβεστον πόρον,
μηδ' ἀλίτοιμι λόγοις·
ἀλλά μοι τόδ' ἐμμένοι καὶ μήποτ' ἐκτακείη· 535

(ἀντιστροφὴ α'.)

ἁδύ τι θαρσαλέαις

522. Der Schol. bemerkt: τῷ ἑξῆς δράματι φυλάττει τοὺς λόγους. — λόγος (wie ἔπος) häufig von dem Inhalt oder Gegenstand der Rede. Vgl. Eur. Hel. 120 ἄλλου λόγου μέμνησο, μὴ κείσης ἔτι.
524. ὅσον μάλιστα wie ὅσον τάχιστα, vgl. Krüger II § 49, 10, 2.
525—560 zweites Stasimon: der Inhalt, welcher Frieden mit der Gottheit u. ruhiges ungestörtes Dasein preist, entspricht dem Gedanken des Chorführers V. 519 τί γὰρ πέπρωται Ζηνὶ πλὴν ἀεὶ κρατεῖν; Zu diesem Inhalt stimmt das Maass der hesychastischen Episynthete (Daktylo-Epitriten), welche 'in der Schwüle des tragischen Pathos einen Augenblick erquickender Kühle u. heiteren Friedens herbeiführen' (Westphal).
526 ff. ὁ πάντα διοικῶν Ζεὺς μηδέποτε ἀντίπαλον κράτος ποιοῖτο τῇ ἐμῇ γνώμῃ ἀντὶ τοῦ μηδέποτε ἐναντίος μοι γένοιτο Schol. — θεῖτο κράτος ἀντίπαλον: vgl. zu V. 168.
529 f. ὁσίαις θοίναις: die Opfermahlzeiten, welche die Okeaniden den oberen Göttern am Okeanos darbringen, erinnern an die Mahlzeiten der Aethiopen bei Homer (Il. 1, 423

Ζεὺς γὰρ ἐς Ὠκεανὸν μετ' ἀμύμονας Αἰθιοπῆας χθιζὸς ἔβη κατὰ δαῖτα, θεοὶ δ' ἅμα πάντες ἕποντο). Die Götter kommen zu den Mahlzeiten der Okeaniden, wie Ovid. Fast. IV 423 frigida caelestum matres Arethusa vocarat; venerat ad sacras et dea flava dapes.
532. ἄσβεστον πόρον: vgl. V. 139, ἄσβεστον· ἀκατάπαυστον Hesych., Ag. 958 ἔστιν θάλασσα, τίς δέ νιν κατασβέσει; Zu πόρον V. 806, Cho. 366 παρὰ Σκαμάνδρου πόρον, Pers. 498 ἐπ' Ἀξίου πόρον.
534 f. τόδε 'folgende Lebensregel'. — ἐκτακείη: Videtur a scriptura in tabulis cereis petitum esse, quae igni admoto aut solis radiis colliquescit ideoque deletur. Sic Aristoph. Nub. 770 εἰ . . ἀπωτέρω στὰς ὧδε πρὸς τὸν ἥλιον τὰ γράμματ' ἐκτήξαιμι τῆς ἐμῆς δίκης. (Schütz). Vgl. V. 789 u. Critias frgm. 2, 12 λήσεις δ' ἐκτήκει μνημοσύναν φρενίδων.
536. τὸν μακρὸν βίον: zu V. 449. — τείνειν: Pers. 708 ὁ μάσσων βίοτος ἢν ταθῇ πρόσω, Ag. 1362 ἢ καὶ βίον τείνοντες ὧδ' ὑπείξομεν; Eur. Ion 624 βίου αἰῶνα τείνει, Med. 670 ἄπαις γὰρ δεῦρ' ἀεὶ τείνεις βίον;

τὸν μακρὸν τείνειν βίον ἐλπίσι, φαναῖς
θυμὸν ἀλδαίνουσαν ἐν εὐφροσύναις. φρίσσω δέ σε
δερκομένα 540
μυρίοις μόχθοις διακναιόμενον — — ˘ —.
Ζῆνα γὰρ οὐ τρομέων
ἰδίᾳ γνώμᾳ σέβει θνατοὺς ἄγαν, Προμηθεῦ.

(στροφὴ β΄.)

φέρ᾽ ὅπως ἄχαρις χάρις, ὦ φίλος, εἰπὲ ποῦ τίς ἀλκά; 545
τίς ἐφαμερίων ἄρηξις; οὐδ᾽ ἐδέρχθης
ὀλιγοδρανίαν ἄκικυν
ἰσόνειρον, ᾷ τὸ φωτῶν
ἀλαὸν ⟨δέδεται⟩ γένος ἐμπεποδισμένον; οὔπως 550

538. φαναῖς ἐν εὐφροσύναις: vgl. Plat. Phaedr. 256 D εἰς γὰρ σκότον οὐ νόμος ἐστὶν ἔτι ἐλθεῖν τοῖς κατηργμένοις ἤδη τῆς ὑπουρανίου πορείας, ἀλλὰ φανὸν βίον διάγοντας εὐδαιμονεῖν. — ἀλδαίνειν ein episches Wort wie vorher ἀλιταίνειν.
543. ἰδίᾳ entspricht dem Sinne, nicht aber dem Versmasse, welches einen creticus verlangt. Wahrscheinlich ist ἰδίᾳ als Erklärung für μονάδι in den Text gekommen vgl. ἰδιογνώμων u. μονογνώμων, Pers. 743 μονάδα δὲ Ξέρξην ἐρημόν φασιν . . μολεῖν, Eur. Androm. 855 μονάδ᾽ ἔρημον οὖσαν, Bacch. 609 μονάδ᾽ ἐρημίαν, Phoen. 1520 μονάδ᾽ αἰῶνα. Die Tragiker gebrauchen die ionische Form μοῦνος nach Bedürfnies des Versmasses vgl. V. 804 u. zu V. 845.
544 f. φέρ᾽ ὅπως prägnant, δεῦρο δὴ καὶ σκόπησον Schol. — ἄχαρις χάρις: ἡ χάρις ἦν ἐχαρίσω τοῖς ἀνθρώποις, ἄχαρις ἦν καὶ ἀμείφασθαί σε μὴ δυναμένη Schol., vgl. Ag. 1545 ἄχαριν χάριν ἀντ᾽ ἔργων μεγάλων ἀδίκως ἐπικρᾶναι, Cho. 42 τοιάνδε χάριν ἀχάριτον ἀπότροπον κακῶν, Eur. Iph. T. 560, Phoen. 1757, das homerische Ἴρος Ἄϊρος (Od. 18, 73) u. zu V. 904. — ποῦ τίς: u V. 99.
546 f. ἐφαμερίων: zu V. 83. — Zu der Schilderung der menschlichen Ohnmacht u. Schwäche vgl. Aristoph. Av. 685 ἄγε δὴ φύσιν

ἀνέρες ἀμαυρόβιοι, φύλλων γενεᾷ προσόμοιοι, ὀλιγοδρανέες, πλάσματα πηλοῦ, σκιοειδέα φῦλ᾽ ἀμενηνά, ἀπτῆνες ἐφημέριοι, ταλαοὶ βροτοί, ἀνέρες εἰκελόνειροι. — ὀλιγοδρανίαν (mit epischer Quantität): bei Homer steht das Particip ὀλιγοδρανέων wie ὀλιγηπελέων, vgl. Orph. Argon. 432 ἀνθρώπων ὀλιγοδρανέων πολυπενθέα φύτλην ἤεισαν. — ἄκικυς· ἀσθενής, ἀδύνατος Hesych., Aesch. frgm. 230 σοὶ δ᾽ οὐκ ἔνεστι κῖκυς οὐδ᾽ αἱμόρρυτοι φλέβες, Od. 11, 393 ἀλλ᾽ οὐ γάρ οἱ ἔτ᾽ ἦν ἲς ἔμπεδος οὐδέ τι κῖκυς.
548. ἰσόνειρον (ἴ lang nach epischer Messung wie in ἰσόθεος Pers. 80, ἰσον frgm. 214, ἰσοδαίμων Pind. Nem. IV 136): s. zu V. 448, Pind. Pyth. VIII 135 ἐπάμεροι· τί δέ τις; τί δ᾽ οὔ τις; σκιᾶς ὄναρ ἄνθρωπος. — φωτῶν, ἀνδρῶν: vgl. Soph. Ai. 300 ὥστε φῶτας im Gegensatz zu Thieren. — ᾷ δέδεται: Anth. Pal. VI 296 ἐν γήρως ἀφρανίῃ δέδεται.
550. οὔπως — παρεξίασι βουλαί: vgl. Suppl. 1048 Διὸς οὐ παρβατός ἐστιν μεγάλα φρὴν ἀπέρατος, Od. 5, 103 ἀλλὰ μάλ᾽ οὔπως ἔστι Διὸς νόον αἰγιόχοιο νόον παρεξελθεῖν ἄλλον θεὸν οὔθ᾽ ἁλιῶσαι, Hes. Theog. 613 ὣς οὐκ ἔστι Διὸς κλέψαι νόον οὐδὲ παρελθεῖν u. zu V. 905. Zu παρεξίασι noch Il. 1, 132 οὐ παρελεύσεαι οὐδέ με πείσεις, Soph. Ant. 60 εἰ νόμον βίᾳ ψῆφον τυράννων ἢ κράτη παρέξιμεν. — τῶν

ΑΙΣΧΥΛΟΥ

τὰν Διὸς ἁρμονίαν θνατῶν παρεξίασι βουλαί.

(ἀντιστροφὴ β'.)

ἔμαθον τάδε σὰς προσιδοῦσ' ὀλοὰς τύχας, Προμηθεῦ.
τὸ διαμφίδιον δέ μοι μέλος προσέπτα 555
τόδ' ἐκεῖνό θ' ὅτ' ἀμφὶ λουτρὰ
καὶ λέχος σὸν ὑμεναίουν
ἰότατι γάμων, ὅτε τὰν ὁμοπάτριον ἕδνοις
ἄγαγες Ἡσιόναν πείθων δάμαρτα κοινόλεκτρον. 560

ΙΩ.

τίς γῆ; τί γένος; τίνα φῶ λεύσσειν

Διὸς ἁρμονίαν: Schol. ὑψηλῶς καὶ τραγικῶς τὸ τῆς εἱμαρμένης ὄνομα Διὸς ἁρμονίαν εἶπεν, aber ein solcher Gedanke ist hier unmöglich nach V. 514 ff.; vielmehr ist ἁρμονία Διὸς die Fügung, Ordnung, die wohlgefügte Ordnung im Reiche des Zeus vgl. V. 280 διεστοιχίζετο ἀρχήν.
555. διαμφίδιον μέλος· ἀλλοῖον, διαπαντὸς κεχωρισμένον· ἀμφὶς γὰρ χωρίς· Αἰσχύλος Προμηθεῖ δεσμώτῃ Hesych.
556. τόδ' ἐκεῖνό τε: vgl. Eur. Cycl. 37 μῶν πρότος σιωπίδων ὅμοιος ὑμῖν νῦν τε ἐπ' ἄτε Βακχίῳ κώμοις συνασπίζοντες Ἀἰθαίας δόμους προσᾴτε. — λουτρά: ἔθος ἦν τοῖς παλαιοῖς ὅτι ἐγημί ως ἐπὶ τοῖς ἐγχωρίοις ποταμοῖς ἀπολούεσθαι. Schol. zu Eur. Phoen. 349.
558. ὑμεναιοῦν τὸ ᾄδειν τὸν ὑμέναιον καὶ συνάπτειν τὸν γάμον Photius.
559. ἰότατι ein homerisches Wort; wie es Od. 11, 384 ἐν νόστῳ δ' ἀπόλοντο κακῆς ἰότητι γυναικός 'auf Anstiften' heisst, so bedeutet es hier 'aus Anlass', vgl. ἴσατι. — τὰν ὁμοπάτριον: Hesione ist nach dem Zeugnisse des Akusilaos bei dem Schol. zu Hom. Od. 10, 2 die Tochter des Okeanos (ὡς δὲ Ἀκουσίλαος, Ἡσιόνης τῆς Ὠκεανοῦ καὶ τοῦ Προμηθέως nämlich Δευκαλίων ἦν υἱός); die Bezeichnung ὁμοπάτριον gibt zu erkennen, dass sie nicht auch als Tochter der Tethys betrachtet wird wie die Okeaniden.
560. ἕδνοις πείθων τὴν Ἡσιόνην σοι δάμαρτα κοινόλεκτρον Schol. πείθων als fortdauernd u. gleichzeitig mit ἤγαγες s. v. u. πειθοῖ ἐθνῶν (s. Krüger I § 58, 1, 7). Übrigens vgl. Suppl. 918 τἀμ' ὀλωλόθ' εὑρίσκων ἄγω.

561—886 drittes Epeisodion: Io u. Prometheus. Die Iosage berührt die Prometheussage durch die Abstammung des Heracles, des Befreiers des Prometheus, von Epaphos, dem Sohne des Zeus u. der Io (zu V. 774). Daher bereitet das Auftreten der Io in formeller Beziehung auf das Auftreten des Herakles im Προμηθεὺς λυόμενος vor. Die Hinweisung auf den zukünftigen Befreier aber tritt in die beste Verbindung mit der Hoffnung, welche Prometheus an sein Geheimnis von der Hochzeit des Zeus knüpft. Die materielle Bedeutung der Ioscene liegt darin, dass Io als unschuldig verfolgte auftritt u. ihre Behandlung bei unklarer u. oberflächlicher Auffassung Zeus im schlimmsten Lichte erscheinen lässt. Daran nährt u. erhebt sich der leidenschaftliche Trotz des Prometheus, bis sich dieser auf der Höhe der Leidenschaft hinreissen lässt mit solchem Hohne von seinem Geheimnisse zu sprechen, dass das Einschreiten des Zeus erfolgen muss. So wird die Peripetie des Dramas entwickelt

ΠΡΟΜΗΘΕΥΣ ΔΕΣΜΩΤΗΣ. 79

τόνδε χαλινοῖς ἐν πετρίνοισιν
χειμαζόμενον·
τίνος ἀμπλακίας ποινὰς ὀλέκει;
σήμηνον ὅποι

(dritter Akt). Uebrigens muss der geographische Inhalt dieses Epeisodion mit seinen wunderbaren und märchenhaften Mittheilungen wie der Inhalt der Heraklesscene im *Προμηθεύς λυόμενος* (vgl. unten zu frgm. VII u. VIII) für die damaligen Athener einen besonderen Reiz gehabt haben.
Ueber die Entstehung der Iosage vgl. Einleitung S. 7*. Io tritt als gehörnte Jungfrau auf (V. 588, 674; durch die Maske so dargestellt). In den älteren Werken der Kunst, besonders der Vasenmalerei, erscheint Io in Kuhgestalt: auf dem Throne des amykläischen Apollo, einem Werke des Bildhauers Bathykles (um Ol. 60), war Hera angebracht blickend auf Io 'welche schon Kuh ist' (Paus. III 18 § 7) und auf einer alterthümlichen (schwarzfigurigen) Vase der Münchener Vasensammlung (nr. 573; Panofka, Argos Panoptes Taf. 5) sitzt Argos auf der Erde in gräulicher Gestalt mit einem Auge auf zottiger Brust, mit übermässig langem Barte u. Kopfhaaren u. hält einen langen Strick in der Rechten, der um die Hörner eines Rindes gewunden ist. Daneben steht Hermes, welcher mit der Linken den Strick neben den Hörnern fasst, mit der Rechten aber nach dem Schwerte langt, während der Hund des Wächters vor ihm seinen Kopf drohend gegen ihn erhebt. Durch den Einfluss der Tragödie wurde Io auch in den Kunstdarstellungen eine gehörnte Jungfrau. So erscheint sie z. B. auf einer rothfigurigen Vase des Berliner Museums (Panofka a. O. Taf. 6). Auch die 'stechende Bremse' (vgl. Suppl. 308 τί οὖν ἐτευξε ἄλλο δυσπότμῳ βοΐ; — βοηλάτην μύωπα κινητήριον, Verg. Georg. III 147 cui nomen asilo Romanum est, oestrum

Graii vertere vocantes), deren noch in der Erzählung V. 676 Erwähnung geschieht, musste bei der scenischen Darstellung wegbleiben u. wurde durch die bildliche Auffassung von οἴστρος ersetzt; der in Raserei versetzende Stachel wurde als Folge der Erinnerung an den tückischen Blick des Argos gedeutet (V. 567). — Wegen der besonderen Art des Auf- u. Abtretens der Io hat auch hier u. V. 877, wie oben beim Auftreten des Chors, der Schauspieler, nicht der Chor die beim Auf- u. Abtreten einer Person gebräuchlichen Anapäste.
563. χειμαζόμενον in eigentlicher Bedeutung 'dem Wind u. Wetter ausgesetzt', vgl. V. 14. (Mehrere Erklärer nehmen das Wort in übertragener Bedeutung 'vexatum, cruciatum', wie es Soph. Phil. 1459 Ἑρμαῖον ὄρος καραπέμψει ἐμοί, στόνον ἀντίτυπον χειμαζομένῳ, Eur. Hipp. 315 ἅλλῃ δ' ἐν τύχῃ χειμαζόμεσθα, Suppl. 268 πόλις χειμασθεῖσα steht, vgl. unten V. 836, 043, 1015).
564. ποινὰς Apposition zu ὀλέκει wie Soph. El. 563 τίνος ποινὰς τὰ πολλὰ πνεύματ' ἔσχ' ἐν Αὐλίδι zu πνεύματ' ἔσχε; vgl. Pind. Pyth. I 59 κελαδῆσαι πίθεό μοι ποινὰν τεθρίππων; sehr häufig findet sich ein solcher Accusativ als Apposition zu einem Satze, um das Ergebniss der Handlung auszudrücken (Krüger I § 57, 10, 10 u. 11 § 57, 10, 6), bei Euripides: El. 231 εὐδαιμονοίης μισθὸν ἡδίστων λόγων, 1260 Ἀφροδίσιον ὅτ' ἔκταν' ἁμόφρων Ἄρης, μῆνιν θυγατρὸς ἀνοσίων νυμφευμάτων, Hel. 77 ἀπόλαυσιν εἰκοῦς ἔθαυες ἂν Διὸς κόρης, Herc. f. 57 ἡ δυσπραξία ἧς μήποθ' ὅστις καὶ μέσως εὔνους ἐμοί τύχοι, φίλων Πίγγον ἀψευδέστατον, 1105 Ἑλένην πέπαμμεν, Μενέλεῳ λύπην πικράν.

γῆς ἡ μογερὰ πεπλάνημαι.

ἆ ἆ,
χρίει τις αὖ με τὰν τάλαιναν οἶστρος,
εἴδωλον Ἄργου γηγενοῦς,
ἄλευ' ἆ δᾶ,
τὸν μυριωπὸν εἰσορῶσα βούταν.
ὁ δὲ πορεύεται δόλιον ὄμμ' ἔχων,
ὃν οὐδὲ κατθανόντα γαῖα κεύθει.
ἀλλά με τὰν τάλαιναν
ἐξ ἐνέρων περῶν κυναγεῖ κλανᾷ
τε νῆστιν ἀνὰ τὰν παραλίαν ψάμμαν.

(στροφή.)
ὑπὸ δὲ κηρόπακτος ὀτοβεῖ δόναξ

567. Quod dicit αὖ, id scite et convenienter spectatoris cogitationem ad ea, quae extra scenam gesta sunt, traducit (Schütz).
568. γηγενοῦς: Suppl. 305 Ἄργον
.. παῖδα γῆς. — Voll Schrecken unterbricht sich Io mit dem Hülferuf ἄλευ' ἆ δᾶ: Suppl. 528, Sept. 141 ἄλευσον, Sept. 86 ἰὼ ἰὼ θεοί θεαί τ', ὀρόμενον κακὸν ἀλεύσατε. δᾶ Vokativ von Δᾶς = Ζᾶς = Ζεύς vgl. ἆ Ζῆν Suppl. 162, steht jedoch nur als blosse Interjektion (= o Gott!), nicht als Anrufung des besonderen Gottes, vgl. Eum. 874 οἷοῖ δᾶ, φεῦ.
569. τὸν μυριωπὸν βούταν nach dem Zwischensatze, als ob Ἄργον γηγενῆ; εἰσορῶσα, als ob οἴστρου ἕμαι vorangegangen wäre. Mit dem letzteren lässt sich vergleichen Eur. Hec. 970 αἰδώς μ' ἔχει ἐν τῷδε πότμῳ τυγχάνους' ἵν' εἰμὶ νῦν, Iph. T. 947 ἐλθὼν δ' ἐκεῖσε, πρῶτα μέν μ' οὐδεὶς ξένων ἑκὼν ἐδέξατο, ebd. 695 σωθεὶς δὲ ..
ὄνομά τ' ἐμοῦ γένοιτ' ἄν, Cycl. 380 θαραλέα θηρῶν σῶμα περιβαλὼν ἐμὸν καὶ πὺρ ἀναίθων χιόνος οὐδέν μοι μέλει, Ion 927 ὑπεξανελὼν
.. αἴρει με, Hipp. 22 τὰ πολλὰ δὲ πάλαι προκόψασ', οὐ πόνου πολλοῦ με δεῖ. Krüger I § 66, 9, 4 u.

zu V. 201. — μυριωπὸν βούταν: Suppl. 304 πανόπτην οἰοβούκολον, vgl. unten V. 677.
570. δόλιον ὄμμα eine passende Bezeichnung für den tückischen Blick des nachstellenden Gespenstes. — Die Dochmien sind das eigentliche Mass für die Monodieen der Tragödie, welche leidenschaftliche Erregung zum Ausdruck bringen.
571. κατθανόντα: Suppl. 305 Ἄργον,τὸν Ἑρμῆς παῖδα γῆς κατέκτανε. Schon bei Homer hat Hermes den Beinamen Ἀργειφόντης.
572. ἀλλά με: der Relativsatz wird in einem Hauptsatze fortgesetzt.
573. ψάμμαν: dieselbe Form noch Aristoph. Lys. 1260 τὰς ψάμμας.
574 f. ὑπὸ — ὀτοβεῖ: zu V. 126. Ueber die Einschiebung bedeutenderer (nicht kurzer) Wörter zwischen Präposition u. Verbum Krüger II § 68, 48, 4 u. unten zu V. 878.
— κηρόπακτος ('wachsgefügt') δόναξ: Eur. Iph. T. 1125 συρίζων ὁ κηροδέτας κάλαμος οὐρείου Πανός, Theocr. id. I 128 ἔνθ' ὤναξ καὶ τάνδε φέρ' εὐπάκτοιο μελίπνουν ἐκ κηρῶ σύριγγα καλάν, op. V 4 κηροδέτῳ πνεύματι μελπόμενος, Ovid. Metam. I 712 disparibus calamis compagine cerae inter se iunctis,

ΠΡΟΜΗΘΕΤΣ ΔΕΣΜΩΤΗΣ. 81

ἀχέτας   ὑπνοδόταν νόμον. 575
ἰὼ ἰώ, πόποι, ποῖ μ᾽ ἄγουσιν ⟨πλάναι⟩,
τηλέπλανοι πλάναι;
τί ποτέ μ᾽, ὦ Κρόνιε παῖ, τί ποτε
ταῖσδ᾽ ἐνέζευξας εὑρὼν ἁμαρτοῦσαν ἐν
πημοσύναις, ἐή,
οἰστρηλάτῳ δὲ δείματι δειλαίαν 580
παράκοπον ὧδε τείρεις;
πυρί με φλέξον ἢ χθονὶ κάλυψον ἢ ποντίοις
δάκεσι δὸς βοράν,
μηδέ μοι φθονήσῃς
εὐγμάτων ἄναξ.
ᾄδην με πολύπλανοι πλάναι 585
γεγυμνάκασιν, οὐδ᾽ ἔχω μαθεῖν ὅπα
πημονὰς ἀλύξω.
κλύεις φθέγμα τᾶς βούκερω παρθένου;

ΠΡ. πῶς δ᾽ οὐ κλύω τῆς οἰστροδινήτου κόρης,
τῆς Ἰναχείας; ἢ Διὸς θάλπει κέαρ 590
ἔρωτι, καὶ νῦν τοὺς ὑπερμήκεις δρόμους

Verg. Ecl. II 32 Pan primus calamos cera coniungere pluris instituit. In Wirklichkeit fällt hier die Flöte des αὐλητής ein u. begleitet den (durch die strophische Responsion charakterisierten) Gesang der Io. (Das vorausgehende ist Recitativ.) — ὑπνοδόταν νόμον: die einschläfernde Weise malt die Ermüdung u. Erschöpfung der Io.
576. πλάναι, τηλέπλανοι πλάναι vgl. Sept. 134 ἐκλύσειν πόνων ἐπίλυσιν δίδον, 171 κλύεις παρθένων κλύεις πανδίκως χειροτόνους λιτάς, Ag.1456 τὰς πολλὰς τὰς κάνυ πολλάς.
577 f. ταῖσδ᾽ ἐνέζευξας ἐν πημοσύναις: zu V. 108, vgl. Π. 2, 111 Ζεύς με μέγα Κρονίδης ἄτῃ ἐνέδησε βαρείῃ, Soph. O. C. 526 γάμων ἐνέδησεν ἄτᾳ.
580 f. οἰστρηλάτῳ δείματι: zu V. 147. — παράκοπον (von der Münze 'daneben, falsch geprägt'): παράκοποι φρενῶν Eur. Bacch. 33.
582. Vgl. Soph. O. R. 1410 ἔξω μέ που καλύψατ᾽ ἢ φονεύσατ᾽ (ἢ με φλέξατ᾽?) ἢ θαλάσσιον ἐκρίψατε, Eur. Suppl. 829 κατά με πέδον γᾶς ἕλοι, διὰ δὲ θύελλα σπάσαι, πυρός τε φλογμὸς ὁ Διὸς ἐν κάρᾳ πέσοι.
584. μοι φθονήσῃς εὐγμάτων: vgl. V. 626, 859, Eur. Herc. f. 333 οὐ φθονῶ πέπλων, 1309 λέκτρων φθονοῦσα Ζηνί.
586. γεγυμνάκασιν vgl.592, Eur. Hel. 533 οὐδ᾽ ἀγύμναστον πλάνοις ἥξειν.
588. τᾶς βούκερω παρθένου ist der Nennung des eigenen Namens (zu V. 296) ähnlich.
589. οἰστροδινήτου: vgl. Suppl. 573 πολύπλαγκτον ἀθλίαν οἰστροδόνητον Ἰώ, 17 τῆς οἰστροδόνου βοός, Od. 22, 299 βόες ὣς ἀγελαῖαι, τὰς μέν τ᾽ αἰόλος οἶστρος ἐφορμηθεὶς ἐδόνησεν.
590. τῆς Ἰναχείας: zu V. 164. Διὰ τοῦ τὸν πατέρα αὐτῆς ὀνομάσαι ἐνέφηνε τὸν μάντιν, ὡς καὶ παρ᾽ Ὁμήρῳ (Od. 11, 100) ὁ Τειρεσίας 'νόστον δίζηαι μελιηδέα, φαίδιμ᾽ Ὀδυσσεῦ'. Schol.
591. δρόμους γυμνάζεται: er-

Ἥρᾳ στυγητὸς πρὸς βίαν γυμνάζεται.

(ἀντιστροφή.)

ΙΩ. πόθεν ἐμοῦ σὺ πατρὸς ὄνομ' ἀπύεις,
εἰπέ μοι τᾷ μογερᾷ, τίς ὤν,
τίς ἄρα μ', ὦ τάλας, τὰν ταλαίπωρον ὧδ' 595
ἔτυμα προσθροεῖς,
θεόσυτόν τε νόσον ὠνόμασας,
ἃ μαραίνει με χρίουσα κέντροις, ἰώ,
φοιταλέοις, ἐή.
σκιρτημάτων δὲ νήστισιν αἰκίαις 600
λαβρόσυτος ἦλθον, ⟨ἄλλων⟩
ἐπικότοισι μήδεσι δαμεῖσα. δυσδαιμόνων
δὲ τίνες οἴ, ἐή,
οἵ' ἐγὼ μογοῦσιν;
ἀλλά μοι τορῶς
τέκμηρον ὅ τι μ' ἐπαμμένει 605
παθεῖν, τί μῆχαρ, ἢ τί φάρμακον νόσου,
δεῖξον εἴπερ οἶσθα·
θρόει φράζε τᾷ δυσπλάνῳ παρθένῳ.

ΠΡ. λέξω τορῶς σοι πᾶν ὅπερ χρῄζεις μαθεῖν,

weiterter Gebrauch des Accusativs des inneren Objekts (= γυμνάζειν τινὰ γυμνασίαν ὑπερμήκων δρόμων), vgl. Soph. Ai. 1107 τὰ σέμν' ἔπη κόλαζ' ἐκείνους, O. R. 840 ἔπη, ἃ νῦν σὺ τήνδ' ἀειράζεις πόλιν, Krüger II § 46, 7, 1.
598. θεόσυτον, V. 601 λαβρόσυτον: zu V. 116.
599. Notandum est multis adiectivis quae alias intransitive ponuntur, Aeschylum transitivam vim tribuere; ut enim hic φοιταλέος, quod proprie significat 'errabundus', h. l. est 'in errores coniciens, ad cursum concitans', sic paulo post νῆστις, alias 'ieiunus', ponitur pro 'famem sive inediam afferens' cfr. Ag. V. 103 zvoai .. κατόσχολοι, νήστιδες δύσορμοι, βροτῶν ἅλαι (Schütz).
601. ἄλλων: τοῖς τῆς Ἥρας Schol. Io scheut sich den Namen der Göttin, die ihr so viel Leid zugefügt,

anzusprechen; vgl. Eur. Hec. 840 κοινὸν δ' ἐξ ἰδίας ἀνοίας κακὸν τᾷ Σιμουντίδι γᾷ ὀλίθριον ἐμολε συμφορά τ' ἀπ' ἄλλων (von den drei hadernden Göttinnen) u. unten zu V. 673.
604. τορῶς: Pers. 479 σημῆναι τορῶς. — ἐπαμμένει: ebd. 807 οὐ σφιν κακῶν ὕψιστ' ἐπαμμένει παθεῖν.
605. ὅ τι — τί: vgl. Soph. O. R. 71 πύθοιθ', ὅ τι δρῶν ἢ τί φωνῶν ῥυσοίμην, Eur. Ion 785 πῶς ἐκπέραίνεται, φράζε χρήσεις ἔσθ' ὁ παῖς, Iph. A. 696 γένους δὲ ποίου χὠπόθεν, μαθεῖν θέλω, Plat. Gorg. 448 E οὐδεὶς ἠρώτα, ποία τις εἴη ἡ Γοργίου τέχνη, ἀλλὰ τίς καὶ ὄντινα δέοι καλεῖν τὸν Γοργίαν.
608. θρόει, φράζε (eindringlich bittend): vgl. zu V. 56. — τᾷ παρθένῳ: häufig finden sich bei Aeschylus in antistrophischen Gesängen die gleichen Wörter an gleicher Stelle des Verses.

ΠΡΟΜΗΘΕΥΣ ΔΕΣΜΩΤΗΣ 83

οὐκ ἐμπλέκων αἰνίγματ', ἀλλ' ἁπλῷ λόγῳ, 610
ὥσπερ δίκαιον πρὸς φίλους οἴγειν στόμα.
πυρὸς βροτοῖς δοτῆρ' ὁρᾷς Πρμηθέα.

ΙΩ. ὦ κοινὸν ὠφέλημα θνητοῖσιν φανείς,
τλῆμον Προμηθεῦ, τοῦ δίκην πάσχεις τάδε;
ΠΡ. ἁρμοῖ πέπαυμαι τοὺς ἐμοὺς θρηνῶν πόνους. 615
ΙΩ. οὔκουν πόροις ἂν τήνδε δωρεὰν ἐμοί;
ΠΡ. λέγ' ἥντιν' αἰτεῖ· πᾶν γὰρ ἂν πύθοιό μου.
ΙΩ. σήμηνον ὅστις ἐν φάραγγί σ' ᾤχμασε.
ΠΡ. βούλευμα μὲν τὸ Δῖον, Ἡφαίστου δὲ χείρ.
ΙΩ. ποίων δὲ ποινὰς ἀμπλακημάτων τίνεις; 620
ΠΡ. τοσοῦτον ἀρκῶ σοι σαφηνίσας μόνον.

ΙΩ. καὶ πρός γε τούτοις τέρμα τῆς ἐμῆς πλάνης
δεῖξον τίς ἔσται τῇ ταλαιπώρῳ χρόνος.
ΠΡ. τὸ μὴ μαθεῖν σοι κρεῖσσον ἢ μαθεῖν τάδε.
ΙΩ. μήτοι με κρύψῃς τοῦθ' ὅπερ μέλλω παθεῖν. 625
ΠΡ. ἀλλ' οὐ μεγαίρω τοῦδέ σοι δωρήματος.
ΙΩ. τί δῆτα μέλλεις μὴ οὐ γεγωνίσκειν τὸ πᾶν;
ΠΡ. φθόνος μὲν οὐδείς, σὰς δ' ὀκνῶ θρᾶξαι φρένας.

610. Vgl. Suppl. 464 αἰνιγματώδες τοὔπος· ἀλλ' ἁπλῶς φράσον, unten V. 949.
612. πυρὸς βροτοῖς δοτῆρα: über den Dativ bei dem persönlichen verbalen Substantiv Krüger I § 48, 12, 5 u. zu V. 501. — Der V. entbehrt der legitimen Cäsur, zerfällt aber nicht in zwei Hälften, weil der Apostroph δοτῆρ' eng mit ὁρᾷς verbindet, vgl. V. 710 u. zu V. 840.
613. Die Einleitung der Stichomythie enthält zwei Verse (vgl. zu V. 38) wie nachher (622 f.) der Uebergang zu einem neuen Gegenstande.
615. ἁρμοῖ (ἀρτίως Hesych.) nach Heraclides bei Eustath. zu Il. 140, 13 ein Syrakusanisches Wort. — Vgl. Soph. Ai. 787 τί μ' αὖ τάλαιναν ἀρτίως πεπαυμένην κακῶν ἀτρύτων ἐξ ἕδρας ἀνίστατε;
621. τοσοῦτον: διὰ τὸ μὴ ταυτολογῆσαι Schol. — ἀρκῶ σαφηνίσας: vgl. Krüger I § 56, 8, 1.

625 f. μή τοι: τοι non concludendae rationi, sed asseverando hortandoque inservit (Hermann), vgl. V. 436, Soph. Ant. 544 μή τοι κασιγνήτην μ' ἀτιμάσῃς τὸ μὴ οὐ θανεῖν, O. C. 1407 μή τοί με πρὸς θεῶν σφῷ γε.. μή μ' ἀτιμάσητί γε, 1439 μή τοί μ' ὀδύρου. — μεγαίρειν ist ein episches Wort.
627. μὴ οὐ: Soph. Ai. 540 τί δῆτα μέλλεις μὴ οὐ παρουσίαν ἔχειν, Krüger II § 67, 12, 4, vgl. V. 1056.
628. θρᾶξαι: ταράξαι, ἰσπῆσαι Εὐριπίδης Πειρίθῳ Hesych.; Bekk. Aneed. 352, 16 ἄθρακτος· ἀτάραχος. καὶ τὸ συνεχρύθη ἐθράχθη Σοφοκλῆς λέγει. Eur. Rhes. 863 δίδοικα δ' αὐτὸν καί τί μου θράσσει φρένας. Die tenuis ist durch die Verkürzung und unter Einfluss der folgenden liquida in die aspirata übergegangen, wie in φρούμιον (προοίμιον), φροῦδος (πρό — ὁδός), φρουρός (πρόουρος) u. a.

6*

ΙΩ. μή μου προκήδου μᾶσσον ὡς ἐμοὶ γλυκύ.
ΠΡ. ἐπεὶ προθυμεῖ, χρὴ λέγειν· ἄκουε δή. 630

ΧΟ. μήπω γε· μοῖραν δ' ἡδονῆς κἀμοὶ πόρε.
τὴν τῆσδε πρῶτον ἱστορήσωμεν νόσον
αὐτῆς λεγούσης τὰς πολυφθόρους τύχας·
τὰ λοιπὰ δ' ἄθλων σοῦ διδαχθήτω πάρα.

ΠΡ. σὸν ἔργον, Ἰοῖ, ταῖσδ' ὑπουργῆσαι χάριν, 635
ἄλλως τε πάντως καὶ κασιγνήταις πατρός.
ὥς τἀποκλαῦσαι κἀποδύρασθαι τύχας

629. μᾶσσον ὡς, μᾶσσον ἥ, wie die besten deutschen Schriftsteller manchmal 'wie' statt 'als' nach dem Comparativ gebrauchen: vgl. Il. 4, 277 μελάντερον ἠύτε πίσσα, Xenophanes bei Athen. XII 526 A σὺ μείζους ὥσπερ χίλιοι εἰς Ἱκίκαν, Lys. 7, 12 ἡγούμενος μᾶλλον λίγεσθαι ὥς μοι προσήκε, § 31 ἅπαντα προθυμότερον πεποίηκα ὡς ὑπὸ τῆς πόλεως ἠναγκαζόμην, Demosth. c. Aristog. I § 53 τοῦτον οὐ τιμωρήσεσθε, ἀλλὰ καὶ μειζόνων ἀξιώσαντες δωρεῶν ἀφήσετε ὡς τοὺς εὐεργέτας, Eur. Hipp. 530 οὔτε γὰρ πυρὸς οὔτ' ἄστρων ὑπέρτερον βέλος οἷον τὸ τᾶς Ἀφροδίτας ἵησιν ἐκ χερῶν Ἔρως ὁ Διὸς παῖς. — προκήδου spielt auf den Namen Προμηθεύς an.
630. ἐπεὶ προθυμεῖ: vgl. V. 786.
631. μήπω γε: so wird die Erzählung von den Schicksalen der Io in drei Partieen gegeben: den ersten Theil erzählt Io selbst dem Chore zu Gefallen, den zweiten Prometheus der Io zu Gefallen, um sie über ihre Zukunft zu belehren, den dritten, die bisherigen Irrsale der Io, ebenfalls Prometheus, um Io von seiner Kenntniss der Zukunft zu überzeugen. Der zweite Theil ist wieder in zwei Abschnitte getheilt: in dem einen werden die Wanderungen in Europa (700—741), in dem andern die in Asien (und Afrika) (786—876) geschildert; diese zwei Abschnitte sind durch eine anderweitige Betrachtung getrennt, während durch die V. 740 ff.

die Spannung auf die weitere Erzählung geweckt wird. Auf diese Weise hat der Dichter durch verschiedene Motivierung u. dadurch, dass er mittels vorausgehender Ankündigung die Spannung rege erhält u. erhöht (vgl. zu V. 283), den Stoff künstlerisch gestaltet.
632 f. νόσον: vgl. V. 698 u. zu V. 249. νόσον u. τὰς πολυφθόρους τύχας stehen in Beziehung, 'erkunden, durch welche irrseligen Schicksale ihr Leid u. ihre Noth hervorgerufen worden ist'. Zu πολυφθόρους vgl. V. 820, Hesych. φθείρεται· πλανᾶται, Eur. Hel. 773 πόσον χρόνον πόντον 'πὶ νώτοις ἄλιον ἐφθείρου πλάνον; El. 234 οὐχ ἕνα νομίζων φθείρεται πόλεως τόπον.
634. τὰ λοιπὰ ἄθλων: vgl. V. 780, 684.
635. ὑπουργῆσαι χάριν wie χαρίζεσθαι χάριν, vgl. Eur. Alc. 842 Ἀδμήτῳ ὑπουργῆσαι χάριν, Soph. frgm. 318 ἀνθυπουργῆσαι χάριν.
636. ἄλλως τε πάντως καὶ: vgl. Pers. 688 ἔστι δ' οὐκ εὐέξοδον, ἄλλως τε πάντως χαὶ κατὰ χθονὸς θεοὶ λαβεῖν ἀμείνους εἰσὶν ἢ μεθιέναι (mit einem Hauptsatze), Eum. 726 ἄλλως τε πάντως χῶτε δεόμενος τύχοι (Temporalsatz oder Conditionalsatz oder Participium ist das gewöhnliche bei ἄλλως τε καί). — κασιγνήταις πατρός: Hes. Theog. 887 Τηθύς δ' Ὠκεανῷ Ποταμοὺς τέκε δινήεντας.
637. Vgl. Eur. frgm. 567 σχολὴ μὲν οὐχί, τῷ δὲ δυστυχοῦντί πως

ΠΡΟΜΗΘΕΥΣ ΔΕΣΜΩΤΗΣ. 85

ἐνταῦθ', ὅπου μέλλοι τις οἴσεσθαι δάκρυ
πρὸς τῶν κλυόντων, ἀξίαν τριβὴν ἔχει.

ΙΩ. οὐκ οἶδ' ὅπως ὑμῖν ἀπιστῆσαί με χρή, 640
σαφεῖ δὲ μύθῳ πᾶν ὅπερ προσχρῄζετε
πεύσεσθε· καίτοι καὶ λέγουσ' ὀδύρομαι
θεόσσυτον χειμῶνα καὶ διαφθορὰν
μορφῆς, ὅθεν μοι σχετλίᾳ προσέπτατο.

αἰεὶ γὰρ ὄψεις ἔννυχοι πωλεύμεναι 645
ἐς παρθενῶνας τοὺς ἐμοὺς παρηγόρουν
λείοισι μύθοις· ὦ μέγ' εὔδαιμον κόρη,
τί παρθενεύει δαρόν, ἐξόν σοι γάμου
τυχεῖν μεγίστου; Ζεὺς γὰρ ἱμέρου βέλει
πρὸς σοῦ τέθαλπται καὶ συναίρεσθαι Κύπριν 650
θέλει· σὺ δ', ὦ παῖ, μἀπολακτίσῃς λέχος

τερπνὸν τὸ λέξαι κἀποκλαύσασθαι πάλιν.
636. μέλλοι: der Optativ bei der blossen Vorstellung, vgl. Soph. Ant. 666 ὃν πόλις στήσειε, τοῦδε χρὴ κλύειν, O. R. 314 ἄνδρα δ' ὠφελεῖν, ἀφ' ὧν ἔχοι τε καὶ δύναιτο, κάλλιστος πόνος, 979 εἰκῇ κράτιστον ζῆν ὅπως δύναιτό τις, Krüger I § 54, 11, 4.
639. ἀξίαν τριβὴν ἔχει s. v. a. ἀξίαν (subst.) τῆς τριβῆς ἔχει.
640. Die Verse, welche der gewöhnlichen Cäsur entbehrend in zwei Hälften zerfallen, sind bei Aeschylus nicht häufig, am häufigsten (7) in den Persern. Die Härte wird durch einen Absatz nach οὐκ οἶδ' gemildert. — ἀπιστῆσαι: vgl. Sept. 1030 ἔχουσ' ἄπιστον τήνδ' ἀναρχίαν πόλει, Soph. Ant. 381 οὐ δὴ πού σέ γ' ἀπιστοῦσαν τοῖς βασιλείοισιν ἄγουσι νόμοις, Eur. Suppl. 389 ἦν δ' ἀπιστῶς, οἵδε δεύτεροι λόγοι.
642. καὶ λέγουσ' ὀδύρομαι: 'auch die Erzählung ist mir schmerzlich u. kostet mir Thränen', vgl. V. 197, Eur. Hec. 519 τὸν τε γὰρ λέγων κἀκὰ τέγγω τόδ' ὄμμα πρὸς τάφῳ θ' ὅσ' ὤλλυτο, Verg. Aen. II 6 quis talia fando .. temperet a lacrimis?

647. μέγ' εὔδαιμον: vgl. Xen. Cyr. V 1, 28 μέγα εὐδαίμονας γενέσθαι, Suppl. 141 σεμνᾶς μέγα ματρός, bei Homer u. Hesiod μέγ' ἔξοχος, μέγα νήπιος, Eur. Or. 1691 ὦ μέγα σεμνὴ Νίκη, unten V. 1004. Krüger II § 46, 6, 7.
648. ἐξόν σοι: die enclitica bildet sich mit dem vorhergehenden Worte gleichsam nur ein Wort, so dass keine Härte in der langen 'Thesis' des fünften Fusses liegt, vgl. zu V. 107.
649 f. ἱμέρου βέλει, ἔρωτι (V. 591): mit umgekehrter Beziehung steht τόξευμα Suppl. 1003 καὶ παρθένων χλιδαῖσιν εὐμόρφοις ἔπι πᾶς τις παρέλθων ὄμματος θελκτήριον τόξευμ' ἵκπεμψεν ἱμέρου νικώμενος. — τέθαλπται: vgl. Soph. Ant. 1085 ἀφῆκα θυμῷ καρδίας τοξεύματα βέβαια τῶν σὺ θάλπος οὐχ ὑπεκδραμεῖ (θάλπος wird sowohl vom Brand der Wunde als von der Inbrunst des Herzens wie V. 590 gesagt). συναίρεσθαι Κύπριν: συνουσιάσαι. Schol.
651. Die Krasis von μὴ ἀ- findet sich häufig (Cho. 918, Eum. 85 f., 691, 749, Suppl. 209). — ἀπολακτίσῃς: ὡς ἀπὸ τῶν ἀλόγων ζῴων. Schol. Der derbe Ausdruck, um abzuschrecken.

τὸ Ζηνός, ἀλλ' ἔξελθε πρὸς Λέρνης βαθὺν
λειμῶνα, ποίμνας βουστάσεις τε πρὸς πατρός,
ὡς ἂν τὸ δῖον ὄμμα λωφήσῃ πόθου.

τοιοῖσδε πάσας εὐφρόνας ὀνείρασι 655
συνειχόμην δύστηνος, ἐς τε δὴ πατρὶ
ἔτλην γεγωνεῖν νυκτίφοιτα δείματα.
ὁ δ' ἔς τε Πυθὼ κἀπὶ Δωδώνης πυκνοὺς
θεοπρόπους ἴαλλεν, ὡς μάθοι τί χρὴ
δρῶντ' ἢ λέγοντα δαίμοσιν πράσσειν φίλα. 660
ἧκον δ' ἀναγγέλλοντες αἰολοστόμους
χρησμοὺς ἀσήμους δυσκρίτως τ' εἰρημένους.
τέλος δ' ἐναργὴς βάξις ἦλθεν Ἰνάχῳ
σαφῶς ἐπισκήπτουσα καὶ μυθουμένη
ἔξω δόμων τε καὶ πάτρας ὠθεῖν ἐμέ, 665
ἄφετον ἀλᾶσθαι γῆς ἐπ' ἐσχάτοις ὅροις·

652. βαθὺν λειμῶνα: 'Au mit tiefem Grase' vgl. Od. 9, 134 μάλα μὲν βαθὺ λήϊον αἰεὶ εἰς ὥρας ἀμῷεν, ἐπεὶ μάλα πῖαρ ὑπ' οὔδας, Il. 2, 147 ὡς δ' ὅτε κινήσῃ Ζέφυρος βαθὺ λήϊον ἐλθών, 9, 151 Ἀνθείαν βαθύλειμον, Eur. Hipp. 1138 βαθεῖαν ἀνὰ χλόαν.
654. ὄμμα λωφήσῃ: vgl. V. 376 (ὄμμα: im Blick des Auges gibt sich die Sehnsucht zu erkennen).
657. Vgl. Cho. 523 ἐκ τ' ὀνειράτων καὶ νυκτιπλάγκτων δειμάτων πεπαλμένη.
658 f. ἐπὶ Δωδώνης: 'gen Dodona': ἐπί mit gen. bei der Angabe ungefähre Richtung ('auf etwas zu, nach etwas hin') öftere bei Homer (vgl. Π. 3, 5) u. Herodot (vgl. I 1). Mit unserer St. vgl. Eur. El. 1343 στείχ' ἐπ' Ἀθηνῶν, Thuc. I 03 ὁποτέρωσε διακινδυνεύσει χωρήσας ἢ ἐπὶ τῆς Ὀλύνθου ἢ ἐς τὴν Ποτίδαιαν, Krüger I § 68, 40, 3. — ἰάλλειν ist ein episches Wort.
660. τί δρῶντα ἢ λέγοντα eine beliebte dichterische Spezialisierung (vgl. das homerische ἢ ἔπει ἢ ἔργῳ Il. 1, 504), besonders passend für die gewissenhafte Fragestellung bei dem Orakel; vgl. Soph. O. R. 70

ἐς τὰ Πυθικὰ ἔπεμψα Φοίβου δώματ', ὡς πύθοιθ', ὅ τι δρῶν ἢ τί φωνῶν τήνδε ῥυσοίμην πόλιν. Dazu Cho. 316 τί σοι φάμενος ἢ τί ῥέξας, Pers. 174 μήτ' ἔπος μήτ' ἔργον, Eur. Hec. 372 μηδὲν ἐμποδὼν γίγνῃ λέγουσα μηδὲ δρῶσα. Phoen. 878 τί οὐ δρῶν, ποῖα δ' οὐ λέγων ἴκῃ. — πράσσειν φίλα, χαρίζεσθαι: πράσσειν das gemeinsame für δρᾶν u. λέγειν.
662. 'Synonymorum coacervatio non modo rem ipsam scilicet ambiguitatem oraculorum auget atque exaggerat, sed etiam commotum Ius animum ostendit' (Schütz). Vgl. nachher ἐναργὴς .. σαφῶς ἐπισκήπτουσα καὶ μυθουμένη.
666. ἄφετον: über die Auflösung zu V. 116. Ἄφετος steht hier in dem Sinne, in welchem es von den einer Gottheit geweihten Thieren gesagt wurde, die frei im Tempelbezirke herumweideten, vgl. Plat. Crit. 119 D ἀφέτων ὄντων ταύρων ἐν τῷ τοῦ Ποσειδῶνος ἱερῷ, Plat. Prot. 320 A αὐτοὶ περιιόντες νέμονται ὥσπερ ἄφετοι, Eur. Ion 821 ὁ δ' ἐν θεοῦ δόμοισιν ἄφετος, ὡς λάθοι, παιδεύεται. — ἀλᾶσθαι: über den consecutiven Infinitiv Krüger I 55,

ΠΡΟΜΗΘΕΥΣ ΔΕΣΜΩΤΗΣ. 87

χεἰ μὴ θέλοι, πυρωπὸν ἐκ Διὸς μολεῖν
κεραυνόν, ὅς πᾶν ἐξαϊστώσοι γένος.
τοιοῖσδε πεισθεὶς Λοξίου μαντεύμασιν
ἐξήλασέν με κἀπέκλησε δωμάτων   670
ἄκουσαν ἄκων· ἀλλ' ἐπηνάγκαζέ νιν
Διὸς χαλινὸς πρὸς βίαν πράσσειν τάδε.
εὐθὺς δὲ μορφὴ καὶ φρένες διάστροφοι
ἦσαν, κεραστὶς δ', ὡς ὁρᾶτ', ὀξυστόμῳ
μύωπι χρισθεῖσ' ἐμμανεῖ σκιρτήματι   675
ἦσσον πρὸς εὔποτόν τε Κερχνείας ῥέος

3, 20, Cho. 489 ἄνες μοι πατέρ'
ἐποπτεῦσαι μάχην.
667. πυρωπὸν μολεῖν κεραυνόν: zu V. 358. Mit μολεῖν (statt μολεῖσθαι) wird ohne Rücksicht auf die Zeit die Sache an sich hervorgehoben, vgl. Ag. 1652 οὐκ ἀναίνομαι θανεῖν — διχομένοις λέγεις θανεῖν σε (wo das Wort des Aegisthus θανεῖν nur wiederhollt wird), Soph. El. 442 σκέψαι γὰρ εἴ σοι προσφιλῶς αὐτῇ δοκεῖ γέρα τάδ' οὖν τάφοισι δέξασθαι νέκυς. Krüger I § 53, 1, 10 u. 6, 9. Doch enthält hier der Relativsatz das futurum (ἐκ Διὸς μολόντα κεραυνὸν ἐξαϊστώσειν γίνος).
668. ἐξαϊστώσοι: zu V. 151.
671. ἄκουσαν ἄκων: zu V. 19.
— ἀλλ' ἐπηνάγκαζε bezieht sich nur auf den in ἄκων liegenden Gedanken, vgl. Eum. 458 ἐφθιθ' οὕτος οὐ καλῶς, μολὼν ἐς οἶκον· ἀλλά νιν κελαινόφρων ἐμὴ μήτηρ κατέκτα, Eur. Bacch. 1127 ἀπεσπάραξεν ὦμον οὐχ ὑπὸ σθένους. ἀλλ' ὁ θεὸς εὐμάρειαν ἐπεδίδου χεροῖν.
672. Διὸς χαλινός: vgl. Ag. 133 στόμιον μέγα Τροίας, 218 ἀνάγκης λέπαδνον.
673. Der Dichter hat hier mehreres von dem Übergangen, was Suppl. 291 ff. erzählt wird. Die sittsame Jungfrau berichtet nur die äusseren Ereignisse u. verschweigt die inneren Gründe ihrer Verfolgung, welche V. 592 von Prometheus angedeutet worden sind. — φρένες διάστροφοι: Soph. Ai. 447 ὄμμα καὶ φρένες διάστροφοι.
674. ὀξυστόμῳ μύωπι: vgl. zu V. 561 u. Schol. Apollon. Rhod. Arg. I 1265 μύωψ εἶδος μυίας κατὰ τὸ ἔαρ γινόμενον, ἥτις ταῖς λογάσι τῶν βοῶν ἐπικαθιζομένη δάκνει αὐτάς καὶ εἰς μανίαν ἄγει· ἀφ' οὗ καὶ οἴστρος λέγεται (vgl. Supp. 307 βοηλάτην μύωπα κινητήριον — οἴστρον καλοῦσιν αὐτὸν οἱ Νείλου πέλας). Σώστρατος δὲ ἐν τῇ τετάρτῃ περὶ ζῴων διαστέλλει τὸν μύωπα τοῦ οἴστρου· ὁ μὲν γὰρ μύωψ ἐκ τῶν ξύλων ἀπογεννᾶται, ὁ δὲ οἴστρος ἐκ τῶν ἐν τοῖς ποταμοῖς ἐκπιπτόντων σκωρίων. Plin. H. N. XI 28, 34, 100 pinnae insectis omnibus sine scissora, nulli cauda nisi scorpioni; ... reliquorum quibusdam aculeus in ore ut nailo, sive tabanum dici placet. Vgl. zu V. 561.
678. Κερχνείας ῥέος: Κέρχνη κρήνη Ἄργους Schol. Nach Paus. II 24, 7 lag der Ort Κεγχρεαί (die jüngere Namensform) auf dem Wege von Argos nach Tegea. Nicht fern von demselben, in der Nähe der Küste, war der Sumpfsee von Lerna, welcher aus dem Mythos des Herakles bekannt ist. Vgl. Paus. II 36, 6. 'Der Bergrücken Pontinos schiebt sich so nahe an das Meer vor, dass für die seinem Fusse entquillenden Gewässer kein Raum mehr ist, um ein Flussthal zu bilden. So entsteht aus diesen Quellen der lernäische Sumpf. — Lerna

ΑΙΣΧΥΛΟΥ

Λέρνης τε κρήνην· βουκόλος δὲ γηγενὴς
ἄκρατος ὀργὴν Ἄργος ὡμάρτει, πυκνοῖς
ὄσσοις δεδορκὼς τοὺς ἐμοὺς κατὰ στίβους.
ἀπροσδόκητος δ' αὐτὸν ἀφνίδιος μόρος   680
τοῦ ζῆν ἀπεστέρησεν. οἰστροπλὴξ δ' ἐγὼ
μάστιγι θείᾳ γῆν πρὸ γῆς ἐλαύνομαι.

κλύεις τὰ πραχθέντ'· εἰ δ' ἔχεις εἰπεῖν ὅ τι
λοιπὸν πόνων, σήμαινε· μηδέ μ' οἰκτίσας
ξύνθαλπε μύθοις ψευδέσιν· νόσημα γὰρ   685
αἴσχιστον εἶναί φημι συνθέτους λόγους.

ΧΟ. ἒα ἔα, ἄπεχε, φεῦ·
οὔποτ' ⟨ὦδ'⟩, οὔποτ' ηὔχουν ξένους
μολεῖσθαι λόγους ἐς ἀκοὰν ἐμὰν,
οὐδ' ὧδε δυσθέατα καὶ δύσοιστα   690
πήματα λύματα δείματα κεν-

selbst war nie ein städtisch bewohnter Ort; der Name bezeichnet entweder die Hauptquelle oder den See oder die ganze Ufergegend' (E. Curtius Peloponnes II S. 366, 371).

678. ἄκρατος, intemperatus, 'nicht gemildert' wie der ungemischte Wein.

680. Sehr passend lässt auch hier der Dichter die nähere Angabe des Vorganges (zu V. 571) bei Seite. ἀπροσδόκητος u. ἀφνίδιος verbunden wie Thuc. II 61 δουλοῖ γὰρ φρόνημα τὸ αἰφνίδιον καὶ ἀπροσδόκητον καὶ τὸ πλείστῳ παραλόγῳ ξυμβαῖνον. Die Form ἀφνίδιος ist von ἄφνω gebildet. Ueber die Auflösung zu V. 2. Die Cäsur ist nicht nach ἀπροσδόκητος δ', sondern nach αὐτὸν anzunehmen.

681. οἰστροπλήξ: Soph. El. 5 τῆς οἰστροπλῆγος ἄλσος Ἰνάχου κόρης. οἰστροπλὴξ μάστιγι passt um so besser zusammen, als auch die Geissel Stachel hatte (zu V. 691).

682. γῆν πρὸ γῆς: Aristoph. Ach. 235 διώκειν γῆν πρὸ γῆς; τὴν πρὸ τῆς ἀκίνεαι, ἵνα χαιρέτω γῆν πρὸ γῆς ὅποι βούλοιτο, φεύγω γῆν πρὸ γῆς in Stellen, welche von Suidas (unter διαβαίνειν, ἴτω u. πρὸ γῆς)

angeführt werden, Luc. Alex. 46 γῆν πρὸ γῆς ἐλαύνεσθαι ὡς ἀσεβῆ, Cic. ad Att. XIV 10 haec et alia ferre non possum; itaque γῆν πρὸ γῆς cogito. Dem Ausdrucke (πρὸ) liegt dieselbe Vorstellung zu Grunde wie der Redensart ἀμείβεσθαι τόπον.

684. Der Schol. vergleicht die Worte des Telemach Od. 8, 9 μηδέ τί μ' αἰδόμενος μειλίσσεο μηδ' ἐλεαίρων, ἀλλ' εὖ μοι κατάλεξον.

685. νόσημα αἴσχιστον: vgl. V. 1009 u. Eur. Or. 10 ἀκόλαστον ἔσχε γλῶσσαν, αἰσχίστην νόσον.

686. Vgl. Π. 9, 312 ἐχθρὸς γάρ μοι κεῖνος ὁμῶς Ἀίδαο πύλῃσιν, ὃς χ' ἕτερον μὲν κεύθῃ ἐνὶ φρεσίν, ἄλλο δὲ εἴπῃ. — συνθέτους λόγους, composita dicta bei Accius.

688. ηὔχουν: vgl. V. 338, Ag. 506 οὐ γάρ ποτ' ηὔχουν τῇδ' ἐν Ἀργείᾳ χθονὶ θανὼν μεθέξειν φιλτάτου τάφου μέρος, Suppl. 329 ὡς πόχει τῇδ' ἀνέλπιστον φυγὴν μέλουσιν ἐς Ἄργος, Eur. Hel. 1619 οὔκ ἄν ποτ' ηὔχουν οὔτε σ' οὔθ' ἡμᾶς λαθεῖν Μενέλαον, Heracl. 931 οὐ γάρ ποτ' ηὔχει χεῖρας ἵξεσθαι σέθεν.

691 f. πήματα λύματα δείματα:

ΠΡΟΜΗΘΕΥΣ ΔΕΣΜΩΤΗΣ. 89

τρῷ ψύχειν ψυχὰν ἀμφάκει.
ἰὼ ἰὼ μοῖρα μοῖρα,
πέφριχ' εἰσιδοῦσα πρᾶξιν Ἰοῦς. 695

ΠΡ. πρῴ γε στενάζεις καὶ φόβου πλέα τις εἶ·
ἐπίσχες ἔς τ' ἂν καὶ τὰ λοιπὰ προσμάθῃς.
ΧΟ. λέγ', ἐκδίδασκε· τοῖς νοσοῦσί τοι γλυκὺ
τὸ λοιπὸν ἄλγος προὐξεπίστασθαι τορῶς.

ΠΡ. τὴν πρίν γε χρείαν ἠνύσασθ' ἐμοῦ πάρα 700
κούφως· μαθεῖν γὰρ τῆσδε πρῶτ' ἐχρῄζετε
τὸν ἀμφ' ἑαυτῆς ἆθλον ἐξηγουμένης·
τὰ λοιπὰ νῦν ἀκούσαθ', οἷα χρὴ πάθη
τλῆναι πρὸς Ἥρας τήνδε τὴν νεάνιδα.

σύ τ', Ἰνάχειον σπέρμα, τοὺς ἐμοὺς λόγους 705
θυμῷ βάλ', ὡς ἂν τέρματ' ἐκμάθῃς ὁδοῦ.

der Gleichklang in den Endungen der Worte ist ebenso gewählt wie nachher die Alliteration ψύχειν ψυχάν, vgl. V. 480, 989, Eur. Or. 1302 φονεύετε, καίνετε, ὄλλυτε. — ἀμφάκει κέντρῳ: vgl. Ag. 642 διπλῇ μάστιγι τὴν Ἄρης φιλεῖ. Der Treibstachel (zu V. 323) hatte zwei κέντρα: Soph. Ai. 242 καὶ κ μάστιγι διπλῇ, O. R. 809 διπλοῖς κέντροισι, frgm. 137 μάσθλητα δίγονον. — Wegen der Wirkung ψύχειν ('durchschauern', nachher πέφρικα, Plaut. Pseud. 1215 mihi .. ille .. cor perfrigefacit) u. zu dem Ganzen vgl. Eum. 155 ἐμοὶ δ' ὄνειδος ἐξ ὀνειράτων μολὸν ἔτυψεν δίκαν διφρηλάτου μεσολαβεῖ κέντρῳ ὑπὸ φρένας, ὑπὸ λοβόν. πάρεστι μαστίκτορος δαμίου βαρὺ τὸ περίβαρυ κρύος ἔχειν. — Bei dem infin. praes. ψύχειν (nach μολεῖσθαι) hat sich der Gedanke an den augenblicklichen Zustand geltend gemacht.
695. πρᾶξιν, τὸ πεπραγμένα: Soph. Trach. 161 τὴν αὑτοῦ σκοπῶν πρᾶξιν, 293 ἀνδρὸς εὐτυχῆ κλύουσα πρᾶξιν τήνδε, Ai. 790 ἥμει φέρων Αἴαντος ἡμῖν πρᾶξιν ἥν ἤλγησ' ἐγώ, Ant. 1304 λοίσθιον δέ σοι κακὰς πράξεις ἐφυμνήσασα.

696. πρῴ, mature, 'vor der Zeit': Soph. Trach. 630 δίδοικα γὰρ μὴ πρῴ λέγοις ἂν τὸν πόθον τὸν ἐξ ἐμοῦ, πρὶν εἰδέναι τἀκεῖθεν εἰ ποθούμεθα, Plat. Parm. 135 C πρῴ γάρ, πρὶν γυμνασθῆναι, ὁρίζεσθαι ἐπιχειρεῖς καλόν τε τί καὶ δίκαιον καὶ ἀγαθόν.
698. λέγ', ἐκδίδασκε: vgl. V. 608 u. zu V. 56.
700. ἐμοῦ πάρα κούφως, weil es der Io oblag (V. 635) den Wunsch zu erfüllen.
701. Vgl. V. 632 f.
702. τὸν ἀμφ' ἑαυτῆς ἆθλον d. i. ἀμφ' ἑαυτῆς τὸν ἑαυτῆς ἆθλον ἐξηγουμένης nach Analogie der bei ἐξ, ἀπό u. παρά häufigen s. g. Attraction vgl. Ag. 538 πρέσβυς Ἀχαιῶν χαῖρε τῶν ἀπὸ στρατοῦ, Cho. 507 τὸν ἐκ βυθοῦ κλωστῆρα σῴζοντες ἴσον, Krüger I § 50, 8, 10.
706. θυμῷ βάλε: vgl. das homerische σὺ δ' ἐνὶ φρεσὶ βάλλεο σῇσι (anders Od. 1, 200 ὡς ἐνὶ θυμῷ ἀθάνατοι βάλλουσι); zu dem Dativ Sept. 1048 χώραν τήνδε κινδύνῳ βαλεῖν, Soph. Phil. 67 λύπην πᾶσιν Ἀργείοις βαλεῖς, Eur. Phoen. 1535 σκότον ὄμμασι σοῖσι βαλών.

πρῶτον μὲν ἐνθένδ' ἡλίου πρὸς ἀντολὰς
στρέψασα σαυτὴν στεῖχ' ἀνηρότους γύας·
Σκύθας δ' ἀφίξει νομάδας, οἳ πλεκτὰς στέγας
πεδάρσιοι ναίουσ' ἐπ' εὐκύκλοις ὄχοις,   710
ἑκηβόλοις τόξοισιν ἐξηρτυμένοι·
οἷς μὴ πελάζειν, ἀλλὰ γυῖ' ἁλιστόνοις
χρίμπτουσα ῥαχίαισιν ἐκπερᾶν χθόνα.
λαιᾶς δὲ χειρὸς οἱ σιδηροτέκτονες

708. στρέψασα (nicht bloss τρέψασα), weil Io sich von Prometheus ab zur Seite wendet. — στεῖχε γύας vgl. V. 637, Sept. 466 κλίμακος προσαμβάσεις στείχει, in Prosa πορεύεσθαι πεδίον u. dgl., Krüger II § 46, 7, 2. — Die folgende geographische Darstellung, aus Wahrheit u. Dichtung gemischt, beruht auf unbestimmten und unsicheren Nachrichten und Erzählungen der Kaufleute, welche den Handel von den hellenischen Colonien am schwarzen Meere in die nördlichen Gegenden unterhielten. Erst Herodot brachte den Griechen bestimmtere u. zuverlässigere Kunde über Land u. Leute nördlich vom Pontus.
709. Σκύθας νομάδας: Hippocr. de aëre 93 νομάδες δὲ καλεῦνται, ὅτι οὐκ ἔστι σφι οἰκήματα, ἀλλ' ἐν ἀμάξῃσι οἰκεῦσι· αἱ δὲ ἄμαξαί εἰσι αἱ μὲν ἐλάχισται τετράκυκλοι, αἱ δὲ ἐξάκυκλοι· αὗται δὲ πίλοισι περιπεφραγμέναι· εἰσὶ δὲ καὶ τετεγασμέναι ὥσπερ οἰκήματα, τὰ μὲν διπλᾶ, τὰ δὲ τριπλᾶ· ταῦτα δὲ καὶ στεγνὰ πρὸς ὕδωρ καὶ πρὸς χιόνα καὶ πρὸς τὰ πνεύματα, Hesiod bei Strabo p. 202 γλακτοφάγων εἰς γαῖαν ἀπήναις οἶκί' ἐχόντων, Herod. IV 46 τοῖσι γὰρ μήτε ἄστεα μήτε τείχεα ᾖ ἐκτισμένα, ἀλλὰ φερέοικοι ἐόντες πάντες ἔωσι ἱπποτοξόται, ζώοντες μὴ ἀπ' ἀρότρου, ἀλλ' ἀπὸ κτηνέων, οἰκήματά τέ σφι ᾖ ἐπὶ ζευγίων, κῶς οὐκ ἂν εἴησαν οὗτοι ἄμαχοί τε καὶ ἄποροι προσμίσγειν; Nach Herodot IV 19 wohnten diese Scythen am Carcinitischen Meerbusen ('todten Meere'): τὸ δὲ πρὸς ἠῶ τῶν γεωργῶν τούτων Σκυθέων (am Borysthenes),

διαβάντι τὸν Παντικάπην ποταμόν, νομάδες ἤδη Σκύθαι νέμονται, οὔτε τι σπείροντες οὐδὲν οὔτε ἀροῦντες. Aber erst Herodot hat ihre Wohnsitze so bestimmt: Aeschylus denkt sich dieselben im Norden nahe am Ocean, vgl. Strabo p. 492 τὸ πρῶτον μέρος [ἐκ τῶν πρὸς ἄρκτον μερῶν καὶ τὸν Ὠκεανὸν Σκυθῶν τινες νομάδες καὶ ἁμάξοικοι, Plin. H. N. VI 20, 53 inhabitabilis prima pars a Scythico promuntorio ob nives, proxima inculta saevitia gentium. Anthropophagi Scythae insident humanis corporibus vescentes; ideo iuxta vastae solitudines.
712. πελάζειν — ἐκπερᾶν: vgl. Eum. 1007 τὸ μὲν ἀτηρὸν χώρας κατέχειν, τὸ δὲ κερδαλέον πέμπειν, Krüger I § 55, 1, 5 u. II § 55, 1, 3.
713. χρίμπτουσα vor ῥ: zu V. 1023. ῥαχία: κυρίως δὲ πᾶς ὁ πετρώδης αἰγιαλὸς ῥαχία καλεῖται Et. M. p. 702, 51.
714. Entweder sind zwischen V. 713 u. 714 Verse ausgefallen, in denen eine weitere Gegend genannt war, welche Io wieder mehr vom Ocean sich entfernend aufsuchen solle, oder man muss sich denken, Io mache nur eine Wendung und einen Umweg um das Land der nomadischen Scythen, so dass sie am Ende wieder in derselben Entfernung vom Meere ist wie vorher u. immerhin die Chalyber zur Linken haben kann. Den Weg vom Ocean zum Kaukasus findet Io dadurch, dass sie den Fluss Hybristes entlang geht, der am Kaukasus entspringen und wahrscheinlich in den Ocean münden soll (V. 717).

ΠΡΟΜΗΘΕΤΣ ΔΕΣΜΩΤΗΣ. 91

οἰκοῦσι Χάλυβες, οὓς φυλάξασθαί σε χρή. 715
ἀνήμεροι γὰρ οὐδὲ πρόσπλατοι ξένοις.
ἥξεις δ᾽ Ὑβρίστην ποταμὸν οὐ ψευδώνυμον,
ὃν μὴ περάσῃς, οὐ γὰρ εὔβατος περᾶν,
πρὶν ἂν πρὸς αὐτὸν Καύκασον μόλῃς, ὁρῶν
ὕψιστον, ἔνθα ποταμὸς ἐκφυσᾷ μένος 720
κροτάφων ἀπ᾽ αὐτῶν. ἀστρογείτονας δὲ χρὴ
κορυφὰς ὑπερβάλλουσαν ἐς μεσημβρινὴν
βῆναι κέλευθον, ἔνθ᾽ Ἀμαζόνων στρατὸν
ἥξεις στυγάνορ᾽, αἳ Θεμίσκυράν ποτε

— Ueber den Genet. λαιᾶς (ἀριστεράς) χειρὸς u. a. Krüger II § 46, 1, 3 u. Schneidewin-Nauck zu Soph. El. 900.
715. In unserem Stücke findet sich ein Tribrachys im zweiten Fusse nur hier, vgl. zu V. 2. Die Eigenthümlichkeit des Stoffes u. die grosse Zahl der Eigennamen veranlassten in dieser Schilderung zahlreichere Auflösungen als in anderen Theilen dieses Stückes (V. 717, 720, 721, 722, 729, 730, 735, 788, 793, 796, 805, 809, 811, 840, 847, 849, 851, 869). — Χάλυβες: Aeschylus nimmt die Wohnsitze der Chalyber, welche sonst südlich vom schwarzen Meere angegeben werden (Herod. 1 28, Strabo p. 678), im nördlichen Scythien an, weil er die Chalyber als Scythen betrachtet (Sept. 728 Χάλυβος Σκυθῶν ἄποικος) und ihr Land für gleich hält mit der Gegend, aus welcher der scythische Stahl kam (vgl. V. 301) — in Wirklichkeit war dies die Gegend des Ural.
717. Ὑβρίστην ποταμόν: Der Schol. bemerkt: τὸν Ἀράξην, παρὰ τὸ ἀράσσειν καὶ ἠχεῖν τὰ κύματα αὐτοῦ. Die alten Erklärer, welche ὑβριστὴν lasen, meinten also, der Dichter habe unter dem 'rücksichtslosen Strome' den Araxes verstanden wegen der Ableitung des Namens von ἀράσσειν (vgl. Eustath. zu Dionys. Perieg. 739 τοῦ δὲ Μασσαγετικοῦ τούτου Ἀράξου μέμνηται καὶ Αἰσχύλος καὶ ἀρέσκεται καὶ ἐκεῖνος ἀπὸ τοῦ ἀράσσειν καλεῖσθαι αὐτόν). Ueber die Vorstellung des Aeschylus zu V. 714.
718. εὔβατος περᾶν: zu V. 766.
719. πρὸς αὐτὸν Καύκασον ἔνθα ποταμὸς ἐκφυσᾷ μένος d. i. πρὸς αὐτὸν τὸν τοῦ Καυκάσου τόπον ἔνθα ποταμὸς ἐκφυσᾷ μένος 'bevor du zur Quelle selbst auf der Höhe des Kaukasus gelangt bist': αὐτὸν gehört dem Sinne nach zu ἔνθα ποταμὸς ἐκφυσᾷ μένος u. es wird damit die Quelle dem weiteren Laufe des Flusses entgegengesetzt. Der Dichter scheint sich die Lage des Kaukasus südöstlich von dem Standort des Prometheus n. wie aus dem folgenden hervorgeht, nördlich vom asowschen u. schwarzen Meere gedacht zu haben.
722 f. ὑπερβάλλουσαν (nicht ὑπερβαλοῦσαν), weil die Richtung schon im Uebersteigen gewonnen werden soll. — Ἀμαζόνων: vgl. V. 416.
724. Θεμίσκυραν — ἀμφὶ Θερμώδοντα: Die Sage kennt die Heimat der Amazonen theils am Flusse Thermodon besonders in der Stadt Themiskyra (Strabo p. 505 τὴν δὲ Θεμίσκυραν καὶ τὰ περὶ τὸν Θερμώδοντα πεδία καὶ τὰ ὑπερκείμενα ὄρη ἅπαντα Ἀμαζόνων καλοῦσι καί φασιν ἐξελαθῆναι αὐτὰς ἐνθένδε) theils im Scythenlande am Asowschen Meer u. am Tanais. Die erstere Wendung der Sage ist seit Homer die gewöhnlichere und le-

ΑΙΣΧΥΛΟΥ

κατοικοῦσιν ἀμφὶ Θερμώδονθ', ἵνα 725
τραχεῖα πόντου Σαλμυδησσία γνάθος
ἐχθρόξενος ναύταισι, μητρυιὰ νεῶν·
αὗταί σ' ὁδηγήσουσι καὶ μάλ' ἀσμένως.

ἰσθμὸν δ' ἐπ' αὐταῖς στενοπόροις λίμνης πύλαις
Κιμμερικὸν ἥξεις, ὃν θρασυσπλάγχνως σε χρὴ 730
λιποῦσαν αὐλῶν' ἐκπερᾶν Μαιωτικόν·
ἔσται δὲ θνητοῖς εἰσαεὶ λόγος μέγας
τῆς σῆς πορείας, Βόσπορος δ' ἐπώνυμος
κεκλήσεται. λιποῦσα δ' Εὐρώπης πέδον
ἤπειρον ἥξεις Ἀσιάδ'. ἆρ' ὑμῖν δοκεῖ 735

kanntere. Einem Widerspruche mit ihr entgeht der Dichter durch die Annahme einer späteren Auswanderung. Umgekehrt kommen Herod. IV 110 die Amazonen vom Thermodon an das Asowsche Meer. — Zu στυγάνορα vgl. Suppl. 287 καὶ τὰς ἀνάνδρους κρεοβόρους τ' Ἀμαζόνας.
725. ἵνα — Σαλμυδησσία γνάθος gibt nicht eine nähere Bestimmung zu Θερμώδοντα, sondern zu der ganzen Angabe der Wohnsitze der Amazonen, um ihnen eine weitere Ausdehnung beizulegen ('um den Thermodon bis dahin, wo'), vielleicht in Rücksicht auf Il. 3, 187 οἵ ῥα τότ' ἐστρατόωντο παρ' ὄχθας Σαγγαρίοιο.. ἤματι τῷ ὅτε τ' ἤλθον Ἀμαζόνες ἀντιάνειραι u. ohne Beachtung oder Kenntniss der bedeutenden Entfernung; denn Salmydessos ist nach Strabo p. 319 ἔρημος αἰγιαλὸς καὶ λιθώδης, ἀλίμενος, ἀναπεπταμένος πολὺς πρὸς τοὺς βορέας σταδίων ὅσον ἑπτακοσίων μέχρι Κυανέων τὸ μῆκος (von der Landspitze Thynias bis zum Thrakischen Bosporus). Vgl. Soph. Ant. 966 παρὰ δὲ κυανέων σπιλάδων διδύμας ἁλὸς ἀκταὶ Βοσπόριαι ἴδ' ὁ Θρῃκῶν Σαλμυδησσός, Xenoph. Anab. VII 5, 12 Σαλμυδησσόν, ἔνθα τῶν εἰς τὸν Πόντον πλεουσῶν νεῶν πολλαὶ ὀκέλλουσι καὶ ἐκπίπτουσι· τέναγος γάρ ἐστιν ἐπὶ παμπολὺ τῆς θαλάττης.
727. μητρυιά: vgl. Hes. O. D.

825 ἄλλοτε μητρυιῇ πέλει ἡμέρῃ, ἄλλοτε μήτηρ.
728. μάλ' ἀσμένως: στυγάνορες ἀστεργάνορα (V. 808).
729. λίμνης (Μαιώτιδος) durch das folgende genauer bestimmt vgl. V. 864.
730. Κιμμερικόν: der einzige Daktylus im ersten Fusse, der in unserem Stücke vorkommt vgl. zu V. 19.
731. αὐλῶνα (eigentlich 'Thalgrund') vom Meere auch Soph. Trach. 100 ποντίας αὐλῶνας. Hier ist der Sund des Bosporus gemeint (nicht das Asowsche Meer selbst).
733. Βόσπορος: die Etymologie βοὸς πόρος (τῆς σῆς πορείας) bestimmte in der Sage zum Theil die Richtung der Irren der Io. In Wirklichkeit war z. B. der Thracische Bosporus, welcher vorzugsweise seinen Namen dem Uebergang der Io verdanken sollte, nach der Göttin Ἑκάτη Φωσφόρος (dialektisch Βοσπόρος) welche dort verehrt wurde, benannt.
734. λιποῦσα δ' Εὐρώπης πέδον: der Kimmerische Bosporus galt als Grenze von Europa u. Asien, vgl. V. 790. Alle bisher genannten Oertlichkeiten werden als zu Europa gehörig betrachtet (vgl. zu V. 631).
735. ἆρ' ὑμῖν δοκεῖ: ἆρα zuversichtlich für ἆρ' οὔ (wie -ne für nonne): vgl. Soph. O. R. 822 ἆρ' ἔφυν κακός, ἆρ' οὐχὶ πᾶς ἄναγνος, O. C. 753 ἆρ' ἄθλιον τοὔνειδος

ὁ τῶν θεῶν τύραννος ἐς τὰ πάνθ' ὁμῶς
βίαιος εἶναι; τῇδε γὰρ θνητῇ θεὸς
χρῄζων μιγῆναι τάσδ' ἐπέρριψεν πλάνας.
πικροῦ δ' ἔκυρσας, ὦ κόρη, τῶν σῶν γάμων
μνηστῆρος. οὓς γὰρ νῦν ἀκήκοας λόγους, 710
εἶναι δόκει σοὶ μηδέπω 'ν προοιμίοις.

ΙΩ. ἰώ μοί μοι.
ΠΡ. σὺ δ' αὖ κέκραγας κἀναμυχθίζει· τί που
δράσεις, ὅταν τὰ λοιπὰ πυνθάνῃ κακά;
ΧΟ. ἦ γάρ τι λοιπὸν τῇδε πημάτων ἐρεῖς; 715
ΠΡ. δυσχείμερόν γε πέλαγος ἀτηρᾶς δύης.

ΙΩ. τί δῆτ' ἐμοὶ ζῆν κέρδος, ἀλλ' οὐκ ἐν τάχει
ἔρριψ' ἐμαυτὴν τῆσδ' ἀπὸ στύφλου πέτρας,
ὅπως πέδοι σκήψασα τῶν πάντων πόνων
ἀπηλλάγην; κρεῖσσον γὰρ εἰσάπαξ θανεῖν 720
ἢ τὰς ἁπάσας ἡμέρας πάσχειν κακῶς.

ΠΡ. ἦ δυσπετῶς ἂν τοὺς ἐμοὺς ἄθλους φέροις,
ὅτῳ θανεῖν μέν ἐστιν οὐ πεπρωμένον·
αὕτη γὰρ ἦν ἂν πημάτων ἀπαλλαγή·
νῦν δ' οὐδέν ἐστι τέρμα μοι προκείμενον 725
μόχθων, πρὶν ἂν Ζεὺς ἐκπέσῃ τυραννίδος.

ὠνείδισ' εἰς, οὗ κἀμὲ καὶ τὸ πᾶν
γένος; 780 ἆρ' ἂν ματαίου τῆσδ'
ἂν ἡδονῆς τύχοις; Krüger I § 69, 9.
738. ὁμῶς, ὁμοίως: Eum. 387
δυσοδοπαίπαλα δερχομένοισι καὶ
δυσομμάτοις ὁμῶς, 695 τό τ' ἦμαρ
καὶ κατ' εὐφρόνην ὁμῶς, Il. 1, 209
ἄμφω ὁμῶς θυμῷ φιλέουσά τε
κηδομένη τε.
741. ἐν προοιμίοις εἶναι wie ἐν
τισιν ἀριθμεῖσθαι 'zu den προοίμια
gehören, als προοίμια gelten'. Vgl.
Pers. 435 εὖ νῦν τόδ' ἴσθι μηδέπω
μεσοῦν κακόν, Eur. Med. 60 ἐν
ἀρχῇ πῆμα κοὐδέπω μεσοῖ. Ueber
die Aphäresis Krüger II § 14, 9, 6.
745. τῇδε gehört zu λοιπόν.
746. vgl. Sept.758 κακῶν δ' ὥσπερ
θάλασσα κῦμ' ἄγει· τὸ μὲν πίτνον,
ἄλλο δ' ἀείρει τρίζαλον κτλ., Suppl.
470 ἄτης ἄβυσσον πέλαγος .. ἐσέ-
βηκα κοὐδαμοῦ λιμὴν κακῶν.
747. vgl. Eur. Med. 145 τί δέ
μοι ζῆν ἔτι κέρδος; 798 ἴτω· τί μοι
ζῆν κέρδος;
748. στύφλον ἢ στυφελόν· τραχύ,
σκληρόν Hesych. vgl. Pers. 303
στύφλους παρ' ἀκτάς, 964 στυφελοῦ
ἐκ' ἀκτᾶς.
749. ὅπως ἀπηλλάγην: zu V. 137.
764. Zu dem Gedanken vgl. Soph.
Trach. 1173 τοῖς γὰρ θανοῦσι μόχ-
θος οὐ προσγίγνεται, El. 1170 τοὺς
γὰρ θανόντας οὐχ ὁρῶ λυπουμέ-
νους.
755. νῦν δέ, nunc vero, nach
dem Gedanken εἰ θανεῖν πεπρω-
μένον ἦν, αὕτη ἦν ἂν πημάτων
ἀπαλλαγή. — Vgl. V. 257.
756. πρὶν ἂν ἐκπέσῃ τυραννίδος
heisst es hier, anders als V. 258,
um endlich den Schleier des öfters
angedeuteten Geheimnisses etwas
zu lüpfen u. die Gefahr, die dem
Zeus drohe, näher zu bezeichnen.
In Wahrheit ist dort πλὴν ὅταν

ΙΩ. ἦ γάρ ποτ' ἔστιν ἐκπεσεῖν ἀρχῆς Δία;
ΠΡ. ἥδοι' ἄν, οἶμαι, τήνδ' ἰδοῦσα συμφοράν.
ΙΩ. πῶς δ' οὐκ ἄν, ἥτις ἐκ Διὸς πάσχω κακῶς;
ΠΡ. ὡς τοίνυν ὄντων τῶνδε γηθῆσαι πάρα. 760
ΙΩ. πρὸς τοῦ τύραννα σκῆπτρα συληθήσεται;
ΠΡ. πρὸς αὐτὸς αὑτοῦ κενοφρόνων βουλευμάτων.
ΙΩ. ποίῳ τρόπῳ; σήμηνον, εἰ μή τις βλάβη.
ΠΡ. γαμεῖ γάμον τοιοῦτον ᾧ ποτ' ἀσχαλᾷ.
ΙΩ. θέορτον ἢ βρότειον'; εἰ ῥητὸν, φράσον. 765
ΠΡ. τί δ' ὄντιν'; οὐ γὰρ ῥητὸν αὐδᾶσθαι τόδε.

καίνῳ δοκῇ richtiger und dem Erfolge entsprechender gesagt, während *ἐκπεσεῖν τυραννίδος* eine bloße Möglichkeit ist, welche nicht in Erfüllung geht.
760. *γηθῆσαι* eine epische Form, vgl. *πιθήσασα* Cho. 618, oben V. 122, 508, 626, 669.
761. *τύραννα σκῆπτρα*: vgl. Soph. Ant. 1169 *τύραννον σχῆμα*, Eur. Andr. 3 *τύραννον ἑστίαν*, Hipp. 843 *τύραννος δῶμα*. *τύραννος* ist wie *δοῦλος*, *κασίγνητος*, *γέρων* u. wie die Völkernamen ein Wort, dessen Bedeutung zwischen Substantiv u. Adjektiv schwankt. Vgl. Ag. 750 *γέρων λόγος*, frgm. 817 *γέρον γράμμα* (Catull. 68, 46 charta loquatur anus), frgm. 338 *κάπηλα τεχνήματα*.
762. *πρὸς αὐτὸς αὑτοῦ*: das Metrum würde die Stellung *αὐτὸς πρὸς αὐτοῦ* vertragen, aber die Zusammenstellung von *αὐτὸς αὐτοῦ* schärft den Gedanken u. die Ironie des Gedankens: vgl. zu V. 19 u. Ag. 836 *τοῖς τ' αὑτὸς αὑτοῦ πήμασιν βαρύνεται*, Soph. Aj. 1132 *τούς γ' αὐτὸς αὑτοῦ πολεμίους*, O. C. 929 *σὺ δ' ἀξίαν οὐκ οὖσαν αἰσχύνεις πόλιν τὴν αὑτὸς αὑτοῦ*, 1356 *τὸν αὐτὸς αὑτοῦ πατέρα ἐὼν ἀπήλασας*, Timokles Com. III p. 593 *τὰς αὐτὸς αὑτοῦ συμφοράς ῥᾷον φέρει*, Philemon Com. IV p.50 *τοὺς αὑτὸς αὑτοῦ βούλεθ' ὑγιαίνειν φίλους*, in dem von dem Paroemiographen Makarius VIII 16 (II p.

216 ed. Leutsch) angeführten Verse *τὴν αὐτὸς αὑτοῦ ⟨νῦν⟩ θύραν κρούεις λίθῳ*, Habr. 56, 9 *τά γ' αὑτὸς αὑτοῦ κἄς τις εὐπρεπὴ κρίνει*; ebenso in der Prosa wie Aeschin. 3, 233 *κατελίπετεν τὴν αὑτὸς αὑτοῦ δυναστείαν* (in anderen Handschriften die gewöhnliche Stellung *αὑτὸς τήν*), [Plat.] Alcib. II p. 144 C *οὐδὲ τὴν ὁτουοῦν μητέρα διενοεῖτο ἀποκτεῖναι, ἀλλὰ τὴν αὑτὸς αὑτοῦ*, Nikostrat. bei Stob. flor. 70, 12 *εἴ γε μέλλει τις ... ἡδέως ... εἰς τὴν οἰκίαν τὴν αὑτὸς αὑτοῦ εἰσελεύσεσθαι*, Parthen. 3 *πρὸς τῆς αὑτὸς αὑτοῦ γενεᾶς τραφείς*, Aristid. I p. 128 *σαγηνεύων τὴν ἀρχὴν τὴν αὑτὸς αὑτοῦ*, II p. 148 *ὁ δ' ἀφ' ἑστίας ἀρξάμενος τῆς αὑτὸς αὑτοῦ τὸ σύμμετρον ᾑρεῖτο πρὸ τοῦ πλέονος*, und bei Ovid. am. I 7, 26 valui poenam fortis in ipse meam, ars amat. III 668 indicio prodor ab ipse meo u. a.
763. *εἰ μή τις βλάβη*: vgl. V. 196.
764. *ἀσχαλᾷ*: zu V. 171, Krüger II § 53, 1, 1, vgl. Eur. Phoen. 833 *οὐ γὰρ οἷδ' εἴ μοι προσειπεῖν αὔθις ἔσθ' ὑμᾶς ποτε*.
765. *Θέορτον*: vgl. V. 116.
766. *τί δ' ὄντιν'*: vgl. Soph. O. R. 1056 *τί δ' ὄντιν' εἶπες ὄντινα* bezieht sich auf die Frage *θέορτον ἢ βρότειον*: *τί δ'* ("was soll es mit der Frage'), *ὄντινα γάμον γαμεῖ*; — *γάρ*: weil *τί δ' ὄντιν'*; eine Abweisung enthält. — *ῥητὸν αὐδᾶσθαι*: vgl. Aristoph. Av. 1715 *οὔ φατὸν λέγειν*, Orph. Arg. 931 *οὔ φατὸν*

ΙΩ. ἦ πρὸς δάμαρτος ἐξανίσταται θρόνων;
ΠΡ. ἦ τέξεταί γε παῖδα φέρτερον πατρός.
ΙΩ. οὐδ᾽ ἔστιν αὐτῷ τῆσδ᾽ ἀποστροφὴ τύχης;
ΠΡ. οὐ δῆτα, πλὴν ἔγωγ᾽ ἂν ἐκ δεσμῶν λυθείς. 770
ΙΩ. τίς οὖν ὁ λύσων ἐστὶν ἄκοντος Διός;
ΠΡ. τῶν σῶν τιν᾽ αὐτὸν ἐκγόνων εἶναι χρεών.

ΙΩ. πῶς εἶπας; ἦ 'μὸς παῖς σ᾽ ἀπαλλάξει κακῶν;
ΠΡ. τρίτος γε γένναν πρὸς δέκ᾽ ἄλλαισιν γοναῖς.
ΙΩ. ἥδ᾽ οὐκέτ᾽ εὐξύμβλητος ἡ χρησμῳδία. 775
ΠΡ. καὶ μηδὲ σαυτῆς ἐκμαθεῖν ζήτει πόνους.

ΙΩ. μή μοι προτείνων κέρδος εἶτ᾽ ἀποστέρει.
ΠΡ. δυοῖν λόγοιν σε θατέρῳ δωρήσομαι.
ΙΩ. ποίοιν πρόδειξον αἵρεσίν τ᾽ ἐμοὶ δίδου.
ΠΡ. δίδωμ᾽· ἑλοῦ γὰρ ἢ πόνων τὰ λοιπά σοι 780

εἶπεῖν, auch Eur. Bacch. 472 ἄρρητ᾽ ἀβακχεύτοισιν εἰδέναι βροτῶν.
768. vgl. Einleit. S. 14; das Wort φέρτερον erinnert an die betreffende Stelle von Pindar (unten zu V. 924).
770. ἄν d. i. πλὴν ἔγωγε ἐκ δεσμῶν λυθείς (s. v. a. 'meine Lösung') ἂν εἴην ἀποστροφή. Die in ἂν liegende Unbestimmtheit betrifft nur die Möglichkeit, dass der andere Fall eintrete u. Zeus von Prometheus nicht gewarnt die verderbliche Heirat eingehe.
771. ὁ λύσων: zu V. 27; das Objekt ergänzt sich von selbst vgl. ebd. u. V. 176, 837, 721, 768, 785. — ἄκοντος Διός bedeutet nicht 'gegen den Willen des Zeus', 'sondern 'ἀναγκαζόμενον Διός', indem Zeus sich darein ergeben muss, um dem drohenden Schicksale zu entgehen vgl. V. 671.
774. ἀπὸ Ἰοῦς Ἔπαφος, οὗ Λιβύη, ἧς Βῆλος, οὗ Δαναός, οὗ Ὑπερμνήστρα ἡ μὴ κτείνασα τὸν Λυγκέα τὸν ὁμόζυγον, ἧς Ἄβας, οὗ Προῖτος, οὗ Ἀκρίσιος, οὗ Δανάη, ἧς Περσεύς, οὗ Ἠλεκτρυών, οὗ Ἀλκμήνη, ἧς Ἡρακλῆς Schol.
775. οὐκέτ᾽ 'nicht mehr' wie das bisher geoffenbarte. εὐξύμβλητος: vgl. ἀξύμβλητον ἀνθρώπῳ

μαθεῖν Soph. Trach. 694, εὐξύμβολον τόδ᾽ ἐστὶ παντὶ δοξάσαι Cho. 170.
776 f. καὶ μηδὲ σαυτῆς —: 'u. auch nicht dein Leid verlange zu erfahren' d. h. 'du verstehst diese Weissagung nicht u. würdest du sie zu erfahren verlangen, so würdest du auch dein eigenes Leid erfahren wollen; denn die Erklärung derselben kann nicht ohne die Verkündigung der dir bevorstehenden Qualen geschehen'. — προτείνων (nicht προτείνας) s. v. a. 'u. beraube mich dann in demselben Augenblicke.'
778. Ueber diese Construction von δωρεῖσθαι vgl. Krüger I § 48, 7, 5.
780. ἑλοῦ γὰρ ἢ —: ἢ — ἤ ist nach homerischer Weise (vgl. Krüger II § 65, 1, 8) in der abhängigen Frage für das gewöhnliche εἰ — ἤ gebraucht, um scharfe Trennung (δυοῖν θατέρῳ) auszudrücken vgl. Cho. 890 εἰδῶμεν ἢ νικῶμεν ἢ νικώμεθα, Soph. O. C. 80 οἵδε γὰρ κρινοῦσί σοι ἢ χρή σε μίμνειν ἢ πορεύεσθαι πάλιν, Eur. Med. 492 οὐδ᾽ ἔχω μαθεῖν ἢ θεοὺς νομίζεις τοὺς τότ᾽ οὐκ ἄρχειν ἔτι ἢ καινὰ κεῖσθαι θέσμ᾽ ἐν ἀνθρώποις τὰ νῦν. — πόνων τὰ λοιπὰ vgl. V.

φράσω σαφηνῶς ἢ τὸν ἐκλύσοντ᾽ ἐμέ.

XO. τούτων σὺ τὴν μὲν τῇδε, τὴν δ᾽ ἐμοὶ χάριν
θέσθαι θέλησον, μηδ᾽ ἀτιμάσῃς λόγου·
καὶ τῇδε μὲν γέγωνε τὴν λοιπὴν πλάνην,
ἐμοὶ δὲ τὸν λύσοντα· τοῦτο γὰρ ποθῶ.   785

ΠΡ. ἐπεὶ προθυμεῖσθ᾽, οὐκ ἐναντιώσομαι
τὸ μὴ οὐ γεγωνεῖν πᾶν ὅσον προσχρῄζετε.
σοὶ πρῶτον, Ἰοῖ, πολύδονον πλάνην φράσω,
ἣν ἐγγράφου σὺ μνήμοσιν δέλτοις φρενῶν.

ὅταν περάσῃς ῥεῖθρον ἠπείροιν ὅρον,   790
πρὸς ἀντολὰς φλογῶπας ἡλιοστιβεῖς
* * * * * *
πόντου περῶσα φλοῖσβον, ἔς τ᾽ ἂν ἐξίκῃ
πρὸς Γοργόνεια πεδία Κισθήνης, ἵνα

634. — Die Stichomythie schliesst mit zwei Versen ab.

782. τούτων (τοῖν χαρίτοιν): der Dual von ὁ, οὗτος, ὅδε, αὐτός, ὅς, ὅστις ist in der älteren attischen Sprache gen. communis.

783. ἀτιμάσῃς (με: zu V. 771) λόγου: vgl. Suppl. 378 τάσδ᾽ ἀτιμάσαι λιτάς, Soph. O. C. 49 μή μ᾽ ἀτιμάσῃς, .. ὧν σε προστρέπω φράσαι, 1273 οὐδ᾽ ἀνταμείβει μ᾽ οὐδέν, ἀλλ᾽ ἀτιμάσας πέμψεις ἄνανδος, Ant. 21 οὐ γὰρ τάφου .. τὸν δ᾽ ἀτιμάσας ἔχει; O. C. 1278 ὡς μή μ᾽ ἄτιμον .. οὕτως ἀφῇ με μηδὲν ἀντειπών ἔπος, O. R. 788 καί μ᾽ ὁ Φοῖβος ὧν μὲν ἱκόμην ἄτιμον ἐξέπεμψεν.

788. πολύδονον: vgl. zu V. 589.

789. ἐγγράφου μνήμοσιν δέλτοις φρενῶν: vgl. Suppl. 179 αἰνῶ φυλάξαι τἀμ᾽ ἔπη δελτουμένας, Eum. 274 δελτογράφῳ δὲ πάντ᾽ ἐπωπᾷ φρενί, Soph. frgm. 535 θὲς δ᾽ ἐν φρενὸς δέλτοισι τοὺς ἐμοὺς λόγους. Cho. 450 τοιαῦτ᾽ ἀκούων ἐν φρεσὶν γράφου, Soph. Phil. 1325 καὶ ταῦτ᾽ ἐπίστω καὶ γράφου φρενῶν ἔσω, Pind. Ol. XI 2 πόθι φρενὸς ἐμᾶς γέγραπται, Paulus Ep. Corinth. II 3, 3 ἐπιστολὴ Χριστοῦ ἐγγεγραμμένη οὐκ ἐν πλαξὶ λιθίναις, ἀλλ᾽ ἐν πλαξὶ καρδίας.

790. ῥεῖθρον (zu der Meerenge) ἠπείροιν ὅρον: zu V. 734.

791. ἀντολὰς ἡλιοστιβεῖς (vgl. Sept. 859 τὰν ἀστιβῆ 'πόλλωσι) Umschreibung für ἀντολὰς ἡλίου. — Die folgenden Oertlichkeiten liegen demnach im Osten, aus welchem Io den Fluss Aethiops entlang (809 ff.) nach Aegypten kommt.

792. πόντου:. damit ist wahrscheinlich das kaspische Meer gemeint, mit dem im Alterthum auch der Aralsee verwechselt wurde.

793. Γοργόνεια erklärt sich aus V. 798 f. Die Heimat der Gorgonen wurde nicht bloss im Westen (Hes. Theog. 274 f.), sondern auch im Osten angenommen, wie der Schol. zu Pind. Pyth. X 72 bezeugt: αἱ δὲ Γοργόνες κατὰ μέν τινας ἐν τοῖς Ἐρυθραίοις μέρεσι καὶ τοῖς Αἰθιοπικοῖς, ἅ ἐστι πρὸς ἀνατολὴν καὶ μεσημβρίαν, κατὰ δέ τινας ἐπὶ τῶν περάτων τῆς Λιβύης ἅ ἐστι πρὸς δύσιν. Im fernen Osten am Ende der Welt müssen wir uns demnach auch die Lage von Kisthene denken, vgl. den wahrscheinlich unsere Stelle parodierenden V. des Komikers Kratinos

ΠΡΟΜΗΘΕΤΣ ΔΕΣΜΩΤΗΣ. 97

αἱ Φορκίδες ναίουσι δηναιαὶ κόραι
τρεῖς κυκνόμορφοι, κοινὸν ὄμμ' ἐκτημέναι, 795
μονόδοντες, ἃς οὔθ' ἥλιος προσδέρκεται
ἀκτῖσιν οὔθ' ἡ νύκτερος μήνη ποτέ.
κέλας δ' ἀδελφαὶ τῶνδε τρεῖς κατάπτεροι,
δρακοντόμαλλοι Γοργόνες βροτοστυγεῖς,
ἃς θνητὸς οὐδεὶς εἰσιδὼν ἕξει πνοάς· 800
τοιοῦτο μέν σοι τοῦτο φρούριον λέγω.

ἄλλην δ' ἄκουσον δυσχερῆ θεωρίαν·
ὀξυστόμους γὰρ Ζηνὸς ἀπραγεῖς κύνας

(bei Harpocration unter Κισθήνη) *κάνθινδ'* ἐπὶ τέρματα γῆς ἥξεις καὶ Κισθήνης ὄρος ὄψει.
794. αἱ Φορκίδες — δηναιαὶ κόραι: vgl. Hes. Theog. 270 Φόρκυι δ' αὖ Κητὼ Γραίας τίκε καλλιπαρῄους ἐκ γενετῆς πολιάς, τὰς δὴ Γραίας καλέουσιν .... Γοργούς θ' αἳ ναίουσι πέρην κλυτοῦ Ὠκεανοῖο.
795. τρεῖς die Zahl, die gewöhnlich genannt wird; Hesiod scheint nur zwei Gräen, Pephredo u. Enyo, anzugehen. 'Schwanengestalt — vielleicht Schwanenleib mit Menschenhaupt — haben sie als Meergottheiten, die auch wie Seevögel im Meere schwimmen, wie man deswegen andere Meergötter auch mit Fischleibern dachte' (Schömann die Hes. Theog. S. 156). — *ἐκτημέναι*: die Form *ἐκτῆσθαι* findet sich Il. 9, 402 u. bei Herodot.
798 f. vgl. frgm. 169 ἃς οὔτε πέμφιξ ἡλίου προσδέρκεται οὔτ' ἀστερωπὸν ὄμμα Λητῴας κόρης. κατέφθον δὲ ὑπὸ γῆν καὶ οὔτε ἥλιοι οὔτε σελήνη ἦσαν θεαταί. Schol.
798 f. ἀδελφαί: vgl. Hesiod a. O. Sie heissen Stheino, Euryale, Medusa. — *δρακοντόμαλλοι*: vgl. Cho. 1048 γυναῖκες αἵδε (die Erinyen) Γοργόνων δίκην .. πεπλεκταμέναι πυκνοῖς δράκουσιν. Zu der Beziehung von *μαλλός* vgl. Eurip. Bacch. 112 κισσάρων μαλλοῖς.
801. φρούριον hier cautio, οἷον φρουρήσασθαι; καταγωγὴν ἣν ὀφείλεις φυλάξασθαι Schol. (φρούριον· προφύλαγμα Hesych) vgl. V. 715, 804, (712, 718, 807).
803. Vgl. zu V. 804, dazu Ktesias Exc. Ind. 12 ἔστι δὲ καὶ χρυσὸς ἐν τῇ Ἰνδικῇ χώρᾳ, οὐκ ἐν τοῖς ποταμοῖς εὑρισκόμενος καὶ πλυνόμενος, ὥσπερ ἐν τῷ Πακτωλῷ ποταμῷ· ἀλλ' ὄρη πολλὰ καὶ μεγάλα, ἐν οἷς οἰκοῦσι γρύπες, ὄρνεα τετράποδα, μέγεθος ὅσον λύκος· σκέλη καὶ ὄνυχες οἷάπερ λέων· τὰ ἐν τῷ ἄλλῳ σώματι πτερά, μέλανα, ἐρυθρὰ δὲ τὰ ἐν τῷ στήθει. δι' αὐτοὺς δὲ ὁ ἐν τοῖς ὄρεσι χρυσὸς πολὺς ὢν γίνεται δυσπόριστος. Solin. c. 13 In Asiaticae Scythiae terrae sunt locupletes, inhabitabiles tamen, nam cum auro et gemmis affluant, Grypes tenent universa, alites ferocissimae et ultra omnem rabiem saevientes, quarum immanitate obsistente ad venas divites accessus difficilis ac rarus est; quippe visos discerpunt veluti geniti ad plectendum avaritiae temeritatem. — Ζηνὸς κύνας als Wächter des Goldes, wie sp. Ag. 607 von der Frau als Wächterin des Hauses γυναῖκα κυνήν .. δωμάτων κύνα heisst; Apoll. Rh. Arg. II 289 nennt die Harpyien μεγάλοιο Διὸς κύνας; vgl. V. 1021, Ag. 136 πτανοῖσιν κυσὶ πατρός. — *ἀπραγεῖς*: Hesych ἀπραγές· δυσχερές, σκληρόν, ὀξύτολον (Bekk. Anecd. p. 369, 17 ἀπρόσμαλον) von ἀπρός u. ἄγη (ζῆλος), 'im höchsten Grade leidenschaftlich, heftig'.

Aeschylus, Prometheus. 7

γρῦπας φύλαξαι, τόν τε μουνῶπα στρατὸν
Ἀριμασπὸν ἱπποβάμον', οἳ χρυσόρρυτον   805
οἰκοῦσιν ἀμφὶ νᾶμα Πλούτωνος πόρου·
τούτοις σὺ μὴ πέλαζε. τηλουρὸν δὲ γῆν

804. μούνωπα (vgl. zu V. 548) στρατὸν Ἀριμασπόν (zu V. 761): Herod. IV 27 οὐνομάζομεν αὐτοὺς σκυθιστὶ Ἀριμασπούς· ἄριμα γὰρ ἓν καλέουσι Σκύθαι, σποῦ δὲ τὸν ὀφθαλμόν (Eustath. zu Dion. Perieg. 31 ἄρι μὲν γὰρ τὸ ἓν σκυθιστί, μασπὸς δὲ ὁ ὀφθαλμός). Diese Etymologie, welche mit der Vorstellung einäugiger Wesen zusammenhängt, stammte wahrscheinlich aus den Ἀριμάσπεια, einem epischen Gedichte des Aristeas, von dem es Herod. IV 13 heisst: ἔφη δὲ Ἀριστέης ὁ Καϋστροβίου ἀνὴρ Προκοννήσιος ποιέων ἔπεα, ἀπικέσθαι ἐς Ἰσσηδόνας φοιβόλαμπτος γενόμενος, Ἰσσηδόνων δ' ὑπεροικέειν Ἀριμασποὺς ἄνδρας μουνοφθάλμους, ὑπὲρ δὲ τούτων τοὺς χρυσοφύλακας γρῦπας, τούτων δὲ τοὺς Ὑπερβορέους κατήκοντας ἐπὶ θάλασσαν. Vgl. Paus. I 24, 6 τούτους τοὺς γρῦπας ἐν τοῖς ἔπεσιν Ἀριστέας ὁ Προκοννήσιος μάχεσθαι περὶ τοῦ χρυσοῦ φησιν Ἀριμασποῖς τοῖς ὑπὲρ Ἰσσηδόνων· τὸν δὲ χρυσὸν ὃν φυλάσσουσιν οἱ γρῦπες ἀνιέναι τὴν γῆν· εἶναι δὲ Ἀριμασποὺς μὲν ἄνδρας μονοφθάλμους πάντας ἐκ γενετῆς, γρῦπας δὲ θηρία λέουσι εἰκασμένα, πτερὰ δὲ ἔχειν καὶ στόμα ἀετοῦ. Die Sage von den Greifen u. Arimaspen geht auf die persisch-indische Sage von den goldgrabenden Ameisen, statt deren Ktesias a. O. Greife nennt, u. den goldjagenden Indern zurück (Herod. III 102); die goldgrabenden Ameisen aber hat man in den Murmelthieren der sandigen Ebenen Tübets wiedererkannt (Lassen Ind. Alterth. I S. 1021ᵇ).

805 f. χρυσόρρυτον: Herod. III 116 πρὸς δὲ ἄρκτον τῆς Εὐρώπης πολλῷ τι πλεῖστος χρυσὸς φαίνεται ἐών· ὅκως μὲν γινόμενος, οὐκ ἔχω οὐδὲ τοῦτο ἀτρεκέως εἶπαι, λέγεται

δὲ ὑπὲκ τῶν γρυπῶν ἁρπάζειν Ἀριμασποὺς ἄνδρας μουνοφθάλμους. Der Fluss Pluton, dessen sonst nirgends Erwähnung gethan wird, scheint ebenso erdichtet zu sein, wie der Hybristes V. 717. Der Name entspricht der Vorstellung von der Gegend. — πόρου: zu V. 582.

807 ff. σὺ theilnahmsvoll. — τηλουρὸν γῆν κελαινὸν φῦλον: der persönliche Accusativ steht als Apposition bei dem Namen des Landes, vgl. Krüger II § 46, 3, 1 u. 2. — κελαινὸν φῦλον ist durch κνημὸς Αἰθίοψ im flg. V. näher bezeichnet. — ἡλίου πηγαῖς: darunter kann nicht der dem Ammon heilige Sonnenquell, welchen Herodot IV 181 beschreibt (ἐπίκλησιν δὲ αὕτη ἡ κρήνη καλέεται ἡλίου, vgl. Quint. Curt. IV 7, 22 aquam solis vocant, Lucret. VI 848 esse apud Hammonis fanum fons luce diurna frigidus, at calidus nocturno tempore fertur), verstanden werden. Vielmehr zeigt Eurip. frgm. 771 Μέροπι τῇσδ' ἄνακτι γῆς, ἣν ἐκ τεθρίπων ἁρμάτων πρώτην χθόνα Ἥλιος ἀνίσχων χρυσέᾳ βάλλει φλογί· καλοῦσι δ' αὐτὴν γείτονες μελάμβροτοι Ἕω φαεννὰς Ἡλίου θ' ἱπποστάσεις, dass die παντοτρόφος λίμνη gemeint ist, welche im Prom. sol. unten frgm. II beschrieben wird, ein See, dessen Wasser Leben u. Segen spendet, der ursprünglich am Himmel gedacht, später aber auf die Erde verlegt wurde, vgl. den homerischen V. (Od. 3, 1) Ἥλιος δ' ἀνόρουσε λιπὼν περικαλλέα λίμνην, οὐρανὸν ἐς πολύχαλκον. — Mit dem erwähnten Fragment des Προμηθεὺς λυόμενος erweist Strabo p. 33, dass nach der alten Anschauung der Griechen der ganze Süden als Aethiopien wie der ganze Norden als Scythien betrachtet

ἥξεις κελαινὸν φῦλον, οἳ πρὸς ἡλίου
ναίουσι πηγαῖς, ἔνθα ποταμὸς Αἰθίοψ.
τούτου παρ' ὄχθας ἕρπ', ἕως ἂν ἐξίκῃ 810
καταβασμόν, ἔνθα Βυβλίνων ὀρῶν ἄπο
ἵησι σεπτὸν Νεῖλος εὔποτον ῥέος.
οὗτός σ' ὁδώσει τὴν τρίγωνον ἐς χθόνα

wurde, und setzt hinzu μηνύει δὲ καὶ Ἔφορος τὴν παλαιὰν περὶ τῆς Αἰθιοπίας δόξαν ... προστίθησι δ' ὅτι μεῖζον ἡ Αἰθιοπία καὶ ἡ Σκυθία· δοκεῖ γάρ, φησί, τὸ τῶν Αἰθιόπων ἔθνος παρατείνειν ἀπ' ἀνατολῶν χειμερινῶν μέχρι δυσμῶν, ἡ Σκυθία δ' ἀντίκειται τούτῳ.
809. ποταμὸς Αἰθίοψ: mit Recht bemerkt hiezu der Schol. ὁ Νεῖλος. Der Name Nil sollte dem Flusse erst von der letzten Katarakte an (s. Anm. zu V. 811) in eigentlicher Weise zukommen, vgl. Solin. 82 demnmque a Cataracte ultimo totus est, ita enim quaedam claustra eius Aegyptii auncupant; relicto tamen hoc post se nomine quo Nigris vocatur, Vitruv VIII 2, 6 pervenit per montes ad catarrhactam ab eaque se praecipitans Nilus appellatur. Aeschylus lässt demnach den Nil unter dem Namen Αἰθίοψ (Nigris) nach damaliger Vorstellung im Osten (Südosten) entspringen (noch dem Alexander u. seinen Begleitern galt der indische Hydaspes als Anfang des Nil), vgl. frgm. 304 γένος μὲν αἰνεῖν ἐκμαθὼν ἐπίσταμαι Αἰθιοπίδος γῆς, ἵνθα Νεῖλος ἑπτάπορος γαίαν κυλίνδει πνευμάτων ἐπομβρίᾳ, ἐν δ' ἥλιος πυρωπὸς ἐκλάμψας χθονὶ τήκει πετραίαν χιόνα· πᾶσα δ' εὐθαλὴς Αἴγυπτος ἁγνοῦ νάματος πληρουμένη φερέσβιον Δήμητρος ἀντέλλει στάχυν.
810. ἕρπ': in der bei den Tragikern häufigen Bedeutung, vgl. unten frgm. IX εὐθεῖαν ἕρπε τήνδε ('die eigenthümliche Bedeutung von ἕρπω, Sanskrit sarpâmi, lat. serpo, scheint die einer gleichmässigen, am Boden sich hinziehenden Bewegung zu sein'. Curtius Gr. Etym. S. 249).

811. καταβασμόν: damit ist die s. g. kleine Katarakte, die zehnte u. letzte gegen Norden (jetzt Schellâl, d. i. Katarakte) gemeint, welche Κατάδουπα hiess, vgl. Herod. II 17 Αἴγυπτον πᾶσαν ἀρξαμένην ἀπὸ Καταδούπων τε καὶ Ἐλεφαντίνης πόλιος, Strabo p. 817 μικρὸν δ' ὑπὲρ Ἐλεφαντίνης ἐστὶν ἡ καταράκτης ..., πετρώδης τις ὀφρύς, ἐπίπεδος μὲν ἄνωθεν ὥστε δέχεσθαι τὸν ποταμόν, τελευτῶσα δ' εἰς κρημνόν, καθ' οὗ καταρρήγνυται τὸ ὕδωρ, Cic. Somn. Scip. sicut ubi Nilus ad ea quae Catadupa nominantur praecipitat ex altissimis montibus. — Βυβλίνων ὀρῶν: ἀπὸ τῆς γινομένης παρ' αὐτοῖς βύβλου ἐκάλεσεν τὰ Βύβλινα ὄρη Schol. Dazu bemerkt Stanley: non absimile vero, namque et Niger perinde ac Nilus 'papyro viget et calamo praeteritur' Solin. 30.

812. σεπτόν: wie in dem oben angegebenen Frgm. ἁγνοῦ νάματος u. V. 434 ἁγνορύταν ποταμῶν, Pers. 497 ῥέεθρον ἁγνοῦ Στρυμόνος. Eur. Iph. T. 401 ῥεύματα σεμνὰ Δίρκας. — Νεῖλος etwa soviel als Νεῖλος γενόμενος 'als Nil'. — εὔποτον ῥέος (vgl. V. 676): Suppl. 561 ὕδωρ τὸ Νείλου νόσοις ἄθικτον, Achilles Tatius IV 18 vom Wasser des Nil: γλυκὺ δὲ πινόμενον ἦν καὶ ψυχρὸν ἐν μέτρῳ τῆς ἡδονῆς; deshalb rief l'escennius Niger den Soldaten, welche Wein verlangten, zu: Nilum habetis et vinum quaeritis? (ut quidem, setzt der Berichterstatter Aelius Spartianus c. 7 hinzu, tanta illius fluminis dulcitudo, ut accolae vina non quaerant).

813. τρίγωνον χθόνα: τὸ καλούμενον Δέλτα Herod. II 13.

Νειλῶτιν, οὗ δὴ τὴν μακρὰν ἀποικίαν,
Ἰοῖ, πέπρωται σοί τε καὶ τέκνοις κτίσαι.   815

τῶν δ' εἴ τί σοι ψελλόν τε καὶ δυσεύρετον,
ἐπαναδίπλαζε καὶ σαφῶς ἐκμάνθανε·
σχολὴ δὲ πλείων ἢ θέλω πάρεστί μοι.

ΧΟ. εἰ μέν τι τῇδε λοιπὸν ἢ παρειμένον
ἔχεις γεγωνεῖν τῆς πολυφθόρου πλάνης,   820
λέγ'· εἰ δὲ πάντ' εἴρηκας, ἡμῖν αὖ χάριν
δὸς ἥνπερ αἰτούμεσθα, μέμνησαι δέ που.

ΠΡ. τὸ πᾶν πορείας ἥδε τέρμ' ἀκήκοεν.
ὅπως δ' ἂν εἰδῇ μὴ μάτην κλύουσά μου,
ἃ πρὶν μολεῖν δεῦρ' ἐκμεμόχθηκεν φράσω,   825
τεκμήριον τοῦτ' αὐτὸ δοὺς μύθων ἐμῶν.

ὄχλον μὲν οὖν τὸν πλεῖστον ἐκλείψω λόγων,
πρὸς αὐτὸ δ' εἶμι τέρμα σῶν πλανημάτων.
ἐπεὶ γὰρ ἦλθες πρὸς Μολοσσὰ γῆς πέδα
τὴν αἰπύνωτόν τ' ἀμφὶ Δωδώνην, ἵνα   830

---

814. *μακρὰν* örtlich ('fern'), nicht zeitlich (bis zur Rückkehr der Danaiden nach Argos).
816. τῶν δὲ: zu V. 234. — ψελλόν: Aristoph. frgm. 636 ψελλόν ἐστι καὶ καλεῖ τὴν ἄρκτον ἄρτον. Vgl. Hesych ψελλός· ὁ τὸ σίγμα παχύτερον λέγων. ψελλίζειν· ἀσήμως λαλεῖν. Bekk. Anecd. p. 116, 18 ψελλός· Αἰσχύλος Προμηθεῖ. τίθεται δὲ τὴν λέξιν ἐπὶ τοῦ σαφῶς μὴ εἰρημένου.
817. Zu der Auflösung im ersten Fusse zu V. 116.
821. Wegen der langen Thesis im fünften Fusse vgl. zu V. 107.
822. *μέμνησαι δέ που* ist in loser Weise dem ἥνπερ αἰτούμεσθα beigeordnet.
823. τὸ πᾶν πορείας τέρμα: zu V. 1 (das ganze Wanderziel = das Ziel der ganzen Wanderung).
827 f. ὄχλον -- τέρμα: übergangen ist die Wanderung von Argos nach Dodona, welche wahrscheinlich über das Ägäische Meer nach Kleinasien (vgl. Suppl. 547 ff.)

u. von da zurück durch den Thracischen Bosporus nach Dodona gehen sollte.
829. *Μολοσσὰ γῆς πέδα*: zu V. 1.
830 ff. *αἰπύνωτον*: Dodona lag am Gebirge Tomaros (Tmaros), an dessen Fuss der Tempel stand. — ἀμφί: vgl. V. 1029, Soph. Ai. 1064 ἀμφὶ χλωρὰν ψάμαθον ἐμβεβλημένος. Der Begriff 'um, herum' bezieht sich auf die Lage des Tempels. — Δωδώνην: Herod. II 52 τὸ γὰρ δὴ μαντήϊον τοῦτο νενόμισται ἀρχαιότατον τῶν ἐν Ἕλλησι χρηστηρίων εἶναι. Es war ein Zeichenorakel, indem anfangs die Σελλοί, später drei Priesterinnen (πέλειαι d. i. πολιαί) das Rauschen einer heiligen Eiche (φηγός) deuteten, vgl. Od. 14, 327 τὸν δ' ἐς Δωδώνην φάτο βήμεναι, ὄφρα θεοῖο ἐκ δρυὸς ὑψικόμοιο Διὸς βουλὴν ἐπακούσαι, Il. 16, 233 Ζεῦ ἄνα Δωδωναῖε Πελασγικέ, τηλόθι ναίων, Δωδώνης μεδέων δυσχειμέρου· ἀμφὶ δὲ Σελλοὶ σοὶ ναίουσ' ὑποφῆται ἀνιπτόποδες χαμαιεῦναι. — αἱ προσ-

μαντεῖα θᾶκός τ' ἐστὶ Θεσπρωτοῦ Διός,
τέρας τ' ἄπιστον, αἱ προσήγοροι δρύες,
ὑφ' ὧν σὺ λαμπρῶς κοὐδὲν αἰνικτηρίως
προσηγορεύθης ἡ Διὸς κλεινὴ δάμαρ, —
[μέλλουσ' ἔσεσθαι] τῶνδε προσσαίνει σέ τι; —   835
ἐντεῦθεν οἰστρήσασα τὴν παρακτίαν
κέλευθον ᾖξας πρὸς μέγαν κόλπον Ῥέας,
ἀφ' οὗ παλιμπλάγκτοισι χειμάζει δρόμοις·
χρόνον δὲ τὸν μέλλοντα πόντιος μυχός,
σαφῶς ἐπίστασ', Ἰόνιος κεκλήσεται,   840
τῆς σῆς πορείας μνῆμα τοῖς πᾶσιν βροτοῖς.

ήγοροι δρύες: vgl. Soph. Trach. 1166 ᾆ τῶν ὀρείων καὶ χαμαικοιτᾶν ἐγὼ Σελλῶν ἐσελθὼν ἄλσος εἰσεγραψάμην πρὸς τῆς πατρῴας καὶ πολυγλώσσου δρυός, Senec. Herc. Oet. 1473 quercus fatidica. — Θεσπρωτοῦ: Eur. Phoen. 982 Θεσπρωτὸν οὖδας . . σεμνὰ Δωδώνης βάθρα. Strabo p. 328 Δωδώνη ταίνυν τὸ μὲν παλαιὸν ὑπὸ Θεσπρωτοῖς ἦν ... καὶ οἱ τραγικοὶ δὲ καὶ Πίνδαρος Θεσπρωτίδα εἰρήκασι τὴν Δωδώνην'. ὕστερον δὲ ὑπὸ Μολοττοῖς ἐλέγετο.
833. λαμπρῶς: vgl. Eum. 797 λαμπρᾷ μαρτύρια καρῇς.
834. ἦ: der Artikel bei der direkten Angabe der Worte des Orakels vgl. Eur. Herc. f. 581 Ἡρακλῆς ὁ καλλίνικος ὃς πάροιθε λέξομαι, Orest. 1140 ὁ μητροφόντης δ' οὐ καλεῖ ταύτην κτανών. — κλεινή: κλεινός('erlaucht')ist ein Beiwort fürstlicher u. adeliger Personen.
835. Statt der interpolierten Worte μέλλουσ' ἔσεσθαι erwartet man dem Gedanken ἆρα μάτην λέγω (vgl. V. 824) ἢ τῶνδε προσσαίνει σέ τι; etwa αἰσθῇ μάταιʼ ἢ τῶνδε προσσαίνει σέ τι; indem Prometheus die genaue Kenntnis der Worte des Orakels als das beste τεκμήριον (V. 828) betrachtet, vgl. Ag. 1194, wo Kasandra sich ihre gründliche Kenntnis der früheren Gräuel des Atridenhauses vom Chore bestätigen lässt: ἥμαρτον ἢ θηρῶ τι τοξότης τις ὡς; ἢ ψευδόμαντίς

εἰμι θυροκόπος φλέδων: — προσσαίνει: ὑπομιμνήσκει σε Schol. 'berührt dich schmeichelnd, erweckt in dir eine holde Erinnerung', vgl. Soph. Ant. 1214 παιδός μοι σαίνει φθόγγος, Eur. Hipp. 862 καὶ μὴν τόποι γε σφενδόνης χρυσηλάτου τῆς οὐκέτ' οὔσης τῆσδε προσσαίνουσί με. Uebrigens steht der Satz parenthetisch.
836. οἰστρήσασα: vgl. Eur. Iph. A. 77 ὁ δὲ καθ' Ἑλλάδ' οἰστρήσας δρόμῳ ὅρκους παλαιοὺς Τυνδάρεω μαρτύρεται.
837. κόλπον Ῥέας: καὶ Ἀπολλώνιος (Argon. IV 327 δὴ ῥα τότε Κρονίην Κάχου ἅλα δ' (κκυριολόντες) Κρονίην ἅλα τὸν Ἰόνιόν φησι. οὕτω γὰρ ἐκαλεῖτο. Schol. — μέγαν: Verg. Aen. III 211 insulae Ionio in magno, dazu Servius: sciendum Ionium sinum esse immensum ab Ionia usque ad Siciliam et huius partes esse Adriaticum, Achaicum, Epiroticum.
838. παλιμπλάγκτοισι: πάλιν bedeutet 'vom Meer ab ins feste Land zurück'. χειμάζει (zu V. 563): das Präsens zeigt an, dass die Ankunft bei Prometheus zu diesem letzten Laufe gehört.
840. Ἰόνιος: eine unrichtige Etymologie. In Ἰόνιος ist hier, wie Eur. Phoen. 208 (Ἰόνιον κατὰ — ἶσα δ' ἀγάλμασι), die erste Silbe kurz. (Io hat bei Ovid. Her. XIV 103 die erste Silbe kurz).
841. τῆς σῆς πορείας, itineris

σημεῖά σοι τάδ' ἐστὶ τῆς ἐμῆς φρενός,
ὡς δέρκεται πλέον τι τοῦ πεφασμένου.
τὰ λοιπὰ δ' ὑμῖν τῇδέ τ' ἐς κοινὸν φράσω,
ἐς ταὐτὸν ἐλθὼν τῶν πάλαι λόγων ἴχνος.   845
ἔστιν πόλις Κάνωβος ἐσχάτη χθονός,
Νείλου πρὸς αὐτῷ στόματι καὶ προσχώματι·
ἐνταῦθα δή σε Ζεὺς τίθησιν ἔμφρονα
ἐπαφῶν ἀταρβεῖ χειρὶ καὶ θιγὼν μόνον.
ἐπώνυμον δὲ τῶν Διὸς γεννημάτων   850
τέξεις κελαινὸν Ἔπαφον· ὃς καρπώσεται

tui, aditus tui (Schütz); anders V. 733 (traiectionis lane).
843. τοῦ πεφασμένου: τοῦ φανεροῦ. Schol.
845. τῶν πάλαι (von der nächsten Vergangenheit wie Ag. 587 ἀπαιόλυξα μὲν πάλαι χαρᾶς ὑπο, ὅτ' ἦλθ' ὁ πρῶτος νύχιος ἄγγελος πυρός) λόγων: vgl. V. 815.
846. ἔστιν πόλις Κάνωβος: in epischer Weise und mit epischer Wendung wird die Schilderung der Oertlichkeit der Beschreibung der Begebenheit vorausgeschickt, vgl. Od. 3, 293 ἔστι δέ τις λισσὴ αἰπεῖά τε εἰς ἅλα πέτρη, Il. 2, 811 ἔστι δέ τις προπάροιθε πόλιος αἰπεῖα κολώνη (bei lateinischen Dichtern est locus); Soph. Trach. 237 ἀκτή τις ἔστ' Εὐβοιῖς, 752 ἀκτή τις ἀμφίκλυστος ἔστιν, Ant. 966 παρὰ δὲ κυανέων σπιλάδων ἀκταὶ Βοσπόριαι ἴδ' ὁ Θρηκῶν Σαλμυδησσός ἵνα κτέ., Eur. Hipp. 1199 ἀκτή τις ἔστι τοῦ πρόσω τῆσδε γῆς, Iph. T. 262 ἦν τις διαρρὼξ κυμάτων πολλῷ σάλῳ κοιλωπὸς ἀγμός, 1450 χῶρός τις ἔστιν Ἀτθίδος πρὸς ἐσχάτοις ὁροις, auch Aesch. Pers. 447. — χθονός: 'ihres Landes', Suppl. 717 οἴακος εὐθυντῆρος ὑστάτου νεώς. Vgl. Suppl. 311 καὶ μὴν Κάνωβον κἀπὶ Μέμφιν ἵκετο (Ἰώ).
847. προσχώματι: τῷ ὑπὸ τοῦ ποταμοῦ ἐπησίᾳ προσθήματι τοῦ χώματος. Schol.
848. τίθησιν: dem Prometheus schwebt die Zukunft wie Gegenwart vor. Vgl. zu V. 109 u. 211. —

ἔμφρονα: weil die Sage geändert ist; nach der gewöhnlichen Sage (zu V. 561) ὁ Ζεὺς ἐπαφησάμενος τῆς Ἰοῦς πάλιν εἰς γυναῖκα μετεμόρφωσε (Schol. zu Eur. Phoen. 678), vgl. Ovid. Met. I 738 vultus capit illa priores fitque quod ante fuit.
849. Das Wort ἐπαφῶν ist gebraucht um der Etymologie des Namens Ἔπαφος willen (vgl. Suppl. 46 ἐπωνυμίᾳ δ' ἐπεκραίνετο μόρσιμος αἰὼν εὐλόγως, Ἔπαφόν τ' ἐγέννασεν); die durch ἐπαφῶν ἀταρβεῖ χειρί angegebene Leichtigkeit und Schmerzlosigkeit der Umwandlung wird noch näher bestimmt durch καὶ θιγὼν μόνον wie Suppl. 576 δίῳ δ' ἀπημάντῳ σθένει καὶ θείας ἐπιπνοίαις παύεται, 1065 Ἰώ ἠμερωάς ἐλύσασ' εὖ χερί παιωνίᾳ κατασχεθῶν, εὐμενεῖ βίᾳ κτίσας, 45 ἐξ ἐπιπνοίας Ζηνὸς ἔφαψιν.
850. In zarter Weise deutet Prometheus dadurch, dass er τῶν Διὸς γεννημάτων für τῆς Διὸς ἐπαφῆς sagt, an, was sich von selbst verstand u. was Suppl. 312 καὶ Ζεὺς γ' ἐφάπτωρ χειρὶ φιτύει γόνον ausdrücklich angegeben wird, wie auch schon oben V. 834 darauf hingewiesen ist. — ἐπώνυμον τῶν Διὸς γεννημάτων bedeutet 'benannt nach der Art u. Weise des γεννᾶν (durch ἐπαφή)', wie es Suppl. 315 Ἔπαφος ἀληθῶς ῥυσίων ἐπώνυμος heisst ('nach der Art der Herstellung durch ἐπαφή').
851. τέξεις: dieselbe Form auch

ΠΡΟΜΗΘΕΤΣ ΔΕΣΜΩΤΗΣ.

ὅσην πλατύρρους Νεῖλος ἀρδεύει χθόνα·
πέμπτη δ' ἀπ' αὐτοῦ γέννα πεντηκοντάπαις
πάλιν πρὸς Ἄργος οὐχ ἑκοῦσ' ἐλεύσεται
θηλύσπορος, φεύγουσα συγγενῆ γάμον   855
ἀνεψιῶν· οἱ δ' ἐπτοημένοι φρένας,
κίρκοι πελειῶν οὐ μακρὰν λελειμμένοι,
ἥξουσι θηρεύοντες οὐ θηρασίμους
γάμους, φθόνον δὲ σωμάτων ἕξει θεός·
Πελασγία δὲ δέξεται θηλυκτόνῳ   860
Ἄρει δαμέντων νυκτιφρουρήτῳ θράσει·
γυνὴ γὰρ ἄνδρ' ἕκαστον αἰῶνος στερεῖ,
δίθηκτον ἐν σφαγαῖσι βάψασα ξίφος·.

V. 862; die mediale V. 768. Da das Metrum hier ebenso gut die mediale gestaltet, so lässt sich aus dieser Stelle entnehmen, dass Aeschylus der aktiven Form den Vorzug gegeben.
852. πλατύρρους: vgl. frgm. 304 ἔνθα Νεῖλος ἑπτάρους [die aufgelöste Form frgm. 280 πλεκτάνην χειμάρροον).
853. πέμπτη: zu V. 774.
854. οὐχ ἑκοῦσα) erklärt durch den Zusatz φεύγουσα ... ἀνεψιῶν.
— ἐλεύσεται: ἐλεύσομαι noch Suppl. 522; sonst kommt bei attischen Dichtern nur εἶμι vor.
855 f. συγγενῆ steht motivierend für φεύγουσα. — ἀνεψιῶν: vgl. Suppl. 320 Δαναός ἀδελφὸς δ' ἔστι πεντηκοντάπαις .. Αἴγυπτος.
— ἐπτοημένοι: Eur. Iph. A. 686 ἔρωτί δ' αὐτὸς ἐπτοάθη, Sappho fr. 2, 5 καὶ γελαίσας ἱμερόεν, τό μοι μὰν καρδίαν ἐν στήθεσιν ἐπτόασεν, Apoll. Rh. I 1232 τοῦ δὲ φρένας ἐπτοίησεν Κύπρις.
857. κίρκοι: in dichterischer Weise ist das Gleichnis ohne comparative Conjunktion beigesetzt. Zu dem Gleichnisse vgl. Suppl. 223 ἐν ἁγνῷ δ' ἐσμὸς ὡς πελειάδων ἵζεσθε κίρκων τῶν ὁμοπτέρων φόβῳ, Il. 22, 139 ἠΰτε κίρκος ὄρεσφιν ἐλαφρότατος πετεεινῶν ῥηϊδίως οἴμησε μετὰ τρήρωνα πέλειαν.
859. φθόνον ἕξει, φθονήσει: vgl. χρείαν ἔχειν oben V. 169, Cho. 481.

Der Sinn ist 'Gott wird ihnen versagen, wornach sie jagen', σωμάτων τῶν παρθένων φθονήσει αὐτοῖς (vgl. V. 584); 'puellarum fructum deus maritis invidebit' (Heyne). Die Ehe wird zwar geschlossen werden, aber es wird eine Bluthochzeit werden.
860. Für δέξεται verlangt Sinn u. Construction den Satzes αἱμάξεται (= αἱμαχθήσεται; vgl. Ag. 1689 θανάτῳ πατρῷον αἱμάξαι πέδον, Pers. 595 αἱμαχθεῖσα δ' ἄρουρα; wegen des Mangels der gewöhnlichen Cäsur vgl. zu V. 640 u. oben S. 21*).
— Πελασγία: vgl. Eur. Suppl. 367 καὶ μεγάλῃ Πελασγίᾳ καὶ κατ' Ἄργος, Strabo p. 221 Αἰσχύλος ἐκ τοῦ περὶ Μυκήνας Ἄργους φησὶν ἐν Ἱκετίσι καὶ Δαναΐσι τὸ γένος αὐτῶν (nämlich τῶν Πελασγῶν) καὶ τὴν Πελοπόννησον δὲ Πελασγίαν φησὶν Ἔφορος κληθῆναι. Es ist das Land des Pelasgos (Suppl. 250) d. i. Argos (Suppl. 634) gemeint. — δαμέντων, αὐτῶν, Krüger I § 47, 4, 3. — νυκτιφρουρήτῳ: τῷ νυκτὸς ἐπιτηρήσαντι. Schol.
862. ἕκαστον erstreckt die Geltung seines Begriffs auch auf γυνή.
— αἰῶνος στερεῖ: vgl. Il. 22, 58 αὐτὸς δὲ φίλης αἰῶνος ἀμερθῇς, 14, 453 ἐπὴν δὴ τόν γε λίπῃ ψυχὴ ἐς καὶ αἰών.
863. ἐν σφαγαῖσι βάψασα ξίφος: vgl. Soph. Ai. 95 ἔβαψας ἔγχος εὖ πρὸς Ἀργείων στρατῷ; ἐν σφαγαῖσι wie ἐν φόνῳ 'im Blute der Ge-

τοιάδ' ἐπ' ἐχθροὺς τοὺς ἐμοὺς ἔλθοι Κύπρις.
μίαν δὲ παίδων ἵμερος θέλξει τὸ μὴ 863
κτεῖναι σύνευνον, ἀλλ' ἀπαμβλυνθήσεται
γνώμην· δυοῖν δὲ θάτερον βουλήσεται,
κλύειν ἄναλκις μᾶλλον ἢ μιαιφόνος·
αὕτη κατ' Ἄργος βασιλικὸν τέξει γένος.
μακροῦ λόγου δεῖ ταῦτ' ἐπεξελθεῖν τορῶς. 870
σπορᾶς γε μὴν ἐκ τῆσδε φύσεται θρασὺς
τόξοισι κλεινός, ὃς πόνων ἐκ τῶνδ' ἐμὲ
λύσει. τοιόνδε χρησμὸν ἡ παλαιγενὴς
μήτηρ ἐμοὶ διῆλθε Τιτανὶς Θέμις·
ὅπως δὲ χὤπη, ταῦτα δεῖ μακροῦ λόγου 875
εἰπεῖν, σύ τ' οὐδὲν ἐκμαθοῦσα κερδανεῖς.

ΙΩ. ἐλελεῦ, ἐλελεῦ,
ὑπό μ' αὖ σφάκελος καὶ φρενοπληγεῖς

mordeten'. (Blomfield erklärt nach Ruhnken ἐν σφαγαῖσι 'in iugulo' und vergleicht Eur. Orest. 291 μήποτε τεκούσης εἰς σφαγὰς ὤσαι ξίφος, Arist. H. An. I 14 κοινὸν δὲ μέρος αὐχένος καὶ στήθους σφαγή (bei Thieren), Polyaen. VIII 46 τὸ ξίφος καθεῖσα διὰ τῆς σφαγῆς, Antonin. Liberal. 26 ἐπάταξαν ἑαυτὰς τῇ μεσνίδι παρὰ τὴν κλεῖδα καὶ ἀνέρρηξαν τὴν σφαγήν).
864. Vgl. Suppl. 1032 μηδ' ὑπ' ἀνάγκας γάμος ἔλθοι Κυθερείας· στυγερῶν πέλοι τάδ' ἆθλον.
865. μίαν: zu V. 774. — θέλξει τὸ μή: θέλξει s. v. a. θέλγων κωλύσει.
866 f. ἀπαμβλυνθήσεται: ἀπαμβλύνειν ut ἀμβλύνειν de impetu animi retardato ponitur. Comparatio a retusa ferri acie ducta est. Sic Sept. 715 τεθηγμένον τοί μ' οὐκ ἀπαμβλυνεῖς λόγῳ. (Schütz) — Vgl. die Worte der Hypermnestra bei Ovid. Her. XIV 9 esse ream praestat quam sic placuisse parenti. Non piget immunes caedis habere manus.
869 f. Prometheus beginnt, als ob er alles berichten wollte, bricht aber plötzlich ab. In diesem Sinne ist das Asyndeton μακροῦ λόγου δεῖ zu deuten. Zu μακροῦ λόγου

vgl. Pers. 713 πάντα γὰρ ἀκούσει μῦθον ἐν βραχεῖ λόγῳ.
874. διῆλθε wie διεῖπε ('legte ausführlich dar'). — Τιτανὶς Θέμις: zu V. 210.
875. Die Verbindung von ὅπως u. ὅπη soll jeglichen Umstand zusammenfassen. Zu der Ellipse vgl. V. 915.
878. Der Dichter benützt als Motiv für das Abtreten der Io einen neuen Anfall des Wahnsinnes (οἴστρος). Io primos tantum furoris impetus verbis describit, reliquos vero scena egressa spectatoris imaginationi coniciendos relinquit. (Schütz) — ἐλελεῦ: θρηνῳδές ἐπίφθεγμα Schol. ἐλελεῦ· ἐπιφώνημα πολεμικόν· οἱ δὲ, προαναφώνησις παιανισμοῦ· τίθησι δὲ αὐτὸ Αἰσχύλος ἐπὶ σχετλιασμοῦ ἐν Προμηθεῖ δεσμώτῃ. Hesych. Der Schlachtruf ist gewählt, um den Sturm des Wahnsinnesdarzustellen. — ὑπό - θάλπουσι, vgl. zu V. 574. Die Einschiebung von bedeutenderen u. mehreren Wörtern (nicht bloss einsilbigen Conjunctionen u. enklitischen Pronomina) zwischen Präposition u. Verbum findet sich bei Aeschylus mit Ausnahme von Ag. 1215 u. der zweifelhaften Stelle Sept. 1028 niemals im Trimeter.

ΠΡΟΜΗΘΕΥΣ ΔΕΣΜΩΤΗΣ. 105

μανίαι θάλπουσ', οἴστρου δ' ἄρδις
χρίει μ' ἄπυρος·
κραδία δὲ φόβῳ φρένα λακτίζει·
τροχοδινεῖται δ' ὄμμαθ' ἑλίγδην,
ἔξω δὲ δρόμου φέρομαι λύσσης
πνεύματι μάργῳ, γλώσσης ἀκρατής·
θολεροὶ δὲ λόγοι παίουσ' εἰκῇ
στυγνῆς πρὸς κύμασιν ἄτης. 880

(στροφή.)

XO. ἢ σοφὸς ἢ σοφὸς ὃς

879. ὑποθάλπουσι: ὑπὸ bedeutet s. v. a. 'fangen an'. — σφάκελος: σπασμὸς τοῦ ἐγκεφάλου. Schol. vgl. Eur. Hipp. 1351 διά μου κεφαλᾶς ᾄσσουσ' ὀδύναι, κατὰ δ' ἐγκέφαλον πηδᾷ σφάκελος.
880. ἄρδις· ἀκίς Αἰσχύλος Προμηθεῖ δεσμώτῃ. Hesych. — ἄπυρος erklärt der Schol. ἡ κολύπυρος διὰ τὸ σφοδρὸν πάθος (mit Annahme des s. g. α intensivum) ἢ πῦρ μὴ ἔχουσα. Letztere Erklärung im Sinne von 'telum igni non admotum, sine igne factum' haben Schütz u. Hermann zur Geltung gebracht. Adiectivo ἄπυρος telum metaphorice dictum a proprie sic appellato discrevit Aeschylus (Schütz), vgl. Cho. 493 κέδναις ἀγαλκεύτοις von dem Fanggarne der Klytämnestra; frgm. 298, 4 ἄπτεροι πελειάδες von den Pleiaden, Ag. 1258 δίπους λέαινα von der Klytämnestra, Sept. 64 κῦμα χερσαῖον στρατοῦ, ebd. 942 ὁ πόντιος ξεῖνος ἐκ πυρὸς συθείς vom Schwerte, Soph. Trach. 674 βέβηκε Διμάνειρα τήν καινοστάτην ὁδῶν ἀκοσθὲν ἐξ ἀκινήτου ποδός, O. R. 190 Ἄρεα .. ὃς νῦν ἄχαλκος ἀσπίδων (von der Pest), Eur. Iph. T. 1095 ἄπτερος ὄρνις (Iphigenie von sich), Or. 621 ὑφῆψε δῶμ' ἀνηφαίστῳ πυρί.
881. φρένα: zu V. 361. — Zu der ganzen Vorstellung vgl. Cho. 165 ὀρχεῖται δὲ καρδία φόβῳ, 1025 πρὸς δὲ καρδίᾳ φόβος ᾄδειν ἕταιμος, ἡ δ' ὑπορχεῖσθαι κότῳ, Ag. 996 πρὸς ἐνδίκοις φρεσὶν τελεσφόροις δίναις κυκλούμενον κέαρ.
882. Mit τροχοδινεῖν vgl. στροφοδινεῖν Ag. 51.

883. ἔξω δρόμου φέρομαι: vgl. Cho. 1022 ὥσπερ ξὺν ἵπποις ἡνιοστροφῶ δρόμου ἐξωτέρω. φέρουσι γάρ νικώμενον φρένες δύσαρκτοι, Ag. 1245 ἐκ δρόμου πεσὼν τρέχω und unser 'aus dem Geleise kommen'.
884. γλώσσης ἀκρατής: vgl Lucret. III 464 claudicat ingenium, delirat lingua.
885. θολεροί: Hesych θολερόν· ταραχῶδες, ἀκάθαρτον, βορβορῶδες, τεταραγμένον, vgl. Soph. Ai. 206 θολερῷ χείμωνι νοσήσας. Das Adjektiv erinnert an den Schlamm, der durch die Wogen vom Meeresgrunde aufgewühlt wird (κελαινὰν δῖνα Soph. Ant. 589). Wie die wogenden Wellen den Schlamm bald dahin bald dorthin führen, so werden die an die Wogen des Irrsinns schlagenden Reden von denselben plan- und ordnungslos (εἰκῇ, dem vorausgehenden ἀκρατὴς γλώσσης entsprechend) herumgetrieben und können keine bestimmte Bahn und Ordnung finden. — παίουσι πρὸς κύμασιν: vgl. Eur. Hec. 118 πολλῆς δ' ἐρίδος συνέπαισε κλύδων.
887—906 drittes Stasimon. Ueber das Metrum s. zu V. 526. Die ruhige Betrachtung des Chors contrastiert auf das beste mit dem Irren u. Wirren der vorausgehenden Scene.
887. ἢ σοφός: τὸν Πιττακὸν λέγει, welcher einem, der zweifelte, ob er ein reiches oder ein armes aber seinem Stande entsprechendes Mädchen zur Frau nehmen solle, gerathen habe den Kindern zu-

πρῶτος ἐν γνώμᾳ τόδ' ἐβάστασε καὶ γλώσσᾳ διεμυθο-
λόγησεν,
ὡς τὸ κηδεῦσαι καθ' ἑαυτὸν ἀριστεύει μακρῷ,   890
καὶ μήτε τῶν πλούτῳ διαθρυπτομένων
μήτε τῶν γέννᾳ μεγαλυνομένων
ὄντα χερνήταν ἐραστεῦσαι γάμων.
(ἀντιστροφή.)
μήποτε μήποτέ μ', ὦ
⟨πότνιαι⟩ Μοῖραι, λεχέων Διὸς εὐνάτειραν ἴδοισθε πέ-
λουσαν·   895
μηδὲ πλαθείην γαμέτᾳ τινὶ τῶν ἐξ οὐρανοῦ.
ταρβῶ γὰρ ἀστεργάνορα παρθενίαν
εἰσορῶσ' Ἰοῦς ἀμαλαπτομέναν
δυσπλάνοις Ἥρας ἀλατείαις πόνων.   900

zusehen, wenn sie mit dem Kreisel spielten; dabei habe dieser den Ruf vernommen τὴν καθ' ἑαυτὸν ἔλαυνε. Schol. (τὴν κατὰ σαυτὸν ἔλα in dem Epigramm des Kallimachos bei Diog. L. I 80). Ein Schol. vergleicht dazu Pind. Pyth. II 64 χρὴ δὲ καθ' αὑτὸν αἰεὶ παντὸς ὁρᾶν μέτρον, εὐναὶ δὲ παράτροποι ἐς κακότατ' ἀθρόαν ἔβαλον ποτὶ ποῖτον ἰόντα. — Auf ähnliche Art wird eine Gnome angeführt Soph. Ant. 620 σοφίᾳ γὰρ ἔκ του κλεινὸν ἔπος πέφανται; vgl. Ag. 369 οὐκ ἔφα τις θεοὺς βροτῶν ἀξιοῦσθαι μέλειν κτἑ, 750 παλαίφατος δ' ἐν βροτοῖς γέρων λόγος τέτυκται, Cho. 313 δράσαντι παθεῖν τριγέρων μῦθος τάδε φωνεῖ. — Ueber die Auslassung von ἤν vgl. Krüger I § 62, 1, 6.
888. ἐβάστασε: ἐδοκίμασεν· 'Ἐπεὶ μέγα τόξον ἐβάστασε καὶ ἴδε πάντῃ' (Od. 21, 405). Schol. Vgl. Aristoph. Thesm. 438 πάσας δ' ἰδέας ἐξήτασεν, πάντα δ' ἐβάστασεν φρενί, Polyb. VII 13 πᾶν ἐβάστασε πρᾶγμα καὶ πᾶσαν ἐκείνοιαν ἐψηλάφει.
891. μήτε: aus ἀριστεύει ergibt sich zu μήτε ἐραστεῦσαι der Begriff des Abratheus. Der Gleichklang in διαθρυπτομένων u. μεγαλυνομένων malt den gleichen Werth der beiden.
895 f. εὐνάτειραν — πλαθείην:

vgl. Soph. O. R. 1099 τίς σ' ἔτικτε τᾶν μακραιώνων ἆρα Πανὸς ὀρεσσιβάτα πατρὸς πελασθεῖσ' ἢ σέ γ' εὐνάτειρα Λοξίου; — τῶν ἐξ οὐρανοῦ wie V. 902 κρεισσόνων θεῶν.
898. ἀστεργάνορα παρθενίαν: 'virginitatem viri sive proci non amantem' ut φυξανορίᾳ Suppl. v. 9 'procorum fuga'. Odium erga Iovem Io ipsa prodiderat v. 759 (Schütz), vgl. στυγάνορα V. 724, γάμον δυσάνορα Suppl. 1064.
899. ἀμαλαπτομέναν: vgl. Lycophr. 34 ἡμάλαψε κάρχαρος κύων, Hesych. ἠμάλαψαι· κρύψαι, ἀφανίσαι (vielmehr ἠμάλαψε ἴκρυψε, ἠφάνισε). Σοφοκλῆς Ὀδυσσεῖ μαινομένῳ u. ἀμαλάπτει· ἀπολλύει, πορθεῖ, Photius p. 68, 3 ἡμάλαπτεν· ἔκρυπτεν, ἠφάνιζεν. Hesych. ἀμαλόν· ἀπαλόν, ἀσθενῆ (Eur. Heracl. 75).
900. ἀλατείαις πόνων: über die qualitative Bedeutung des possessiven u. materialen gen. s. Krüger II § 47, 5 u. 6, 2, vgl. Eur. Iph. A. 1230 πόνων τιθηνοὺς ἀποδιδοῦσά σοι τροφάς, Soph. El. 19 μέλαινά τ' ἄστρων εὐφρόνη, Eur. Iph. T. 133 χόρτων εὐδένδρων Εὐράπαν, auch Bacch. 1218 μόχθων (gewöhnlich μοχθῶν) μυρίοις ζητήμασι. — δυσπλάνοις ἀλατείαις: vgl Ag. 1130 κακόποτμοι τύχαι, Pers. 711 βίοτον εὐαίωνα, Soph. O. C. 710 εὐήρετμος πλάτα, Ai. 138

ΠΡΟΜΗΘΕΥΣ ΔΕΣΜΩΤΗΣ.

(ἀντθ.)
ἐμοὶ δὲ τιόμενος ὁμαλὸς ὁ γάμος ἄφοβος
[οὐ δέδια] μηδὲ κρεισσόνων θεῶν
ἔρως ἄφυκτον ὄμμα προσδράκοι με.
ἀπόλεμος ὅδε γ' ὁ πόλεμος, ἄπορα πόριμος·
οὐδ' ἔχω τίς ἂν γενοίμαν· 905
τὰν Διὸς γὰρ οὐχ ὁρῶ
μῆτιν ὅπα φύγοιμ' ἄν.

ΠΡ. ἦ μὴν ἔτι Ζεύς, καίπερ αὐθάδης φρενῶν,
ἔσται ταπεινός, οἷον ἐξαρτύεται

λόγος κακόφρους, Eur. Hipp. 200 εὖπηχεις χεῖρας.
901. ἐμοὶ τιόμενος, nämlich ἐστί. vgl. Pers. 1000 ἴταφον, ἴταφον, οὖκ ἀμφὶ σκηναῖς τροχηλάτοισιν ὅπιθεν ἑπόμενοι (scil. εἰσίν), Eur. Ion. 517 ἡ γὰρ ἀρχὴ τοῦ λόγου πρίπουσά μοι, dazu Eum. 546 ξενοτίμους ἐπιστροφὰς δωμάτων αἰδόμενός τις ἔστω, oben V. 242, unten V. 1030 f. — ὁμαλὸς ὁ γάμος erhält durch die Stellung die Bedeutung ὁμαλὸς ἂν ὁ γάμος (wenn die Ehe eine ebenmäßige Verbindung gleicher Stände ist).
903. θεῶν ἔρως dichterisch für θεοὶ ἐρῶντες. — ἄφυκτον ὄμμα προσδράκοι με: an die Stelle von δέργμα προσδέρκεσθαι ist ὄμμα (= ὄψιν) προσδέρκεσθαι getreten, vgl. Pers. 81 κυάνεον δέργμα, 305 πηδήμ' ἀφήλατο; zu der ganzen Construction (transitiver Accusativ neben dem Acc. des Inhalts) vgl. Eur. Phoen. 298 γονυπετεῖς ἕδρας προσπίτνω σ' ἄναξ, Or. 1020 ὡς σ' ἰδοῦσ' ἐν ὄμμασι πανυστάτην πρόσοψιν ἐξέστην φρενῶν, Krüger II § 46, 12, 1.
904. ἀπόλεμος ὁ πόλεμος: vgl. Ag. 1142 νόμον ἄνομον, 1083 παῖδες ἄπαιδες, Pers. 680 νάες ἄναες, Soph. Ai. 665 ἄδωρα δῶρα, El. 1154 μήτηρ ἀμήτωρ, O. R. 1214 ἄγαμος γάμος u. a. — ἄπορα πόριμος mit der Construction des Verbums wie Cho. 22 χοὰς προπομπός, Pers. 981 μυρία πεμπαστάν, Suppl. 594 τὸ πᾶν μῆχαρ οὔριος Ζεύς, Ag. 1090 πολλὰ συνίστορα (στέγην)

αὐτόφονα κακά; dazu Aesch. Suppl. 149 ἀδμήτας ἀδμήτα ῥύσιος γενέσθω (= ῥυσιάσθω), Soph. Ant. 787 καί σε φύξιμος (= φεύγειν δύναται), Eur. Iph. A. 1255 ἐγὼ τά τ' οἰκτρὰ συνετός εἰμι καὶ τὰ μή, Lys. 8, 27 ταῦτα ἐξαρνός ἐστι, [Plat.] Alcib. II p. 141 D ἀνήκοον εἶναι χθιξά τε καὶ πρωϊξὰ γιγενημένα, Plat. Charm. p. 158 C ἐξάρνω εἶναι τὰ ἐρωτώμενα.
905. οὐδ' ἔχω τίς: Cho. 91 οὐδ' ἔχω τί φῶ. — τίς ἂν γενοίμαν ist nicht verschieden von dem gewöhnlichen τί ἂν γενοίμαν.
906. Vgl. V. 551 u. II. 8, 143 ἀνὴρ δέ κεν οὔτι Διὸς νόον εἰρύσσαιτο οὐδὲ μάλ' ἴφθιμος, ἐπεὶ ἡ πολὺ φέρτερός ἐστιν, Hes. O. D. 105 οὕτως οὔτι πη ἔστι Διὸς νόον ἐξαλέασθαι.
907—943 erste Scene der Exodos zwischen dem Koryphäos und Prometheus. Herbeiführung der Katastrophe (Vierter Akt).
907. ἦ μὴν ἔτι: vgl. V. 167. αὐθάδης φρενῶν: über den Genetiv der Relation Krüger I § 47, 26, 9 u. II § 47, 26, 7.
908. οἶον: vgl. Od. 2, 239 νῦν δ' ἄλλῳ δήμῳ νεμεσίζομαι, οἶον ἅπαντες ἧσθ' ἄνεῳ (οἶον = ὅτι οὕτως), Il. 22, 346 αἴ γάρ πως αὐτόν με μένος καὶ θυμὸς ἀνείη ὤμ' ἀποταμνόμενον κρέα ἔδμεναι, οἶά μ' ἔοργας, Eur. Herc. f. 816 ὡς εἰς τὸν αὐτὸν πίτυλον ἥκομεν φόβου, οἶον φάσμ' ὑπὲρ δόμων ὁρῶ; Ion 796 ἀν' ὑγρὸν ἀρπαγίην αἰθέρα . ., οἶον οἶον ἄλγος ἔπαθον,

γάμον γαμεῖν· ὃς αὐτὸν ἐκ τυραννίδος
θρόνων τ᾽ ἄιστον ἐκβαλεῖ· πατρὸς δ᾽ ἀρὰ   910
Κρόνου τότ᾽ ἤδη παντελῶς κρανθήσεται,
ἣν ἐκπίτνων ἠρᾶτο δηναιῶν θρόνων.
τοιῶνδε μόχθων ἐκτροπὴν οὐδεὶς θεῶν
δύναιτ᾽ ἂν αὐτῷ πλὴν ἐμοῦ δεῖξαι σαφῶς.
ἐγὼ τάδ᾽ οἶδα χᾦ τρόπῳ. πρὸς ταῦτα νῦν   915
θαρσῶν καθήσθω τοῖς πεδαρσίοις κτύποις
πιστὸς τινάσσων τ᾽ ἐν χεροῖν πύρπνουν βέλος·
οὐδὲν γὰρ αὐτῷ ταῦτ᾽ ἐπαρκέσει τὸ μὴ οὐ
πεσεῖν ἀτίμως πτώματ᾽ οὐκ ἀνασχετά·
τοῖον παλαιστὴν νῦν παρασκευάζεται   920
ἐπ᾽ αὐτὸς αὑτῷ, δυσμαχώτατον τέρας·
ὃς δὴ κεραυνοῦ κρεῖσσον᾽ εὑρήσει φλόγα
βροντῆς θ᾽ ὑπερβάλλοντα καρτερὸν κτύπον·
θαλασσίαν τε, γῆς τινάκτειραν νόσον,

Aristoph. Nub. 1157 οὐδὲν γὰρ ἂν
με φλαῦρον ἐργάσαισθ᾽ ἔτι, οἷος
ἐμοὶ τρέφεται. Herod. I 31 αἱ δὲ
Ἀργεῖαι τὴν μητέρα αὐτῶν ⟨ἐμα-
κάριζον⟩, οἵων τέκνων ἐκύρησε,
VIII 12 ἐς φόβον κατιστέατο ἐκλί-
ξοντες πάγχυ ἀπολέεσθαι, ἐς οἷα
κακὰ ἧκον.

910. ἄιστον ἐκβαλεῖ d. i. ἐκβαλεῖ
ὥστε ἄιστον εἶναι. Ueber ἄιστος
vgl. zu V. 151.

911. Κρόνου — κρανθήσεται: Al-
literation von κρ.

916. πεδαρσίοις: zu V. 269.

917. πύρπνουν βέλος: vgl. zu V.
359. — Wegen der contrahierten
Form πύρπνουν vgl. zu V. 852 u.
Soph. Ant. 224 δύσπνους ἱκάνω.
In melischen Partieen wird nur die
aufgelöste Form gebraucht.

920. τοῖον: die am Anfang des
Satzes stehenden Demonstrativpro-
nomina geben öfters im Griechi-
schen wie im Lat. nachträglich den
in der Beschaffenheit einer Sache
liegenden Grund zur voraus ange-
gebenen Folge, vgl. Soph. Ai. 560
οὔτοι σ᾽ Ἀχαιῶν, οἶδα, μή τις
ὑβρίσῃ —. τοῖον πυλωρὸν φύλακα
Τεῦκρον ἀμφί σοι λείψω.

921. ἐπ᾽ αὐτὸς αὑτῷ: zu V. 762.

922. κεραυνὸς 'ignea coruscatio'
(βροντὴ 'fragor coeli tonantis').

923. βροντῆς ὑπερβάλλοντα:
ὑπερβάλλειν hat als Verbum des
Uebertreffens wie ὑπερφέρειν (Soph.
O. R. 380 τέχνη τέχνης ὑπερφέροῦσα),
ὑπερέχειν den Gen. auch Plat. Gorg.
p. 475 B ἄρα λύπῃ ὑπερβάλλει τὸ
ἀδικεῖν τοῦ ἀδικεῖσθαι bei sich,
wo darauf ὑπερίζει an seine Stelle
tritt (οὐκ ἄρα λύπῃ γε ὑπερέχει),
Aristot. H. An. II 11 πολὺ ὑπερ-
βάλλοντες τῶν περὶ τὰ λοιπὰ ὑπαρ-
χόντων.

924. θαλασσίαν τρίαιναν: Eur.
Ion 282 πληγαὶ τριαίνης ποντίου.
— Ubi Latinis 'pestis, noxa' aut
'calamitas', ibi Graecis νόσος in
usu est (Schütz). Vgl. Soph. Ant.
418 καὶ τότ᾽ ἐξαίφνης χθονὸς τυ-
φὼς ἀείρας σκηπτόν, οὐράνιον ἄχος,
πίμπλησι πεδίον᾽ .... μύσαντες δ᾽
εἴχομεν θείαν νόσον. — Nach Pind.
Isthm. VII 60 ff. gab die wohlbe-
rathene Themis, als Zeus und Po-
seidon um Thetis warben, den Göt-
tern kund, εἵνεκεν πεπρωμένον ἦν
φέρτερον γόνον ἄνακτα πατρὸς
τεκεῖν ποντίαν θεόν, ὃς κεραυνοῦ
τε κρέσσον ἄλλο βέλος διώξει χερὶ

ΠΡΟΜΗΘΕΥΣ ΔΕΣΜΩΤΗΣ. 109

τρίαιναν, αἰχμὴν τὴν Ποσειδῶνος, σκεδᾷ. 925
πταίσας δὲ τῷδε πρὸς κακῷ μαθήσεται,
ὅσον τό τ' ἄρχειν καὶ τὸ δουλεύειν δίχα.

ΧΟ. σύ θην ἃ χρῄζεις, ταῦτ' ἐπιγλωσσᾷ Διός.
ΠΡ. ἅπερ τελεῖται, πρὸς δ' ἃ βούλομαι λέγω.
ΧΟ. καὶ προσδοκᾶν χρὴ δεσπόσειν Ζηνός τινα; 930
ΠΡ. καὶ τῶνδέ γ' ἕξει δυσλοφωτέρους πόνους.

ΧΟ. πῶς δ' οὐχὶ ταρβεῖς τοιάδ' ἐκρίπταν ἔπη;
ΠΡ. τί δ' ἂν φοβοίμην ᾧ θανεῖν οὐ μόρσιμον;
ΧΟ. ἀλλ' ἆθλον ἄν σοι τοῦδ' ἔτ' ἀλγίω πόροι.
ΠΡ. ὁ δ' οὖν ποιείτω· πάντα προσδοκητά μοι. 935

ΧΟ. οἱ προσκυνοῦντες τὴν Ἀδράστειαν σοφοί.
ΠΡ. σέβου, προσεύχου, θῶπτε τὸν κρατοῦντ' ἀεί.

τριόδοντός τ' ἀραιραμένου, Δί γε μισγομέναν ἢ Διὸς παρ' ἀδελφεοῖσιν. Der Dichter hat den auf Poseidon bezüglichen Theil der Prophetie um des Nachdruckes und Effektes willen beibehalten, obwohl der Grund, die gleichzeitige Werbung des Poseidon um Thetis, weggefallen ist. Man kann sich denken, dass mit der Herrschaft des Zeus auch die seines Bruders Poseidon untergehe.
926. πταίσας τῷδε πρὸς κακῷ: vgl. Sept. 210 νεὼς καμούσης ποντίῳ πρὸς κύματι.
927. Wogen τὶ — καὶ bei einem Begriffe der Verschiedenheit vgl. Soph. O. C. 808 χωρίς τό τ' εἰπεῖν πολλὰ καὶ τὰ καίρια, Eur. Alc. 528 χωρίς τό τ' εἶναι καὶ τὸ μὴ νομίζεται, Xenoph. Hier. I 2 πῇ διαφέρει ὁ τυραννικὸς τε καὶ ὁ ἰδιωτικὸς βίος (Elmsley zu Soph. a. O.).
928. θην eine vorzugsweise epische Partikel, Krüger II § 69, 38. ἐποκνίζῃ κατὰ τοῦ Διὸς ἃ βούλει γενέσθαι αὐτῷ Schol. wie bei Hesych. ἐπιγλωσσᾶ· ἐπαιωνίζω διὰ γλώττης, Αἰσχύλος Ἡρακλείδαις. Vgl. Cho. 1044 μηδ' ἐπιζευχθῇς στόμα φήμῃ πονηρᾷ μηδ' ἐπιγλωσσᾶ κακά, Aristoph. Lysistr. 37 περὶ τῶν Ἀθηνῶν δ' οὐκ ἐπιγλωττήσομαι τοιοῦτον οὐδέν.

929. τελεῖται kann als fut. u. als praes. (vgl. zu V. 211) betrachtet werden. — πρὸς δέ: zu V. 73.
931. τῶνδε, τῶν ἐμῶν.
932. ἐκρίπταν: zu V. 312.
933. ᾧ θανεῖν οὐ μόρσιμον: der gleiche Gedanke mit gleicher Beziehung V. 1063, mit anderer V. 753 u. in Frgm. III des Prom. sol. V. 23 f.
934. Vgl. V. 313.
936. οἱ προσκυνοῦντες τὴν Ἀδράστειαν: Hesych. Ἀδραστία· ἡ Νέμεσις. Ad vitandam invidiam Graeci solebant dicere προσκυνῶ τὴν Νέμεσιν (vgl. unser 'unberufen'). Demosth. adv. Aristogit. I p. 495 καὶ Ἀδράστειαν μὲν ἄνθρωπος ὢν ἔγωγε προσκυνῶ, Plat. rep. V p. 451 A προσκυνῶ δὲ Ἀδράστειαν, ὦ Γλαύκων, χάριν οὗ μέλλω λέγειν. (Giacomelli), vgl. Eur. Rhes. 342 Ἀδράστεια μὲν ἁ Διὸς παῖς εἴργοι στομάτων φθόνον, 468 σὺν δ' Ἀδραστείᾳ λέγω, ... ξὺν σοὶ στρατεύειν γῆν ἐπ' Ἀργείων θέλω καὶ πᾶσαν ἕλθὼν Ἑλλάδ' ἐκπέρσαι δορί, Alciphr. Ep. I 33 προσκυνῶ δὲ τὴν Νέμεσιν, (Soph. Phil. 776 τὸν φθόνον δὲ πρόσκυσον).
937. σέβου, προσεύχου, θῶπτε vgl. V. 392. — τὸν κρατοῦντ' ἀεί s. v. a. τὸν ἀεί ('jedesmal') κρατοῦντα.

ΑΙΣΧΤΛΟΤ

ἐμοὶ δ' ἔλασσον Ζηνὸς ἢ μηδὲν μέλει.
δράτω, κρατείτω τόνδε τὸν βραχὺν χρόνον
ὅπως θέλει· δαρὸν γὰρ οὐκ ἄρξει θεοῖς. 940

ἀλλ' εἰσορῶ γὰρ τόνδε τὸν Διὸς τρόχιν,
τὸν τοῦ τυράννου τοῦ νέου διάκονον,
πάντως τι καινὸν ἀγγελῶν ἐλήλυθε.

ΕΡΜΗΣ.

σὲ τὸν σοφιστήν, τὸν πικρῶς ὑπέρπικρον,
τὸν ἐξαμαρτόντ' εἰς θεοὺς ἐφημέροις 945
πορόντα τιμάς, τὸν πυρὸς κλέπτην λέγω·
πατὴρ ἄνωγέ σ' οὕστινας κομπεῖς γάμους
αὐδᾶν, πρὸς ὧν ἐκεῖνος ἐκπίπτοι κράτους·
καὶ ταῦτα μέντοι μηδὲν αἰνικτηρίως,
ἀλλ' αὔθ' ἕκαστ' ἔκφραζε· μηδέ μοι διπλᾶς 950
ὁδούς, Προμηθεῦ, προσβάλῃς· ὁρᾷς δ' ὅτι

938. ἔλασσον ἢ μηδέν: vgl. Plat. Theaet. p. 179 E ἧττον αὑτοῖς ἔνι ἢ τὸ μηδέν. Der abstracte Begriff des Nichts wird durch μηδὲν (τὸ μηδὲν) gegeben, vgl. Soph. Ai. 1275 ἤδη τὸ μηδὲν ὄντας, El. 1166 δέξαι με τὴν μηδὲν εἰς τὸ μηδέν, Eur. Cycl. 355 ἄλλως νομίζει Ζεὺς τὸ μηδὲν ὢν θεός u. Soph. Ai. 1231 ὅτ' οὐδὲν ὢν τοῦ μηδὲν ἀντέστης ὕπερ.
939. δράτω, κρατείτω: vgl. Ag. 1669 πράσσε, πιαίνου μιαίνων τὴν δίκην, ἐπεὶ πάρα, Soph. Ant. 768 δράτω, φρονείτω μεῖζον ἢ κατ' ἄνδρ' ἰών.
940. ἄρξει θεοῖς: vgl. zu V. 49.
941. ἀλλ' εἰσορῶ γάρ: vgl. Eur. Hec. 724 ἀλλ' εἰσορῶ γὰρ τοῦδε δεσπότου δέμας Ἀγαμέμνονος, τοὐνθένδε σιγῶμεν, φίλαι· der hier zu ἀλλά gehörige Gedanke ist in V. 943 enthalten ('lasst uns hören was er bringt'). — τρόχις· ἄγγελος, ἀκόλουθος Hesych, doch hier eine verächtliche Bezeichnung des Götterboten als des διάκονος τοῦ νέου τυράννου, wie auch im folgenden Hermes von Prometheus mit Geringschätzung behandelt wird. Die Bezeichnung Διὸς τρόχις vertritt für die Zuschauer die Nennung des Namens. Uebrigens deutet der Ausdruck τρόχις darauf hin, dass Hermes mit Flügelschuhen bekleidet ist u. wahrscheinlich (mittels der Maschine αἰώρημα vgl. zu V. 284) aus der Höhe herunter auf die Bühne kommt.

944—1039 zweite Scene der Exodos zwischen Prometheus u. Hermes: Entwickelung der Katastrophe. (Erster Theil des fünften Aktes). — τὸν σοφιστήν: vgl. V. 62. — τὸν πικρῶς ὑπέρπικρον: vgl. zu V. 328.
945. Vgl. V. 82.
948. ἐκπίπτοι: zu V. 171. Der Optativ soll ausdrücken, dass es sich nur in der Einbildung des Prometheus (κομπεῖς) so verhalte.
949. μηδὲν αἰνικτηρίως: vgl. V. 610.
950. αὔθ' ἕκαστα 'die nackte unverhüllte Wahrheit': vgl. Phoen. 494 ταῦτ' αὔθ' ἕκαστα, μῆτερ, οὐχὶ περιπλοκὰς λόγων ἀθροίσας εἶπον, Orest. 1398 σαφῶς λέγ' ἡμῖν αὔθ' ἕκαστα τὰν δόμοις.

ΠΡΟΜΗΘΕΥΣ ΔΕΣΜΩΤΗΣ.

Ζεὺς τοῖς τοιούτοις οὐχὶ μαλθακίζεται.

ΠΡ. σεμνόστομός γε καὶ φρονήματος πλέως
ὁ μῦθός ἐστιν, ὡς θεῶν ὑπηρέτου.
νέον νέοι κρατεῖτε καὶ δοκεῖτε δὴ 955
ναίειν ἀπενθῆ πέργαμ'· οὐκ ἐκ τῶνδ' ἐγὼ
δισσοὺς τυράννους ἐκπεσόντας ᾐσθόμην;
τρίτον δὲ τὸν νῦν κοιρανοῦντ' ἐπόψομαι
αἴσχιστα καὶ τάχιστα. μή τί σοι δοκῶ
ταρβεῖν ὑποπτήσσειν τε τοὺς νέους θεούς; 960
πολλοῦ γε καὶ τοῦ παντὸς ἐλλείπω. σὺ δὲ
κέλευθον ἥνπερ ἦλθες ἐγκόνει πάλιν·
πεύσει γὰρ οὐδὲν ὧν ἀνιστορεῖς ἐμέ.

ΕΡ. τοιοῖσδε μέντοι καὶ πρὶν αὐθαδίσμασιν
ἐς τάσδε σαυτὸν πημονὰς καθώρμισας. 965
ΠΡ. τῆς σῆς λατρείας τὴν ἐμὴν δυσπραξίαν,
σαφῶς ἐπίστασ', οὐκ ἂν ἀλλάξαιμ' ἐγώ.
ΕΡ. κρεῖσσον γὰρ οἶμαι τῇδε λατρεύειν πέτρᾳ
ἢ πατρὶ φῦναι Ζηνὶ πιστὸν ἄγγελον.
ΠΡ. * * * * *

952. τοῖς τοιούτοις: τοῖς μὴ πειθομένοις αὐτῷ Schol.; aber τοῖς τοιούτοις ist neutr. und bezieht sich auf die voraus angedeuteten Winkelzüge und Ausflüchte langer Verhandlungen. Wegen τοιούτοις zu V. 937.
955. νέον κρατεῖτε: vgl. zu V. 85.
956. πέργαμα: Servius zu Verg. Aen. I 95 'propter Pergama quae altissima fuerunt: ex quibus omnia alta aedificia pergama vocantur sicut Aeschylus dicit'.
957. δισσοὺς τυράννους: den Uranos u. Kronos.
959. αἴσχιστα καὶ τάχιστα, nämlich ἐκπίπτοντα. Der Gleichklang effectvoll, vgl. V. 480, 691, 891 f.
961. πολλοῦ γε καὶ τοῦ παντὸς ἐλλείπω: vgl. V. 1000; πολλοῦ γε δεῖ, πολλοῦ γε καὶ δεῖ (il s' en faut bien) ist eine gewöhnliche Redensart.

962. ἐγκόνει höhnisch (vgl. τρόχις) statt eines blossen ἀναστρέφον.
963. Vgl. Soph. O. C. 991 ἦν γὰρ μ' ἀμείψαι μοῦνον ὢν σ' ἀνιστορῶ. (Uebrigens kommt die Attraction οὐδὲν ὧν, die bei Soph. u. Eur. sehr häufig ist, bei Aeschylus nur noch unten V. 984 vor.)
965. καθώρμισας: vgl. Eur. Herc. fur. 1094 δεσμοῖς ναῦς ὅπως ὡρμισμένος πρὸς ἡμιθραύστῳ λαΐνῳ τυπίσματι ἧμαι, Aristoph. Thesm. 1105 εἶ' ὄχθον τόνδ' ὁρῶ καὶ παρθένον θεαῖς ὁμοίαν ναῦν ὅπως ὡρμισμένην; weiter ausgeführt unten in Frgm. III des Prom. sol. V. 3 navem ut horrisono freto noctem paventes timidi adnectunt navitae.
968. οἶμαι ironisch. — τῇδε λατρεύειν πέτρᾳ: vgl. zu V. 463. Hier ist der Ausdruck mit Rücksicht auf den Gegensatz im folgenden V. gewählt. — πέτρᾳ ἢ πατρί: das Wortspiel hebt den Gegensatz grell hervor.

112 ΑΙΣΧΥΛΟΥ

οὕτως ὑβρίζειν τοὺς ὑβρίζοντας χρεών. 970

ΕΡ. χλιδᾶν ἔοικας τοῖς παροῦσι πράγμασι.
ΠΡ. χλιδῶ; χλιδῶντας ὧδε τοὺς ἐμοὺς ἐγὼ
ἐχθροὺς ἴδοιμι· καὶ σὲ δ' ἐν τούτοις λέγω.
ΕΡ. ἦ κἀμὲ γάρ τι συμφοραῖς ἐπαιτιᾷ;
ΠΡ. ἁπλῷ λόγῳ τοὺς πάντας ἐχθαίρω θεούς, 975
ὅσοι παθόντες εὖ κακοῦσί μ' ἐκδίκως.
ΕΡ. κλύω σ' ἐγὼ μεμηνότ' οὐ σμικρὰν νόσον.
ΠΡ. νοσοῖμ' ἄν, εἰ νόσημα τοὺς ἐχθροὺς στυγεῖν.
ΕΡ. εἴης φορητὸς οὐκ ἄν, εἰ πράσσοις καλῶς.
ΠΡ. ὤμοι.
ΕΡ. ὤμοι, τόδε Ζεὺς τοὔπος οὐκ ἐπίσταται. 980
ΠΡ. ἀλλ' ἐκδιδάσκει πάνθ' ὁ γηράσκων χρόνος.
ΕΡ. καὶ μὴν σύ γ' οὔπω σωφρονεῖν ἐπίστασαι.
ΠΡ. σὲ γὰρ προσηύδων οὐκ ἂν ὄνθ' ὑπηρέτην.
ΕΡ. ἐρεῖν ἔοικας οὐδὲν ὧν χρῄζει πατήρ.
ΠΡ. καὶ μὴν ὀφείλων γ' ἂν τίνοιμ' αὐτῷ χάριν. 985
ΕΡ. ἐκερτόμησας δῆθεν ὡς παῖδ' ὄντα με.

970. Dem V. ging eine derbe Zurechtweisung des Hermes wegen des höhnenden πίτερᾳ ἰατερύειν voraus.
972. Vgl. V. 864, Soph. Trach. 819 τὴν δὲ τέρψιν ἣν τοὐμῷ διδως πατρί, τήνδ' αὐτή λάβοι, Phil. 794 Ἀγάμεμνον, ὦ Μενέλαε, πῶς ἂν ἀντ' ἐμοῦ τὸν ἴσον χρόνον τρέφοιτε τῆνδε τὴν νόσον;
973. καὶ — δέ 'und auch' vgl. Krüger I § 69, 32, 10 u. II § 69, 41, 2, Eur. El. 1117 τρόποι τοιοῦτοι· καὶ σὺ δ' αὐθάδης ἔφυς.
974. συμφοραῖς: 'ob calamitates tuas' vgl. Cho. 81 δακρύω ματαίοισι διεσπόταν τύχαις, Eum. 717 ἦ καὶ πατήρ τι σφάλλεται βουλευμάτων πρωτοκτόνοισι προστροπαῖς Ἰξίονος, Eur. Heracl. 474 θράσος μοι μηδὲν ἐξόδοις ἐμαῖς προσθῇς.
975. ἁπλῷ λόγῳ: vgl. V. 46. — Ebenso spricht Prometheus bei Aristoph. Av. 1547 μισῶ δ' ἅπαντας τοὺς θεούς, ὡς οἶσθα σύ.
977. Der gereizten Stimmung gemäss geht die Rede in Stichomythie über. — μεμηνότα νόσον wie μ. μανίαν: Krüger II § 46, 6. — κλύω im Sinne 'aus solchen Reden erkenne ich, dass —'.
979. Vgl. frgm. 292 κακοὶ γὰρ εὖ πράσσοντες οὐκ ἀνασχετοί.
980. ὤμοι, τόδε τοὔπος: s. v. a. 'dieses Wort ὤμοι' vgl. Pers. 124 δᾶ, τοῦτ' ἔπος γυναικοπληθής ὅμιλος ἀπύων, Eum. 510 τοῦτ' ἔπος θροούμενος, ἰὼ δίκα. — Uebrigens will Hermes sagen, dass Zeus durch Wehklagen sich nicht erweichen lasse (vgl. 952), während es Prometheus im fig. V. in anderem Sinne nimmt: κἀκεῖνος σὺν τῷ χρόνῳ μαθήσεται τὸ στενάζειν (Schol.).
982. καὶ μήν: zu V. 246. — οὔπω enthält die innere Beziehung zu dem vorausgehenden V.
983. ὄνθ' ὑπηρέτην: vgl. V. 942, 954.
985. ὀφεῖλων γε d. i. εἰ ὀφείλον γε.
986. δῆθεν: zu V. 202. — ὡς παῖδ' ὄντα με: vgl. Ag. 277 παιδὸς νέας ὡς κάρτ' ἐμώρησω φρένας, 479 τίς ὧδε παιδὸς ἢ φρενῶν κε-

ΠΡΟΜΗΘΕΥΣ ΔΕΣΜΩΤΗΣ.

ΠΡ. σὺ γὰρ σὺ παῖς τε κἄτι τοῦδ' ἀνούστερος,
εἰ προσδοκᾷς ἐμοῦ τι πεύσεσθαι πάρα;
οὐκ ἔστιν αἴκισμ' οὐδὲ μηχάνημ' ὅτῳ
προτρέψεταί με Ζεὺς γεγωνῆσαι τάδε, 990
πρὶν ἂν χαλασθῇ δεσμὰ λυμαντήρια.

πρὸς ταῦτα ῥιπτέσθω μὲν αἰθαλοῦσσα φλόξ,
λευκοπτέρῳ δὲ νιφάδι καὶ βροντήμασι
χθονίοις κυκάτω πάντα καὶ ταρασσέτω·
γνάμψει γὰρ οὐδὲν τῶνδέ μ' ὥστε καὶ φράσαι 995
πρὸς οὗ χρεών νιν ἐκπεσεῖν τυραννίδος.

ΕΡ. ὅρα νυν εἴ σοι ταῦτ' ἀρωγὰ φαίνεται.

κομμένος; ll. 20, 200 Πηλείδη, μὴ
δή μ' ἐπέεσσί γε νηπύτιον ὥς ἔλπεο
δειδίξεσθαι.
987. τοῦδε, παιδός: vgl. Soph.
Ant. 910 καὶ παῖς ἐκ' ἄλλου φωτός,
εἰ τοῦδ' ἠμπλάκον, Eur. Hipp. 914
σὺ μὴν φίλους γε κἄτι μᾶλλον ἢ
φίλους τρόπτειν δίκαιον.
992. πρὸς ταῦτα mit dem Imperativ ('thue was du willst' oder 'geschehe was da wolle') wird häufig gebraucht um auszudrücken, dass alles Thun und Machen an einer Thatsache oder einem festen Entschlusse nichts ändern könne, vgl. V. 1030, 1046, Soph. Ant. 658, Eur. Med. 1358, Hipp. 304, Heraclid. 976 u. a. Ueber ταῦτα vor ᾧ zu V. 1023. — αἰθαλοῦσσα: vgl. Hes. Theog. 707 αἰθαλόεντα κεραυνόν, Eur. Phoen. 183 πυρανών τε φάς αἰθαλόεν. — Zu dem Gedanken vgl. V. 1049, ll. 15, 115 μή νῦν μοι νεμεσήσετ', Ὀλύμπια δώματ' ἔχοντες, τίσασθαι φόνον υἷος ἐμοῖο· ἐπὶ νηὸς Ἀχαιῶν, εἴπερ μοι καὶ μοῖρα Διὸς πληγέντι κεραυνῷ κεῖσθαι ὁμοῦ νεκύεσσι μεθ' αἵματι καὶ κονίῃσιν, Soph. Phil. 1197 οὐ-δίκατ' οὐδίκατ',... οὐδ' εἰ πυρ-φόρος ἀστεροπητὴς βροντᾶς αὐγαῖς μ' εἶσι φλογίζων, Eur. Phoen. 521 πρὸς ταῦτ' ἴτω μὲν πῦρ, ἴτω δὲ φάσγανα, ζεύγνυσθε δ' ἵππους, πεδία πίμπλαθ' ἁρμάτων, ὡς οὐ παρήσω τῷδ' ἐμὴν τυραννίδα, frgm. 688 πίμπρη, κάταιθε σάρκας, ἐμ-

πλήσθητί μου αἷμα κελαινὸν αἷμα·
πρόσθε γὰρ κάτω γῆς εἶσιν ἄστρα,
γῆ δ' ἄνεισ' εἰς αἰθέρα, πρὶν ἐξ
ἐμοῦ τοι θῶπ' ἀπαντῆσαι λόγον.
993. λευκοπτέρῳ: vgl. Herod. IV
31 οἶκε γὰρ ἡ χιὼν πτεροῖσι (ebd. 7 ὑπὸ πτερῶν κεχυμένων); als Federn erscheinen die Schneeflocken auch in der deutschen Sage von der Frau Holle, welche bei Schneegestöber ihr Bett ausschüttelt.
994. Vgl. Aristoph. Pac. 320
ὡς κυκάτω καὶ πατείτω πάντα καὶ
ταρασσέτω. — βροντήμασι χθονίοις (V. 1081): vgl. frgm. 55 τυπάνου δ' εἰκών ὥσθ' ὑπογαίου βροντῆς φέρεται βαρυταρβής, Soph. O. C. 1606 κτυπήσε μὲν Ζεὺς χθόνιος, Eur. Hipp. 1201 ἔνθεν τις ἠχώ, χθόνιος ὡς βροντῇ Διός, βαρὺν βρόμον μεθῆκε. — κυκάτω: das Subjekt ist 'er' (Zeus) wie unten V. 1051 nach den Subjekten πνεῦμα u. κῦμα.
995. καὶ: 'auch' (οὕτως ὥστε καὶ), um die der Beschaffenheit einer Sache oder Handlung entsprechende Wirkung auszudrücken, vgl. Plat. Phaed. p. 66 B ἀνάγκη ἐκ πάντων τούτων παρίστασθαι δόξαν τοιάδε τινὰ τοῖς γνησίως φιλοσόφοις ὥστε καὶ πρὸς ἀλλήλους τοιαῦτ' ἄττα λέγειν, Eur. Phoen. 1828 οὐκ εἰς τόδ' ἦλθον ὥστε καὶ τάδε εἰδέναι, Hel. 841 πῶς οὖν θανούμεθ' ὥστε καὶ δόξαν λαβεῖν.

114 ΑΙΣΧΥΛΟΥ

ΠΡ. ὦπται πάλαι δὴ καὶ βεβούλευται τάδε.
ΕΡ. τόλμησον, ὦ μάταιε, τόλμησόν ποτε
πρὸς τὰς παρούσας πημονὰς ὀρθῶς φρονεῖν. 1000
ΠΡ. ὀχλεῖς μάτην με κῦμ' ὅπως παρηγορῶν.

εἰσελθέτω σε μήποθ' ὡς ἐγὼ Διὸς
γνώμην φοβηθεὶς θηλύνους γενήσομαι
καὶ λιπαρήσω τὸν μέγα στυγούμενον
γυναικομίμοις ὑπτιάσμασιν χερῶν 1005
λῦσαί με δεσμῶν τῶνδε· τοῦ παντὸς δέω.

ΕΡ. λέγων ἔοικα πολλὰ καὶ μάτην ἐρεῖν·
τέγγει γὰρ οὐδὲν οὐδὲ μαλθάσσει κέαρ
λιταῖς· δάκνων δὲ στόμιον ὡς νεοζυγὴς
πῶλος βιάζει καὶ πρὸς ἡνίας μάχει. 1010
ἀτὰρ σφοδρύνει γ' ἀσθενεῖ σοφίσματι.
αὐθαδία γὰρ τῷ φρονοῦντι μὴ καλῶς
αὐτὴ καθ' αὑτὴν οὐδενὸς μεῖζον σθένει.

999. τόλμησον, τόλμησόν (zu V. 266) ὀρθῶς φρονεῖν: vgl. das horazische (epist. I 2, 40) sapere aude.
1001 ὀχλεῖς absolut wie Soph. O. R. 446 παρὼν σύ γ' ἐμποδὼν ὀχλεῖς. — κῦμ' ὅπως: Lakán ὡς πρὸς κῦμα ἀναισθητον Schol. vgl. Eur. Med. 28 ὡς δὲ πέτρος ἢ θαλάσσιος κλύδων ἀκούει νουθετουμένη φίλων, Hipp. 304 πρὸς τάδ' αὐθαδεστέρα γίγνου θαλάσσης, Androm. 537 τί με προσπάτνεις ἁλίαν πέτραν ἢ κῦμα λιταῖς ὣς ἱκετεύων, Lycophr. 1452 εἰς κῦμα κωφὸν βάζω, Philodem. Anthol. Pal. V 107 τοὺς ἐβόων αἰεὶ καὶ προσέλεγον, ἀλλ' ἴσα πόντῳ Ἰονίῳ μύθων ἐκλυές ἡμιτέρων, Ovid. Met. XIII 804 surdior aequoribus.
1005. γυναικομίμοις: vgl. Soph. frgm. 706 γυναικομίμοις ἐμπρέπεις ἐσθήμασιν, Eur. Bacch. 980 ἐν γυναικομίμῳ στολᾷ, frgm. 185 γυναικομίμῳ διαπρέπεις μορφώματι. — ὑπτιάσμασιν: die Alten flehten mit erhobenen, flach zurückgebogenen Händen, vgl. die von Suidas u. d. W. ὕπτιος angeführte Stelle προσυμία τῇ πάσῃ ἀναπετάσαντες τὰς
πύλας ἐδέξαντο ὑπτίαις χερσὶ τοὺς πολεμίους, Verg. Aen. III 176 tendoque supinas ad caelum cum voce manus, Horat. carm. III 23, 1 caelo supinas si tuleris manus. Diese Stellung zeigt uns die schöne Statue des 'anbetenden Knaben' im Berliner Museum (Clarac mus. de sculpt. Taf. 777 n. 1942).
1006. τοῦ παντὸς δέω: vgl. V. 961.
1007. πολλὰ καὶ μάτην: vgl. Eum. 144 ἡ πολλὰ δὴ παθοῦσα καὶ μάτην ἐγώ.
1010. λιάζει: διάζεσθαι 'seitwärts ausbiegen' ist hier vom Bocken des Pferdes gesagt, welches den Hintertheil des Körpers zur Seite biegt; vgl. Hesych. λιαζόμενοι· σκιρτῶντες.
1011. σφοδρύνει (äusserliche Anstrengung des ungeberdigen Wesens) ἀσθενεῖ (innere Schwäche).
1013. αὐτὴ καθ' αὑτήν d. i. χωρὶς τοῦ καλῶς φρονεῖν. — οὐδενὸς μεῖζον σθένει: 'nulla re est validior i. e. quavis re est infirmior' (Halm); es wird das vorausgehende ἀσθενεῖ erklärt und verstärkt. Vgl. Thuc. VII 85 πλεῖστος γὰρ δὴ φόνος οὗτος καὶ οὐδενὸς

ΠΡΟΜΗΘΕΥΣ ΔΕΣΜΩΤΗΣ. 115

σκέψαι δ', ἐὰν μὴ τοῖς ἐμοῖς πεισθῇς λόγοις,
οἷός σε χειμὼν καὶ κακῶν τρικυμία 1015
ἔπεισ' ἄφυκτος· πρῶτα μὲν γὰρ ὀκρίδα
φάραγγα βροντῇ καὶ κεραυνίᾳ φλογὶ
πατὴρ σπαράξει τήνδε, καὶ κρύψει δέμας
τὸ σὸν, πετραία δ' ἀγκάλη σε βαστάσει.

μακρὸν δὲ μῆκος ἐκτελευτήσας χρόνου 1020
ἄψορρον ἥξεις ἐς φάος· Διὸς δέ τοι
πτηνὸς κύων δαφοινὸς αἰετὸς λάβρως
διαρταμήσει σώματος μέγα ῥάκος,

ἐλάσσων τῶν ἐν τῷ Σικελικῷ πο-
λέμῳ τούτῳ, Demosth. Olynth. I
§ 27 ἡ τῶν πραγμάτων αἰσχύνη,
οὐδεμιᾶς ἐλάττων ζημίας τοῖς γε
σώφροσι, Plat. Prot. 385 A εἰ τοῦτο
ἐποίουν, οὐδενὸς ἂν βελτίων ἐφαι-
νόμην, Eur. Andr. 728 τἄλλ' ὅντες
ἴσοι μηδενὸς βελτίονες, Krüger I
§ 47, 27, 3. — Zu dem Gedanken
vgl. Soph. O. R. 549 εἴ τοι νομί-
ζεις κτῆμα τὴν αὐθαδίαν εἶναί τι
τοῦ νοῦ χωρίς, οὐκ ὀρθῶς φρο-
νεῖς.
1014. σκέψαι δέ: dieselbe Wen-
dung zur Einleitung einer Beweis-
führung Soph. O. R. 584 σκέψαι
δὲ τοῦτο πρῶτον, Eur. Suppl. 476
σκέψαι δὲ καὶ μὴ τοῖς ἐμοῖς θυ-
μούμενος λόγοισιν ... σφριγῶντ'
ἀμείψῃ μῦθον, vgl. Soph. Trach.
1077 σκέψαι θ' ὁποίας ταῦτα συμ-
φοραῖς ὕπο πέπονθα.
1015. χειμών: V. 643. Ueber
die Stellung von κακῶν zu V. 458.
— Zu τρικυμία vgl. das lateinische
decima unda, decumanus fluctus,
Eur. Hipp. 1213 σὺν κλύδωνι καὶ
τρικυμίᾳ, Plat. Rep. p. 472 A τῷ δὴ
κύματι ἐκφυγόντι τὸ μέγιστον καὶ
χαλεπώτατον τῆς τρικυμίας ἐπάγεις.
1016. ἔπεισι hat in gewöhnlicher
Weise die Bedeutung des Futurs.
— Dem πρῶτα μὲν entspricht (μα-
κρόν) δὲ vgl. V. 447. — ὀκρίδα:
vgl. ἀκροίσσῃ V. 282. — Die Eli-
sion des ι in der Verbalendung σι
ist selten.
1019. πετραία ἀγκάλη: vgl. Cho.
586 πόντιαι ἀγκάλαι, Aristoph. Ran.

704 τὴν πόλιν ἔχοντες κυμάτων ἐν
ἀγκάλαις nach dem Ausdruck des
Archilochos φυγὰς ἔχοντες κυμάτων
ἐν ἀγκάλαις. — πετραία δ' ἀγκάλη
σε βαστάσει gibt nur einen Neben-
umstand an (ἐν πετραίᾳ ἀγκάλῃ
βασταζόμενον). Durch diese Be-
stimmung, dass Prometheus von
seinem Felsen umarmt u. umrankt
mitsammt seinen Banden in die
Tiefe stürze, vermeidet der Dichter
die uninteressante Wiederholung
der Scene der Anschmiedung am
Anfange des Προμηθεὺς λυόμενος.
1020. μακρὸν μῆκος (Strecke,
spatium): vgl. Eur. Or. 72 μακρὸν
δὴ μῆκος χρόνου.
1021. τοί versichernd ('merke
es wohl').
1022. κύων: zu V. 803.
1023. διαρταμήσει — μέγα ῥάκος:
vgl. unten frgm. III des Prom. sol.
V. 10: iam tertio me nuoque fu-
nesto die tristi advolatu adunois
lacerans unguibus Iovis satelles
pastu dilaniat fero. — μέγα ῥάκος
gibt (wie nachher κιλαινόβρωτον)
die Folge von διαρταμήσει an: 'zer-
fleischen, so dass grosse Fetzen
herunterhängen'. μέγα ῥ: ᾳ
ist die einzige liquida, welche (wie
die Verdopplung als Inlaut, so auch)
bei den nachhomerischen Dichtern
die Bedeutung einer Doppelconso-
nanz (die Nachwirkung eines vor
der liquida abgeschliffenen Conso-
nanten z. B. ῥάκος äolisch βράκος)
behalten hat. Doch kommt der vor-

8*

ἄκλητος ἔρπων δαιταλεὺς πανήμερος,
κελαινόβρωτον δ' ἧπαρ ἐκθοινάσεται.   1025

τοιοῦδε μόχθου τέρμα μή τι προσδόκα,
πρὶν ἂν θεῶν τις διάδοχος τῶν σῶν πόνων
φανῇ θελήσῃ τ' εἰς ἀναύγητον μολεῖν
Ἅιδην κνεφαῖά τ' ἀμφὶ Ταρτάρου βάθη.

πρὸς ταῦτα βούλευ'· ὡς ὅδ' οὐ πεπλασμένος   1030
ὁ κόμπος, ἀλλὰ καὶ λίαν εἰμαρμένος·
ψευδηγορεῖν γὰρ οὐκ ἐπίσταται στόμα
τὸ Δῖον, ἀλλὰ πᾶν ἔπος τελεῖ. σὺ δὲ
πάπταινε καὶ φρόντιζε, μηδ' αὐθαδίαν
εὐβουλίας ἄμεινον ἡγήσῃ ποτέ.   1035

ausgehende Vokal (in der 'Thesis') auch kurz vor, vgl. V. 713, 992.
1024. πανήμερος bedeutet nicht 'täglich' (denn nach der zum vorausgehenden V. angeführten Uebersetzung kommt der Adler tertio quoque die), sondern nach der Bedeutung von πανῆμαρ, πανημέριος bei Homer διὰ πάσης τῆς ἡμέρας. Vgl. Hes. Theog. 523 καὶ οἱ ἐκ' αἰετὸν ὦρσε τανυσίπτερον· αὐτὰρ ὅγ' ἧπαρ ἤσθιεν ἀθάνατον· τὸ δ' ἀέξετο ἶσον ἁπάντῃ νυκτός, ὅσον προκαν ἦμαρ ἔδοι τανυσίπτερος ὄρνις.
1025. κελαινόβρωτον: proleptisch τὸ μελαινόμενον ἐκ τῆς βρώσεως (Schol.). — ἐκθοινάσεται: zu V. 61.
1027. θεῶν τις διάδοχος τῶν σῶν πόνων: das tritt wirklich ein, indem Herakles den Centauren Chiron (θεὸν Χείρωνα Soph. Trach. 714) als bereitwilligen (θελήσῃ) Stellvertreter des Prometheus dem Zeus darbietet, vgl. Einleitung S. 9. Hermes freilich verkündet es als etwas nicht leicht denkbares, als etwas, das man kaum erwarten dürfe, vgl. zu V. 27.
1029. ἀμφί: zu V. 830. Vgl. Homer. hymn. II 167 Τιτῆνές τε θεοί, τοὶ ὑπὸ χθονὶ ναιετάοντες Τάρταρον ἀμφὶ μέγαν ('irgendwo im Tartarus' Schömann), Eur. Androm. 215 εἰ δ' ἀμφὶ Θρῄκην .. τύραννον ἔσχες ἄνδρα 'da oder

dort in Thracien'. Wenn ein Gegenstand an einem Orte da oder dort sein kann, so muss derjenige, welcher den bestimmten Punkt nicht kennt, wenn er sich diesen Punkt vorstellen will, den ganzen Ort in Gedanken überschauen ('rings umher').
1031. Die häufige Verbindung καὶ λίαν findet sich schon bei Homer: Od. 1, 46 καὶ λίην κεῖνός γε ἐοικότι κεῖται ὀλέθρῳ, 13, 393 καὶ λίην τοι ἔγωγε παρέσσομαι, 15, 155 καὶ λίην κείνῳ γε . . πάντα τάδ' ἐλθόντες καταλέξομεν. — Zu πεπλασμένος ὁ κόμπος . . εἰμαρμένος vgl. Herod. VII 103 οὕτω μὲν ὁρθοῖ' ἂν ὁ λόγος . . εἰ δὲ . . ὅρα μὴ μάτην κόμπος ὁ λόγος οὗτος εἰρημένος ᾖ, Thuc. II 41 ὡς οὐ λόγων ἐν τῷ παρόντι κόμπος τάδε μᾶλλον ἢ ἔργων ἐστὶν ἀλήθεια, αὐτὴ ἡ δύναμις τῆς πόλεως σημαίνει.
1032. ψευδηγορεῖν: Il. 1, 526 spricht Zeus: οὐ γὰρ ἐμὸν παλινάγρετον οὐδ' ἀπατηλὸν οὐδ' ἀτελεύτητον ὅ τι κεν κεφαλῇ κατανεύσω.
1035. ἄμεινον: vgl. Suppl. 190 κρεῖσσον δὲ πύργου βωμός, Krüger I § 43, 4, 11. — ἡγήσῃ ποτέ· 'lange endlich einmal an zu glauben' (vgl. V. 999), indem zwar ἡγήσῃ nach dem vorausgehenden μηδὲ behandelt, die Negation aber bloss

ΠΡΟΜΗΘΕΥΣ ΔΕΣΜΩΤΗΣ.

ΧΟ. ἡμῖν μὲν Ἑρμῆς οὐκ ἄκαιρα φαίνεται
λέγειν· ἄνωγε γάρ σε τὴν αὐθαδίαν
μεθέντ' ἐρευνᾶν τὴν σοφὴν εὐβουλίαν.
πιθοῦ· σοφῷ γὰρ αἰσχρὸν ἐξαμαρτάνειν.

ΠΡ. εἰδότι τοί μοι τάσδ' ἀγγελίας   1040
ὅδ' ἐθώυξεν, πάσχειν δὲ κακῶς
ἐχθρὸν ὑπ' ἐχθρῶν οὐδὲν ἀεικές.
πρὸς ταῦτ' ἐπ' ἐμοὶ ῥιπτέσθω μὲν
πυρὸς ἀμφήκης βόστρυχος, αἰθὴρ δ'
ἐρεθιζέσθω βροντῇ σφακέλῳ τ'   1045
ἀγρίων ἀνέμων· χθόνα δ' ἐκ πυθμένων
αὐταῖς ῥίζαις πνεῦμα κραδαίνοι,
κῦμα δὲ πόντου τραχεῖ ῥοθίῳ
συγχώσειεν τῶν οὐρανίων
ἄστρων διόδους, εἴς τε κελαινὸν   1050
Τάρταρον ἄρδην ῥίψειε δέμας
τοὐμὸν ἀνάγκης στερραῖς δίναις·
πάντως ἐμέ γ' οὐ θανατώσει.

ΕΡ. τοιάδε μέντοι τῶν φρενοπλήκτων
βουλεύματ' ἔπη τ' ἐστὶν ἀκοῦσαι.   1055
τί γὰρ ἐλλείπει μὴ οὐ παρακαίειν

---

auf αὐθαδίαν εὐβουλίας ἄμεινον bezogen ist. Vgl. Eur. Cycl. 810 τὸ δ' εὐσεβὲς τῆς δυσσεβείας ἀνθειλοῦ.
1037. Ueber die Bestätigung des vorausgehenden Gedankens durch den Chorführer vgl. zu V. 472.
1040—1093. In fünf anapästischen Systemen, von denen die beiden des Prometheus (14—14) und Hermes (9—9) sich entsprachen, während das System des Koryphaios die Mesodos bildet, wird das Eintreten der Katastrophe dargestellt.
1040. εἰδότι μοι: zu V. 441.
1042. ἀεικές bezieht sich auf den Vorwurf αἰσχρόν V. 1039.
1043. Vgl. V. 992.
1044. πυρὸς ἀμφήκης βόστρυχος: ἡ ἑλικοειδὴς (vgl. V. 1083) τοῦ πυρὸς καταφορά Schol. vgl. Cleanth. hymn. in Iov. 10 ἀμφήκη πυρόεντα

ἀεὶ ζώοντα κεραυνόν, Eur. Hipp. 559 βροντᾷ ἀμφιπύρῳ, Hesych. ἀμφηκες δέ, ἐξ ἑκατέρου μέρους ἠκονημένον βέλος, ἢ κεραυνὸς ἢ ξίφος; Ag. 308 φλογὸς μέγαν πώγωνα, Catull. 61, 77 viden ut faces splendidas quatiunt comas.
1045. σφακέλῳ: σπασμῷ, συντόνῳ κινήσει Schol. vgl. V. 879.
1047. αὐταῖς ῥίζαις: vgl. V. 221.
1049. συγχώσειεν· συγκαλύψειεν Schol.
1051. Subjekt zu ῥίψειε ist 'er' (Zeus) wie zu θανατώσει, vgl. zu V. 994.
1052. Vgl. Eur. Hec. 1295 στερρὰ γὰρ ἀνάγκη.
1053. πάντως — οὔ wie V. 333. — Zu dem Gedanken vgl. V. 933.
1056 f. ἐλλείπει μὴ οὔ: 'was unterlässt sie fehlzugreifen', ἐλλείπειν enthält einen verneinenden Begriff, vgl. V. 627 u. Eur. Iph. A.

ἡ τοῦδ' εὐχή; τί χαλᾷ μανιῶν;
ἀλλ' οὖν ὑμεῖς γ' αἱ πημοσύναις
συγκάμνουσαι ταῖς τοῦδε τόπων
μετά ποι χωρεῖτ' ἐκ τῶνδε θοῶς, 1060
μὴ φρένας ὑμῶν ἠλιθιώσῃ
βροντῆς μύκημ' ἀτέραμνον.

XO. ἄλλο τι φώνει καὶ παραμυθοῦ μ'
ὅ τι καὶ πείσεις· οὐ γὰρ δή που
τοῦτό γε τλητὸν παρέσυρας ἔπος. 1065
πῶς με κελεύεις κακότητ' ἀσκεῖν;
μετὰ τοῦδ' ὅ τι χρὴ πάσχειν ἐθέλω·
τοὺς προδότας γὰρ μισεῖν ἔμαθον,
κοὐκ ἔστι νόσος
τῆσδ' ἥντιν' ἀπέπτυσα μᾶλλον. 1070

EP. ἀλλ' οὖν μέμνησθ' ἁγὼ προλέγω·
μηδὲ πρὸς ἄτης θηραθεῖσαι
μέμψησθε τύχην, μηδέ ποτ' εἴπηθ'
ὡς Ζεὺς ὑμᾶς εἰς ἀπρόοπτον
πῆμ' εἰσέβαλεν· μὴ δῆτ', αὐταὶ δ' 1075
ὑμᾶς αὐτάς. εἰδυῖαι γὰρ
κοὐκ ἐξαίφνης οὐδὲ λαθραίως
εἰς ἀπέραντον δίκτυον ἄτης

41 τῶν ἀπόρων οὐδενὸς ἐνθεῖς μὴ οὐ μαίνεσθαι. Krüger 1 § 67, 12, 5 u. 6. — Zu παραπαίειν vgl. V. 581, frgm. 320 εἶτ' οὖν σοφιστὴς κἄλα παραπαίων χίλυν, Aristoph. Plut. 508 ξυνθιασῶτα τοῦ ληρεῖν καὶ παραπαίειν. — εὐχή bezieht sich auf den Inhalt von V. 1048—1052.
1059. συγκάμνουσαι: vgl. V. 414.
1060. In μεταχωρεῖν (vgl. zu V. 878) hat μετα die in Composita häufige Bedeutung des Wechsels.
1062. ἀτέραμνον: vgl. V. 190.
1065. Die eigentliche Bedeutung von παρασύρα erkennt man aus dem Vergleich bei Arist. Equ. 526 Κρατίνου μεμνημένος, ὃς πολλῷ ῥεύσας ποτ' ἐπαίνῳ διὰ τῶν ἀφελῶν πεδίων ἔρρει καὶ τῆς στάσεως παρασύρων ἐφόρει τὰς δρῦς

καὶ τὰς πλατάνους καὶ τοὺς ἐχθροὺς προθελύμνους. Diese Bedeutung kann man etwa mit 'unflätig' zu ἔπος nehmen.
1069 f. Vgl. V. 685; zu ἀπέπτυσα Krüger II § 53, 6, 2.
1071—79: Damit ist angekündigt u. motiviert, wie der Chor von der Orchestra entfernt wird. Ihn erst wieder die Flügelwagen besteigen zu lassen würde für die Situation nicht schicklich gewesen sein u. dem Schlusseffekte Eintrag gethan haben. Der Chor sinkt zugleich mit Prometheus in die Tiefe durch das ἀναπίεσμα (Versenkung) der Orchestra wie Prometheus durch das ἀναπίεσμα der Bühne.
1078. δίκτυον ἄτης: vgl. Ag. 861 γάγγαμον ἄτης πανάλωτον. — ἀπέραντον wie Ag. 1382 ἄπειρον ἀμ-

ΠΡΟΜΗΘΕΤΣ ΔΕΣΜΩΤΗΣ   119

ἐμπλεχϑήσεσϑ' ὑπ' ἀνοίας.

ΠΡ. καὶ μὴν ἔργῳ κοὐκέτι μύϑῳ   1080
χϑὼν σεσάλευται·
βρυχία δ' ἠχὼ παραμυκᾶται
βροντῆς, ἕλικες δ' ἐκλάμπουσι
στεροπῆς ζάπυροι, στρόμβοι δὲ κόνιν
εἱλίσσουσι· σκιρτᾷ δ' ἀνέμων   1085
πνεύματα πάντων εἰς ἄλληλα
στάσιν ἀντίπνουν ἀποδεικνύμενα·
ξυντετάρακται δ' αἰϑὴρ πόντῳ.
τοιάδ' ἐπ' ἐμοὶ ῥιπὴ Διόϑεν
τεύχουσα φόβον στείχει φανερῶς.   1090
ὦ μητρὸς ἐμῆς σέβας, ὦ πάντων

φοβήστρον ὥσπερ ἰχϑύων περιστι-
ζίζω, vgl. Eum. 634 ἐν ἀτέρμονι
δαιδάλῳ πέπλῳ. — Mit V. 1079
entschwebt Hermes in die Höhe.
1080. ἔργῳ κοὐν ἔτι μύϑῳ (vgl.
zu V. 336): um Donner und Blitz
auf der Bühne nachzuahmen, stand
den Alten eine Donnermaschine
(βροντεῖον) u. ein Blitzthurm (κε-
ραυνοσκοπεῖον) zu Gebote. Es wurden
nämlich hinter der Scene
Schläuche, die mit schweren Steinen
gefüllt waren, auf ehernen
Platten gerollt u. mit einer in der
Höhe angebrachten Drehmaschine
(περίακτος ὑψηλή) Blitzstrahlen geworfen.
Auch die Drehung der
beiden Periakten wird das Schwanken
der Erde versinnbildlicht haben.
(Uebrigens verlangten die Alten
in solchen Dingen keine täuschende
Nachahmung, sondern nur Andeutung
u. Symbol).
1081. Der Monometer (vgl. zu
V. 95) vertritt die Stelle eines Dimeters
(vgl. zu V. 1040).
1082. βρυχία: Hesych. βρύχιος·
ὑποβρύχιος 'unter der Oberfläche'
vgl. Pers. 897 ἵκαισαν ἅλμην βρύ-
χιον; vocabulum βρύχιος eo hic
significatu dictum est, quo etiam
ὑποβρύχιος interdum non id quod
in aqua demersum est, sed omnino
quod est aliqua re obrutam deno-

tat (Hermann). βρυχία ἠχώ bedeutet
also hier dasselbe wie χϑόνια βρον-
τήματα V. 994. Zu der Schilderung
vgl. Hes. Theog. 705 τόσσος δοῦπος
ἔγεντο ϑεῶν ἔριδι ξυνιόντων· σὺν
δ' ἄνεμοί τ' ἐνοσίς τε κονίην ἐσφα-
ράγιζον.
1083. ἕλικες: αἱ ἑλικοειδεῖς (Zick-
Zack) κατὰ τὰ νέφη τῶν ἀστρα-
πῶν κινήσεις Schol. Vgl. V. 1044.
— Mit ζάπυροι vgl. ζαπληϑῆ Pers.
310. — στρόμβοι: Hesych. στρόμβος·
δῖνος, συστροφή ἀνέμων. — Zu
κόνιν vgl. Suppl. 180 ὁρῶ κόνιν
ἄναυδον, Cho. 928 τόνδ' ὄφιν ἐϑε-
ψάμην, Suppl. 782 κόνις ἄτερϑε,
Cho. 544 οὖρις ἐμοῖα.
1087. ἀντίπνουν: Gewöhnlich
machen nur die mediae (β, γ, δ)
vor λ, μ, ν Position in der Thesis
bei den dramatischen Dichtern. Eine
ähnliche Verlängerung findet sich
in Anapästen Aristoph. Av. 216
ἕδρας, 579 ἀγρῶν. — Wegen der
Contraction vgl. zu V. 917.

1090. φανερῶς gehört zu Διό-
ϑεν: 'offenbar von Zeus u. keinem
andern'; τεύχουσα φόβον steht dazu
in causalem Verhältnis.

1091. ὦ μητρὸς ἐμῆς: Schol. ὦ
γῆ ἢ ὦ Θέμις, vielmehr ὦ Γῆ
Θέμι (zu V. 210): in huiusmodi
obtestatione eos appellari deos con-

αίθήρ κοινὸν φάος είλίσσων,
ἐσορᾷς μ' ὡς ἔκδικα πάσχω.

venit, quorum vis et potestas universam rerum naturam complectitur i. e. caelum et terram, quo quidquid usquam testari insigne facinus possit, uno complexu comprehendatur (Hermann). Vgl. Soph. El. 86 ὦ φάος ἁγνὸν καὶ γῆς ἰσόμοιρ' ἀήρ. — σέβας: vgl. Eum. 885 ἀλλ' εἰ μὲν ἁγνόν ἐστί σοι Πειθοῦς σέβας.

1092. φάος (das eigene Licht des φαεννὸς αἰθήρ) ἑλίσσων: vgl. Eur. Phoen. 3 Ἥλιε, θοαῖς ἵπποισιν ἑλίσσων φλόγα.

1093. Prometheus sinkt sammt dem Felsstücke, an welchem er angeschmiedet ist (V. 1019), in die Tiefe.

Bruchstücke

des

Προμηθεὺς λυόμενος.

I (201 Herm., 191 Dind.).

Arrian. Peripl. Pont. Euxin. p. 19. *Αἰσχύλος ἐν Προμηθεῖ λυομένῳ τὸν Φᾶσιν ὅρον τῆς Εὐρώπης καὶ τῆς Ἀσίας ποιεῖ. λέγουσι γοῦν αὐτῷ οἱ Τιτᾶνες πρὸς τὸν Προμηθέα ὅτι*

Ἥκομεν —
τοὺς σοὺς ἄθλους τούσδε, Προμηθεῦ,
δεσμοῦ τε πάθος τόδ' ἐποψόμενοι.
ἔπειτα καταλέγουσιν ὅσην χώραν ἐπῆλθον,
τῇ μὲν δίδυμον χθονὸς Εὐρώπης
μέγαν ἠδ' Ἀσίας τέρμονα Φᾶσιν.

I. Dieses Bruchstück gehörte zur Parodos, welche wie in den Persern u. den Schutzflehenden den Anfang des Stückes bildete; das erkennt man aus Procop. bist. Goth. IV 6 p. 386, 11 ἀλλὰ καὶ ὁ τραγῳδοποιὸς Αἰσχύλος ἐν Προμηθεῖ τῷ λυομένῳ εὐθὺς ἀρχόμενος τῆς τραγῳδίας τὸν ποταμὸν Φᾶσιν τέρμονα καλεῖ γῆς τε τῆς Ἀσίας καὶ τῆς Εὐρώπης. — Die (zwölf) Titanen bilden also den Chor des Προμηθεὺς λυόμενος. Aus dem Tartarus (vgl. oben V. 219) entlassen (vgl. Pind. Pyth. IV 518 λύσε δὲ Ζεὺς ἄφθιτος Τιτᾶνας· ἐν δὲ χρόνῳ μεταβολαὶ λήξαντος οὔρου, Hes. Ο. D. 169 τηλοῦ ἀπ' ἀθανάτων τοῖσιν Κρόνος ἐμβασιλεύει) kommen sie, wie die Oceaniden im Πρ. διεσμώτης, zu Prometheus, um seine Leiden theilnahmsvoll anzuschauen.

In den ersten Versen gibt der Chor die Motivierung des Auftretens (δι' ἣν αἰτίαν πάρεστι: vgl. oben zu V. 128). Dann zählt er die Länder auf, über welche er von seinem fernen Wohnsitze her (nach Pind. Ol. II 127 wohnt Kronos auf den Inseln der Seligen jenseit des Oceans) gekommen ist. Zu dieser Aufzählung gehört das nächste Fragment. Zuletzt ist der Phasis genannt, in dessen Nähe Prometheus am Kaukasus angefesselt ist (vgl. Einleit. S. 20). — Da hier der Phasis als Grenze von Europa und Asien angegeben wird, während oben V. 734 u. 790 das Asowsche Meer als solche bezeichnet ist, so muss sich der Dich-

II (202 H., 192 D.).

Strabo I p. 33 φημί .. τὰ μεσημβρινὰ πάντα Αἰθιοπίαν καλεῖσθαι τὰ πρὸς Ὠκεανῷ. μαρτυρεῖ δὲ τὰ τοιαῦτα· ὅ τε γὰρ Αἰσχύλος ἐν Προμηθεῖ τῷ λυομένῳ φησὶν οὕτω:

 Φοινικόπεδόν τ' ἐρυθρᾶς ἱερὸν
 χεῦμα θαλάσσης
 χαλκοκέραυνόν τε παρ' Ὠκεανῷ
 λίμνην παντοτρόφον Αἰθιόπων,
 ἵν' ὁ παντόπτης Ἥλιος αἰεὶ
 χρῶτ' ἀθάνατον κάματόν θ' ἵππων
 θερμαῖς ὕδατος
 μαλακοῦ προχοαῖς ἀναπαύει.

III (203 H., 193 D.).

Cic. Tusc. II 10 Affixus ad Caucasum (Prometheus apud Aeschylum) dicit haec:

 Titanum soboles, socia nostri sanguinis,
 generata Caelo, adspicite religatum asperis
 vinctumque saxis navem ut horrisono freto
 noctem paventes timidi adnectunt navitae.
5 Saturnius me sic infixit Iuppiter,
 Iovisque numen Mulciberi adscivit manus.

ter den Phasis von Norden her in das Asowsche Meer mündend vorgestellt haben.

II. Noch Herodot versteht unter Ἐρυθρὴ θάλασσα das ganze südlich von Asien und Afrika bekannte Meer, die ganze 'Südsee' (νοτίη θάλασσα), wie dieses Meer im Gegensatz zum Mittelmeere (βορηίη θάλασσα) heisst: vgl. II 158 τῇ δὲ ἐλάχιστόν ἐστι καὶ συντομώτατον ἐκ τῆς βορηίης θαλάσσης ὑπερβῆναι ἐς τὴν νοτίην καὶ Ἐρυθρὴν τὴν αὐτὴν ταύτην καλεομένην. — Wegen φοινικόπεδον ἐρυθρᾶς vgl. Stephan. Byz. unter Ἐρυθρά: Ἐρυθρὰ ἡ θάλασσα, ἀπὸ Ἐρύθρου τοῦ ἥρωος. Οὐράνιος δ' ἐν Ἀραβικῶν δευτέρᾳ ἀπὸ τῶν παρακειμένων ὀρῶν ἃ ἐρυθρὰ δεινῶς εἰσι καὶ πορφυρᾶ, καὶ ἐπὴν βάλλῃ εἰς αὐτὰ ὁ ἥλιος τὴν αὐγήν, κατα-πέμπει εἰς τὴν θάλασσαν σκιὰν ἐρυθράν· καὶ ὄμβρος δὲ καταλυόμενος τῶν ὀρέων κάτω συρρέοντι εἰς θάλασσαν οὕτω γίγνεται ἡ θάλασσα τὴν χρόαν. — χαλκοκέραυνον 'erz(wetter)strahlend', eine kühne Wortbildung, welche das Leuchten der erablinkenden Wasserfläche bezeichnet; vgl. II. 11, 83 χαλκοῦ τε στεροπήν, oben V. 982 κεραυνοῦ κρείσσονα φλόγα, Eur. Tro. 1104 κεραυνοφαὲς πῦρ. Das Enklitikon ist durch die Cäsur von χαλκοκέραυνον getrennt, wie Cho. 664 ἀρχᾶς | τε. — Ueber die λίμνη παντοτρόφος vgl. oben zu V. 808. Wegen der Cäsur vgl. oben zu V. 172.

III. Die Verse sind von Cicero selbst (ebd. c. 11) übersetzt — Während im Prom. vinct. die Fesselung des Prometheus vor den Augen der Zuschauer dargestellt wird, ist hier in einer Erzählung die Exposition gegeben. V. 1 f.

Bruchstücke des Προμηθεὺς λυόμενος. 123

    hos ille cuneos fabrica crudeli inserens
    perrupit artus: qua miser sollertia
    transverberatus castrum hoc Furiarum incolo.
10 Iam tertio me quoque funesto die
    tristi advolatu aduncis lacerans unguibus
    Iovis satelles pastu dilaniat fero;
    tum iecure opimo farta et satiata affatim
    clangorem fundit vastum, et sublime avolans
15 pinnata cauda nostrum adulat sanguinem;
    quom vero adesum inflatu renovatum est iecur,
    tum rursum taetros avida se ad pastus refert.
    Sic hanc custodem maesti cruciatus alo,
    quae me perenni vivom foedat miseria;
20 namque, ut videtis, vinclis constrictus Iovis
    arcere nequeo diram volucrem a pectore.
    Sic me ipse viduus pestes excipio anxias,
    amore mortis terminum anquirens mali;
    sed longe a leto numine aspellor Iovis,
25 atque haec vetusta saeclis glomerata horridis
    luctifica clades nostro infixa est corpori,
    e quo liquatae solis ardore excidunt
    guttae, quae saxa assidue instillant Caucasi.

IV (205 H., 194 D.).

Plut. Moral. p. 98 c (vgl. p. 964 f.) νῦν δὲ οὐκ ἀπὸ τύχης οὐδὲ αὐτομάτως περίεσμεν αὐτῶν (τῶν θηρίων) καὶ κρατοῦμεν, ἀλλ' ὁ Προμηθεὺς τουτέστιν ὁ λογισμὸς αἴτιος

vgl. oben V. 164. — asperis saxis: φάραγγι πρὸς δυσχειμέρῳ V. 15. — V. 8 navem . . adnectunt: zu V. 965. — V. 6 vgl. V. 619 βούλευμα μὲν τὸ Δῖον, Ἡφαίστου δὲ χείρ. — V. 7. cuneos: V. 64 σφηνὸς αὐθάδη γνάθον στέρνων διαμπὰξ. — V. 8. sollertia: V. 87 τέχνης. — V. 9. castrum Furiarum etwa Ἐρινύων φροντράν nach V. 143. Ἐρινύων ist dann metonymisch gebraucht ('Lager der Rache'). — V. 10. vgl. zu V. 1024. Auf tertio die bezieht sich vielleicht die Glosse von Photius u. Suidas τρίτῳ φάτι· τρίτῃ ἡμέρᾳ. — V. 12. Iovis satelles: V. 1021 Διὸς δέ τοι πτηνὸς κύων. — V. 15. adulat: προσσαίνει, 'wedelt an', weil der wedelnde Schwanz gleichsam auf den blutig zerfleischten Prometheus niederblickt. — V. 17. pastus: Hesych.

εἰσφάσματα· εἰσκτήματα, ἀπὸ τοῦ εἰσαφιέναι, ἢ σκαρίφματα. Αἰσχύλος Προμηθεῖ λυομένῳ. — V. 22 sic me ipse viduus: αὐτὸς δ' ἐμαυτὸν ζήτορος. — V. 24. a leto aspellor numine Iovis — ἐμοὶ θανεῖν οὐ πεπρωμένον, οὐ μόρσιμον (V. 753, 933). Wegen des Gedankens vgl. zu V. 933. Es ist eingetreten, was nach V. 512 vorherbestimmt ist: μυρίαις δὲ πημοναῖς δύαις τε καμφθείς. — V. 27 f. Aus diesem Dialog des Prometheus stammte der Sage nach (Apoll. Rh. Arg. III 851) das Kolchische Gift, welches Medea zu ihren Zaubermitteln gebrauchte.

IV. Vgl. oben V. 462 ff. Wie dort Prometheus dem Chore seine Verdienste um das Menschengeschlecht ausführlich schildert, so geschieht es hier wol nur in sum-

124 Bruchstücke des Προμηθεύς λυόμενος.

ἵππων ὄνων τ' ὀχεῖα καὶ ταύρων γονὰς
δοὺς ἀντίδουλα καὶ πόνων ἐκδέκτορα.

V (212 H., 205 D.).

Plut. Mor. p. 757 D. ὁ δὲ Ἡρακλῆς ἕτερον θεὸν παρακαλεῖ μέλλων ἐπὶ τὸν ὄρνιν αἱρεσθαι τὸ τόξον, ὡς Αἰσχύλος φησίν:

ἀγρεὺς δ' Ἀπόλλων ὀρθὸν ἰθύνοι βέλος.

VI (213 H., 201 D.).

Plut. vit. Pomp. c. 1. πρὸς δὲ Πομπήιον ἔοικε τοῦτο παθεῖν ὁ Ῥωμαίων δῆμος εὐθὺς ἐξ ἀρχῆς, ὅπερ ὁ Αἰσχύλου Προμηθεὺς πρὸς τὸν Ἡρακλέα σωθεὶς ὑπ' αὐτοῦ λέγων:

ἐχθροῦ πατρός μοι τοῦτο φίλτατον τέκνον.

VII (206 H., 199 D.).

Stephanus Byzant. s. v. Ἄβιοι p. 7, 5. Αἰσχύλος τε Γαβίους διὰ τοῦ γ ἐν λυομένῳ Προμηθεῖ:

ἔπειτα δ' ἥξεις δῆμον ἐνδικώτατον
⟨βροτῶν⟩ ἁπάντων καὶ φιλοξενώτατον,
Γαβίους, ἵν' οὔτ' ἄροτρον οὔτε γατόμος
τέμνει δίκελλ' ἄρουραν, ἀλλ' αὐτόσποροι
γύαι φέρουσι βίοτον ἄφθονον βροτοῖς.

marischer Weise wahrscheinlich dem neuen Chore gegenüber. — Zu πόνων ἐκδέκτορα vgl. διάδοχοι μοχθημάτων V. 464.

V u. VI. ἀγρεὺς heisst Apollo als Jäger und Bogenschütze. Es scheint, dass Herakles auf der Bühne selbst, nur etwas zur Seite tretend, auf den Adler anlegt, worauf durch einen geräuschvollen Fall hinter den Periakten der Erfolg des Bogenschusses angezeigt werden konnte. Prometheus ruft hoch erfreut auf den abseits stehenden Herakles hinblickend aus ἐχθροῦ πατρός μοι τοῦτο φίλτατον τέκνον (φίλτατον bezieht sich wie das entgegengesetzte ἐχθροῦ auf Prometheus).

VII u. VIII. Dem geographischen Inhalt der Io-Scene im Πρ.

δεσμώτης entspricht im Πρ. λυόμενος die Beschreibung, welche Prometheus dem Heracles von dessen Wanderfahrt zu den Hesperiden gibt (vgl. die Worte des Strabo bei frgm. X). Das Wanderziel der Io war im Osten, das des Herakles im Westen. Auf diese Weise wurde in den beiden Stücken eine Schilderung aller abenteuerlichen Wunderdinge u. Merkwürdigkeiten der ganzen Welt den damals für solche Erzählungen gewiss sehr eingenommenen Athenern geboten (vgl. oben zu V. 561).

Nach schol. Apoll. Rh. IV 284 τὸν Ἴστρον φησὶν ἐκ τῶν Ὑπερβορέων κατεφέρεσθαι καὶ τῶν Ῥιπαίων ὀρῶν. οὕτω δὲ εἶπεν ἀκολουθῶν Αἰσχύλῳ ἐν λυομένῳ Προμηθεῖ λέγοντι τοῦτο kommt Herakles

VIII (208 H., 203 D.).

Strabo VII p. 300 καὶ Αἰσχύλος δ' ἐμφαίνει συνηγορῶν τῷ ποιητῇ, φήσας περὶ τῶν Σκυθῶν:
ἀλλ' ἱππάκης βρωτῆρες εὔνομοι Σκύθαι.

IX (209 H., 195 D.).

Galenus vol. IX. p. 385 ed. Charter. δοκεῖ μὲν γὰρ αὐτὴν (πέμφιγα) ἐπὶ τῆς πνοῆς Σοφοκλῆς ἐν Κολχίσι λέγειν . . Αἰσχύλος δὲ ἐν Προμηθεῖ δεσμώτῃ (wahrscheinlich Gedächtnissfehler für λυομένῳ):

εὐθεῖαν ἕρπε τήνδε· καὶ πρώτιστα μὲν
Βορεάδας ἥξεις πρὸς πνοάς, ἵν' εὐλαβοῦ
βρῦμον καταιγίζοντα, μή σ' ἀναρπάσῃ
δυσχειμέρῳ πέμφιγι συστρέψας ἄφνω.

ἐπὶ δὲ τῆς ῥανίδος ὁ αὐτός φησιν ἐν Προμηθεῖ:
ἐξευλαβοῦ δὲ μή σε προσβάλῃ στόμα
πέμφιξ. πικροὶ γάρ κου διὰ ζόης ἀτμοί.

vom Kaukasus bis hinauf zu den Rhipäischen Bergen. Da Aeschylus in diesen den Ister entspringen lässt, so hat er sich dieselben wol im Nordwesten von Europa gedacht. Auf diesem Wege gelangt Herakles zu Scythischen Völkerschaften, zu den Gabiern oder Abiern und den Hippemolgen, welche aus Π. 13, 4 bekannt sind:

τόσφιν ἐφ' ἱπποπόλων Θρῃκῶν
καθορώμενος αἶαν
Μυσῶν τ' ἀγχεμάχων καὶ ἀγαυῶν
Ἱππημολγῶν
γλακτοφάγων Ἀβίων τε, δικαιοτάτων ἀνθρώπων.

Zu ἵν' ἄροτρον . . βροτοῖς vgl. die Beschreibung des Kyklopenlandes Od. 9, 107 οἵ ῥα θεοῖσι πεποιθότες ἀθανάτοισιν οὔτι φυτεύουσιν χερσὶν φυτὸν οὔτ' ἀρόωσιν, ἀλλὰ τά γ' ἄσπαρτα καὶ ἀνήροτα πάντα φύονται κτἑ. — Zu ἱππάκης vgl. die zu dem fig. Frgm. angeführte Stelle des Hippokrates.

IX. εὐθεῖαν ἕρπε τήνδε: vielleicht den Ister entlang, der zu den Rhipäischen Bergen führt, ὅθεν ὁ Βορέης πνέει nach Hippocr. de aer. aqu. et loc. p. 291, 49, welcher vom Scythenlande sagt: κεῖται ὑπ' αὐταῖς ταῖς ἄρκτοις καὶ τοῖς ὄρεσι τοῖς Ῥιπαίοισιν und von den Scythen: ἐσθίουσι κρέα ἐφθὰ καὶ πίνουσι γάλα ἵππων καὶ ἱππάκην τρώγουσι· τοῦτο δ' ἐστὶ τυρὸς ἵππων.

V. 1. ἕρπε: zu V. 810. — V. 2. Βορεάδας: wegen des Tribrachys im ersten Fusse zu V. 116. — εὐλαβοῦ: Warnungen, wie sie auch der Io ertheilt wurden (zu V. 801). — V. 3. Zu ἀναρπάσῃ . . συστρέψας gehört der aus καταιγίζοντα zu entnehmende Begriff der Windsbraut.

Das folgende Bruchstück gehört zur Schilderung eines anderen schrecklichen Wesens, welches, wie es scheint, Blut aushaucht. — πέμφιξ kann nicht einfach, wie Galenus sagt, für ῥανίς stehen, wird in dem Verse des Pentheus von Aeschylus nicht, welchen derselbe noch als Beispiel anführt, μηδ' αἵματος πέμφιγα πρὸς πέδῳ βάλῃς; vielmehr heisst πέμφιξ 'Hauch' (vgl. Curtius Gr. Et. S. 671*) und steht an beiden Stellen ähnlich wie πνοή φοινίου σταλάγματος Soph. Ant. 1238. — Zu σε . . στόμα vgl. Eum.

126   Bruchstücke des Προμηθεύς λυόμενος.

X (210 H., 106 D.).

Strabo IV p. 182. μεταξὺ τῆς Μασσαλίας καὶ τῶν ἐκβολῶν τοῦ Ῥοδανοῦ πεδίον ἐστὶ τῆς θαλάττης διέχον εἰς ἑκατὸν σταδίους, τοσοῦτον δὲ καὶ τὴν διάμετρον, κυκλοτερὲς τὸ σχῆμα. καλεῖται δὲ Λιθώδες ἀπὸ τοῦ συμβεβηκότος. μεστὸν γάρ ἐστι λίθων χειροπληθῶν, ὑποπεφυκυῖαν ἐχόντων αὐτοῖς ἄγρωστιν· ἀφ' ἧς ἄφθονοι νομαὶ βοσκήμασίν εἰσιν, ἐν μέσῳ δ' ὕδατα καὶ ἁλυκίδες ἐνίστανται καὶ ἅλες... τὸ μέντοι δυσαπολόγητον Αἰσχύλος καταμαθὼν ἢ παρ' ἄλλου λαβὼν εἰς μῦθον ἐξετόπισε. φησὶ γοῦν Προμηθεὺς παρ' αὐτῷ καθηγούμενος Ἡρακλεῖ τῶν ὁδῶν τῶν ἀπὸ Καυκάσου πρὸς τὰς Ἑσπερίδας:

ἥξεις δὲ Λιγύων εἰς ἀτάρβητον στρατόν,
ἔνθ' οὐ μάχης, σάφ' οἶδα, καὶ θοῦρός περ ὢν
μέμψει· πέπρωται γάρ σε καὶ βέλη λιπεῖν
ἐνταῦθ'· ἐλέσθαι δ' οὔτιν' ἐκ γαίας λίθον
5   ἕξεις, ἐπεὶ πᾶς χῶρός ἐστι μαλθακός.
ἰδὼν δ' ἀμηχανοῦντά σ' ὁ Ζεὺς οἰκτερεῖ,
νεφέλην δ' ὑπερσχὼν νιφάδι γογγύλων πέτρων
ὑπόσκιον θήσει χθόν', οἷς ἔπειτα σὺ
βαλὼν διώσει ῥᾳδίως Λίγυν στρατόν.

86 σε νικάτω φρένας, B75 τίς μ' ὑποδύεται πλευράς ὀδύνα; Sept. 834 κακόν με καρδίαν τι περιπίτνει κρύος, Pers. 161 καί με καρδίαν ἀμύσσει φροντίς. Krüger II § 46, 18, 9. — οὐ διὰ ζόης: vgl. oben V. 800.
X. Aus dem Norden zieht Herakles gegen Süden. Das nächste Ziel der Wanderung ist Geryones. Auf dem Wege dahin kommt er zu den Ligyern, wo er durch das Wunder des Steinregens gerettet wird, vgl. Dionys. Hal. Antiqu. I 41 δηλοῖ δὲ τὸν πόλεμον τόνδε (der Hellenen gegen die Ligyer) τῶν ἀρχαίων ποιητῶν Αἰσχύλος ἐν Προμηθεῖ λυομένῳ· πεποίηται γὰρ αὐτῷ ὁ Προμηθεὺς Ἡρακλεῖ τά τε ἄλλα προλέγων, ὡς ἕκαστον αὐτῷ τι συμβήσεσθαι ἔμελλε κατὰ τὴν ἐπὶ Γηρυόνην στρατείαν, καὶ δὴ καὶ περὶ τοῦ Λιγυστικοῦ πολέμου ὡς οὐ ῥᾳδίως ὁ ἀγὼν ἔσται διηγούμενος.
V. 1. Ueber den Tribrachys im zweiten Fusse bei einem Eigennamen oben zu V. 715 u. 2. — V. 2. καὶ — περ schon bei Homer, noch nicht aber καίπερ. Krüger II § 56, 13, 1. — V. 7. Auch in diesen Schilderungen (vgl. zu V. 715) ist die Neuheit des Stoffes der Anlass häufiger Auflösungen, wie hier zwei Auflösungen in einem Verse vorkommen (über den Anapäst oben zu V. 6, über den Daktylus zu V. 17). — V. 9. διώσει: vgl. Herod. IV 102 τὸν Δαρείου στρατὸν ἰθυμαχίῃ διώσασθαι. — Λίγυς: oben zu V. 2. — Ueber die Ankunft des Herakles bei Atlas oben S. 10*.

Anhang.

a. Abweichungen von der Mediceischen Handschrift
(vgl. Dindorf poet. scen. Gr. fab. ed. V. Lipsiae 1869).

2. ἄβροτον Schol. zu II. 14, 78 u. zu Aristoph. Ran. 827: ἄβατόν τ' (andere Handschriften ἄβατον). 6. ἀδαμαντίνων δεσμῶν ἐν ἀρρήκτοις πέδαις Schol. zu Arist. Ran. 827: ἀδαμαντίναις πέδῃσιν ἐν ἀρρήκτοις πέτραις. 15. πρός: τῆι mit übergeschriebenem προς. 16. σχεθεῖν Elmsley zu Eur. Med. 186: σχέθειν. 17. εὐωριάζειν Blomfield nach Glossen des Hesych. u. Photius: ἐξωριάζειν. 20. πάγῳ andere Handschr.: τόπῳ. 28. ἐπηύρου Elmsley: ἐπηύρω. 42. γε andere H.: τε. 49. ἰπαχθῆ Stanley: ἰπράχθη. 54. ψέλια andere H.: ψάλια. 55. βαλῶν Stanley: λαβών. 59. πόρους Schol. zu Arist. Equ. 756, Marcell. v. Thuc. p. VIII c. 5 ed. Bekk., Dion. Hal. VII 36: πόρον. 66. ὑπὸ στένω W.: ὑποστένω von erster, ὑπερστένω von zweiter Hand. 77. γε andere H.: σε (τ für σ von jüngerer Hand). 80. τραχυτῆτα Dindorf (vgl. Arcad. p. 28, 8): τραχύτητα. 90. παμμήτωρ andere H.: παμμήτωρ. 97. ἐξηῦρ' vgl. V. 460: ἐξεῦρ'. 99. πῇ Turnebus: ποῖ. πότε W.: ποτε (s. zu V. 544). 112. τοιάνδε andere H.: τοιάσδε. 113. ὑπαιθρίοις Blomfield: ὑπαίθριος. προυσελούμενος W.: πασσαλευμενος. 114. ἆ ἆ Dindorf: ἆ ἆ ἔα ἔα (s. zu V. 566). 118. ἐμῶν andere H.: ἡμῶν. 129. ἅδε Hermann: ἥδε. 134. θιμερῶπιν von erster, θερμερῶπιν von zweiter H. 136. αἶαῖ αἶαῖ Dindorf nach anderen H.: αἶ αἶ αἶ. 142. προσπορπατός andere H.: πρὸς πατρός. 146. εἰσιδοῦσαν Hermann: εἰσιδοῦσα (α von jüngerer H.). 147. τᾷδ' Elmsley: ταῖς. ἀδαμαντοδίτοισι Turnebus: ἀμαντοδίτοις (δα über ἀμ u. το von späterer Hand). 150. ἀθέτως Bentley aus Hesych.: ἀθέσμως. 152. θ' Ἀίδου Turnebus: τ' αἴδου. 155. ἀγρίως andere H.: ἀγρίοις ('ἀγρίοις Aeschylus si scripsisset, posulisset ἀλύτοις δεσμοῖς ἀγρίοις' Hermann). 156. s. unter b. 161. συνασχαλᾷ (nach V. 243): ξυνασχαλᾷ. 167. ἐτ' ἐμοῦ andere H.: ἔτ' ἀπ' ἐμοῦ (α von jüngerer H. auf ε wie es scheint corrigiert) vgl. Helmsoeth Kr. St. S. 815. 170. ἀφ' ὅτου von erster, ὑφ' ὅτου von zweiter H. 172. οὔτε Porson: οὖτοι. 177. τε τίνειν Turnebus: τί μοι τίνειν. 178. τῇσδ' andere H.: τῆς. 181. ἐρίθισε Turnebus: ἠρίθισε. 182. πᾶ

Turnebus: ὅπα· πότε W.: ποτε (s. zu V. 99). 185. ἀπαράμυθον andere II.: οὐ παράμυθον. 186. τραχὺς καὶ andere II.: τραχύς τε καί. 187. s. unter b. 189. ῥαισθῇ andere II.: ῥωσθῇ (ω über αι wie es scheint). 198. πανταχῇ W.: πανταχῆ. 201. ἕδρας andere II.: ἕδρης. 204. πείθειν vou ersterII. 208. ἀμοχθεί andere II.: ἀμοχθί. 213. ὑπερσχόντας Porson: ὑπερέχοντας. 226. αἰτίαν andere II.: αἰτίην. 235. δ' ἐτόλμησ' andere II.: δὲ τόλμησ'. 237. τῷ τοι andere II. u. Schol.: τῷ ταῖς (τοι über ταῖς von jüngerer II.). 240. ἀλλὰ νηλεῶς Elmsley: ἀλλ' ἀνηλεῶς. 246. ἐλεινὸς Porson: ἐλεεινός. 248. θνητοὺς andere II.: θνητούς τ'. 256. s. unter b. κούδαμῇ W.: κούδαμῆ. 264. τὸν κακῶς πράσσοντ' Stanley: τοὺς κακῶς πράσσοντας. 274. πίθεσθε Blomfield: πείθεσθι (s. zu V. 204 u. 333). 279. κραιπνόσυτον andere II.: κραιπνόσσυτον. 293. γνώσει.. χαριτογλωσσεῖν Athen. IV p. 165 C: γνώσῃ.. σὲ τὸ χαριτογλωσσεῖν. 295. συμπράσσειν Brunck: συμπράττειν.
313 f. τὸν νῦν χόλον παρόντα μόχθον W.: τὸν νῦν χόλον παρόντα μόχθων (μόχθον andere II.). 331. μετασχεῖν Well (s. unter b): μετασχών. 332. μηδὲ andere II.: μηδέν. 333. πείσεις u. εὐπιθής andere II.: πείθεις u. εὐπειθής. 340. κούδαμῇ andere II.: κοὐδὲ μή. 343. θέλοις andere II.: θέλεις. 347. s. unter b. χαί Porson: καί. 348. s. unter b. 350. ὤμοισι bei Robort.: ὤμοις. 353. ἑκατογκάρανον Pauw u. Blomfield: ἑκατονταχάρηνον (mit α über η). 354. πᾶσι δ' ἀντίστη Hermann: πᾶσιν ὃς ἀντίστη. 371. θερμοῖς.. βέλεσι andere II., ἀπλάτου Schütz: θερμῆς ἀπλήστου βέλεσσι (vgl. V. 716, Eum. 53). 378. s. unter b. 380. ἰσχναίνῃ andere II.: ἰσχναίει (mit ν über ει). 392. σῶζε (wie V. 374 Im Med.) W.: σῶζε. 395. δὲ τῶν Blomfield: δ' Ἓτ' ἄν. 398. δακρυσίστακτα W.: δακρυσίστακτον. ῥαδινὸν andere II.: ῥαδινῶν.
401. παγαῖς andere II.: πηγαῖς. 405. ἐνδείκνυσιν αἰχμάν andere II.: ἐνδεικνύειν αἰχμήν. 407. s. unter b. 420. 'Αρίας Hartung: 'Αραβίας. 422. ὑψίκρημνον Dothe u. Elmsley: ὑψίκρημνον θ'. 426 —430. s. unter b. 432. βυθός andere II.: βαθύς. 433. κελαινὸς Hermann: κελαινὸς δ'. 438. προυσελούμενον Askewius (nach Etym. M. p. 690, 11 u. Arist. Ran. 733): προσηλούμενον (ε über ἡ von alter Hand). 450. εἰκῇ W.: εἰκῆ. 451. προσείλους andere II. u. Schol.: προσήλους (mit ει über η). 452. ἀήσυροι von erster, ἀείσυροι von späterer II. 459. σοφισμάτων andere II. u. Stobaeus ecl. phys. I 1: νοσφισμάτων (σοφισμάτων am Rande von ganz später II.). 460. ἐξηῦρον Stobaeus: ἐξεύρον (ebenso 468 εὗρε. Vgl. meine curae epigr. p. 33). 461. ἐργάνην Stobaeus floril. 81, 1: ἐργάτιν (ἀτιν von späterer Hand über getilgten Buchstaben der ersten II.). 463. σάγμασιν Pauw: σώμασιν. 465. γένοινθ' Hawes Misc. Crit. p. 272: γίνωνθ'. ἅρμα τ' Turnebus: ἅρματ'. 468. ναυτίλων andere II. u. Schol.: ναυτιλόχων (d. i. ναυτίλων und ναυλόχων). 470. σόφισμ' ὅτῳ andere II.: σοφισμάτων (ὅτῳ darüber von ganz später II.). 472. αἰκές Porson: ἀεικές. 479. οὔτι andere II.: οὐδέ. 480. οὔτε Blomfield: οὐδέ. 495. s. unter b.

502. σίδηρον . . τε andere H.: σίδαρον . . δέ. 505. πάντα andere II.: ταύτα. 507. μή νυν Scaliger: μή νύν. 519. πλην andere II.: πρίν. 520. ούκ άν έκπύθοιο eine andere II.: ούκ άν ούν πύθοιο. 524. σώζων (zu V. 392): σώζων. 536. άδύ Hermann: ήδύ. 537. τείνειν andere II.: τίνειν. 544. άχαρις χάρις Turnebus: χάρις άχαρις. που τίς eine andere II.: πού τις. 550. δίδεται hat Meineke (Zeitschr. f. Alt. 1845 S. 1063) ergänzt. (ούπω Hermann,) ούπως Paley: ούποτε. 556. έκεΐνό θ' δτ' Brunck: έκεΐν' δτε τότ' (andere II.: έκείνό τε δτ'). 562. χαλινοΐς andere II.: χαλινοΐσιν. 566. δ' ά Dindorf: ά ά έ έ. 567. με τάν τάλαιναν andere II.: με τάλαιναν. 569. τόν Triclinius: φοβούμαι τόν. 572. κυναγεΐ Hermann: κυνηγετεΐ. 574. κηρόπακτος Meineke (Philol. XX 52): κηρόπλαστος. 575. ίώ ίώ πόποι Seidler (de vers. dochm. p. 84 u. 141): ίώ ίώ ποί ποί 'πόποι 'πόποί. — ποί μ' andere II.: πή μ'. πλάναι hat Meineke (Philol. XIX 231) ergänzt. 579. πημοσύναις Hermann: πημονεΐσιν. έη Dindorf: ε ε. 582. με hat Elmsley ergänzt. 586. δπα: δπη. 588. von Hermann u. Elmsley der Io gegeben: gehörte sonst dem Chore. 596. θιόσυτον Hermann: θιόσσυτον. 599. κέντροις ί⟨ώ⟩ W.: κέντροισι. φοιταλέοις Hermann: φοιταλέοισιν.
601. λαβρόσυτος Hermann: λαβρόσσυτος. ⟨άλλων⟩ s. unter b. 602. ίή Dindorf: ε ε. 606. τί μήχαρ; τί φάρμακον Elmsley, dazu ή (τί μήχαρ ή εί) Fr. Martin: τί μή χρή φάρμακον. 608. φράξε τφ andere II.: φράξετε. 609. δπερ Ei. M. p. 762, 30: δτε. 617. άν andere II.: ούν. 620. ποίων δέ ποινάς Well: ποινάς δέ ποίων. 621. σαφηνίσας Liuwood, Keck (Jahrb. für Philol. 81 S. 478): σαφηνίσαι. 626. τοΰδέ σοι Turuebus: τοΰδε τοΰ (Lips. Aug. τοΰδε). 627. ού von anderer Hand nachgetragen. 628. θράξαι Buttmann Lexil. I p. 212: θράξαι. 637. ώς τ' andere II.: ώς κ'. 647. εύδαίμων von erster Hand (ο von anderer II. übergeschrieben). 657. νυκτίφοιτα andere II., νυκτίφοιτα δείματα Nauck (Bulletin de l'Acad. de St. Pétersb. 1860 S. 318) nach Lycophr. 226 χρησμών άπώσαι νυκτίφοιτα δείματα: νυκτίφαντ' όνείρατα. 660. φίλα andere II.: φίλαι (α über αι von später Hand). 667. πυρωπόν andere II.: πυρωτόν (vgl. Cho. 600). 668. έξαίστοόσοι Blomfield: έξαίστοόσει. 670. κάπέκλυσε (vgl. meine curae epigr. p. 63): κάπέκλειασε. 677. τε κρήνην Cauter nach Schol. A. καί πρός τήν Λέρνην τήν πηγήν: Λέρνης άκρην τε. 680. άφνίδιος Elmsley: αίφνίδιος. 683. δ τε Turnebus: έτι. 684. πόνων andere II.: πόνον. 688. s. unter b. 691 f. δείματα κέντρω ψύχειν ψυχάν άμφάκει Well: δείματ' άμφήκει κέντρω ψ. ψ. έμάν. 695. είσιδούσα andere II.: ίσιδούσα. 696. πρώ γε Brunck: πρώγε In πρώιγε corrigiert (ό über ω von später Hand).
706. βάλ' andere II.: μάθ'. 710. ναίουσ' andere II.: νίουσ'. 711. έξηρευμένοι eine andere II.: έξηρτημένοι. 712 f. s. unter b. 716. πρόσπλατοι Elmsley (vgl. V. 371): πρόσπλαστοι. 727. ναύταισι Eustath. p. 560, 19 u. Tzetzes zu Lycophr. 1286: ναύτησι (vgl. meine curae epigr. p. 5). 741. μηδέπω 'ν Turnebus: μηδ' έπών. 741. ίώ μοί μοι Dindorf: ίώ μοι μοι ί ε. 749. πέδοι Dindorf: πέδω. 758.

ἥδοιο ἄν eine II.: ἥδοιμ' ἄν. 760. s. unter b. 770. s. unter b. 772. αὐτῶν ἐκγόνων audere II.: αὐτῶν ἐγγόνων. 776. σαυτῆς andre II.: σαυτῆς τ'. 782. τούτοιν W.: τούτων. 783. λόγου Elmsley: λόγους. 790. ἠπείρων Ilerwerden (Exerc. crit. p. 93): ἠπείρων. 791. Die Lücke nach diesem V. ist von Brunck bemerkt worden. 792. πόντον audere II.: πόντον. 796. μονόδοντες andere II.: μονώδοντες. 806. πόρου andere II. u. Schol.: πόρον. 811. Βυβλίνων andere II. u. Schol.: βιβλίνων. 822. ἥνπερ Hermann (vgl. V. 609): ἥντιν'. 829. γῆς πέδα Weil (zu Sept. 304 ποῖον δ' ἀμείψεσθε γαίας πέδον bemerkt der Schol. ἀντὶ τοῦ ποῖον οἰκήσετε δάπεδον): δάπιδα (welches die erste Silbe kurz hat). 831. θᾶκος Brunck: θῶκος. 835. s. unter b. 838. παλιπλάκτοισι von erster, παλιμπλάκτοισι von zweiter Hand. 840. κεκλήσεται andere II.: πληθήσεται. 853. πεντηκοντάπαις andere II. (die attische Sprache ändert nach Et. M. p. 346, 14 bei der Zusammensetzung die Endungen der Zahlwörter nicht): πεντηκοντόπαις. 858. s. unter b. 860. s. unter b. 864. ἐπ' andere II.: ἐς. 866 f. ἀπαμβλυνθήσεται u. δυοῖν andere II.: ἀπαμβλυθήσεται u. δυεῖν. 872. πλεινῷ andere II.: πλεινοῖς. 877. ἐλελελελεῦ Pauw nach Hesych.: ἐλελελελελεῦ. 881. κραδία andere II.: καρδία. 884. παίουσ' andere II. u. Schol.: πταίουσ'. 887. δς Monk: ἢν δς. 895. πότνιαι hat Paley ergänzt. 896. πλαθείην γαμέτᾳ Canter: πλαθείη ἐν γαμέτᾳ (mit σ über θ u. ν nach η von späterer Hand). 899. ἀμαλαπτομέναν Weil (vgl. dessen Ausgabe der Perser S. 132 u. Helmstoeth Kr. St. S. 322): γάμῳ δαπτομέναν.

900. δυσπιλάνοις — ἀλατείαις andere II.: δυσπλάγχνοις — ἀλατείαισι. 901 f. s. unter b. 903. προσδράκοι Salvinius: προσδάρκοι (andere προσδίρκοι). 910. θρόνων τ' andere II.: θρόνων. δ' Turnebus: τ'. 922. εὐρήσει andere II.: εὐρήσοι. 926. τακᾷ andere II.: κακῶν (mit ᾀ über ᾶν von später Hand). 932 f. πῶς δ' u. τί δ' ἄν andere II.: πῶς u. τί δαί. 934. τοῦδ' ἔτ' Elmsley u. Wellauer: τοῦδέ γ'. 945. ἐφημέροις andere II.: -τὸν ἡμέρας. 948. πρὸς ὧν Elmsley (vgl. V. 248): πρὸς ὧν τ' (eine andere Handschrift πρὸς ὧν γ'). ἐκπίπτοι W.: ἐκπίπτει. ἔκφραξε andere II.: φράξε. 961. γε andere II.: δὲ. 965. s. unter b. 968 ff. s. ebd. 969. φῦναι andere II.: φῆναι. 977. σμικράν Brunck: μικράν. 980. s. unter b. 986. παῖδ' ὄντα με audere II.: παῖδά με. 987. κᾆτι Valckenaer: καὶ ἔτι. 988. πινύσσθαι andere II.: πινυεῖσθαι (vgl. V. 1043). 992. αἰθαλοῦσσα Canter: αἰθαλοῦσα. 995. γνάμψει . . φράσαι andere II.: γνάψει von erster, μ über α von zweiter II. . . φράσειν. 998. ὤπται andere II. u. Schol.: ᾦ παῖ.

1002. s. unter b. 1008 f. κέαρ | λιταῖς Porson (κέαρ λιταῖς ἐμαῖς hat Robort.): λιταῖς | ἐμαῖς. δάκνων Helmsoeth (Indir. Ueberlief. S. 35) nach Schol. A: δακών. 1010. s. unter b. 1016. ἄφυκτος audere II.: ἀφύκτως (mit ος über ως von ganz später II.). 1021. ἐς Turnebus: εἰς. 1025. ἐκθοινάσεται Nauck (Eurip. Stud. II S. 175) vgl. Eur. Cycl. 377 τεθοίνασαι, 550 θοινάσομαι, El. 836 θοινασόμεσθα: ἐκθοινήσεται. 1026. τι andere II.: τοι. 1031. s. unter b.

1035. ἄμεινον von erster H. vgl. Meineke Philol. XIX 233: gewöhnlich ἀμείνον'. 1039. πιθοῦ andere H.: πείθου. 1043. ἐπ' ἐμοί ῥιπτέσθω andere H.: ἐπί μοι ῥιπτείσθω. 1049. τῶν Weil: τῶν τ'. 1050. εἴς τε W.: ἐς τε (Conjunktion). 1056. s. unter b. 1057. ἡ τοῦδ' εὐχή Koechly (Akad. Vortr. u. Reden I S. 404), Weil, Madvig (Advers. crit. p. 193): ἢ τοῦδ' εὐτυχῇ (entstanden wie oben V. 468 ναυτιλόχων aus εὐχή u. übergeschriebenem ευ d. i. εὔχη u. ebenso wie ναυτιλόχων zu emendieren). 1058. γ' αἱ Turnebus: γε. 1060. ποι eine andere H.: που. 1071. ἀγώ Porsou: ἅτ' ἐγώ. 1077. νοῦκ Turnebus: καὶ οὐκ. 1078. ἀπίραντον: ἀπέραντον: ν über τ von späterer H. 1085 u. 1092. ἐλίσσουσι — ἐλίσσων Turnebus: ἐλίσσουσι — ἐλίσσων.

b. Besondere Bemerkungen
(vgl. die oben S. 22 angeführten Schriften).

2. Ueber die Auflösungen im tragischen Trimeter vgl. R. Enger Rhein. Mus. XI 444; C. Fr. Müller, de pedibus solutis in dialog. sen. Aesch. Soph. Eur. Berol. 1866; Rumpel Philol. XXV 54.

12—15. M. Schmidt Z. f. öst. Gym. XVI 585 τ' ἐκ σφῶν und φάραγγι τῇδε δυσχίμῳ. Vgl. Heimsoeth Wiederh. S. 286, Krit. Stud. S. 281. Hermann ἐμποδών ἄνῃ, Hartung ἐμπεδὼν ματᾷν, Heimsoeth Krit. Stud. S. 28 ἐμπεδᾷ μ' ἔτι.

37. Kiehl S. 50 verlangt θεός für θεόν; hält aber den V. für unecht, weil er die Ordnung der Stichomythie störe; aus demselben Grunde will Ludwig zur Kritik des Aesch. S. 26 den folgenden V. streichen. Vgl. Kvičala Zeitschr. f. öst. Gymn. 1858 S. 609 ff.

38. Nauck Bulletin de l'Acad. de St. Pét. 1868 S. 494 ὥπασεν γέρας.

41. Ich habe das Fragezeichen, welches in den neueren Ausgaben gewöhnlich hinter πῶς steht, wieder nach οἷόν τε gesetzt. Der Einwand Hartungs, dass Ungehorsam gegen Zeus' Gebot möglich sei, lässt die besondere Anschauung des Dieners (vgl. V. 30, 44) unbeachtet.

49. Die verschiedenen Vermuthungen ἐπράθη (Abresch), ἐτάχθη (C. G. Haupt), ἐκράνθη (C. Reisig), ἐφράχθη (Caesar), ἐπράθη und ἀπρακτεῖ (Wieseler), πάραντα πράσσε (Lowinski), ἐπράχθη Ζηνὶ θεοῖσι κοιρανεῖν (Weil) sind nutzlos (vgl. Schoemann Mantissa anim. Anfang); gegen Stanleys Aenderung ἐπαχθῇ lässt sich nicht einwenden, dass ἐπαχθής sonst bei den Tragikern nicht vorkomme; es findet sich auch ἀπεχθής nur einmal bei den Tragikern (Soph. Ant. 50) u. das gewöhnlichere Wort ἀχθεινός ist hier weniger geeignet als ἐπαχθής.

51. Reisig τοῖσδ' ἔτ' οὐδέν, Blomfield καὶ τοῖσδ' οὐδέν, Hartung τοῖσδέ γ', Meineke Philol. XIX 230 τοῖσδέ τ', Koechly S. 401 ἔγνωκα κἀγώ, Nauck ἔγνωκα κἀγώ oder καυτός, Heinze τοῖς δ' ἐγ' οὐδέν, M. Schmidt τοῖσδ' ἐγὼ οὐδέν, O. Ribbeck versteht τοῖσδε von den Fesseln in der Hand des Hephästos.

64. Vgl. Hermann u. Bergk Jahrb. f. Philol. 81, 293.

66 f. Gewöhnlich schreibt man ὑπὲρ στένω (Schütz, Bothe); aber ὑπερστένω ist nur Correktur wegen des folgenden ἰχθρῶν ὕπερ στένεις. Helmsoeth, de diversa div. mend. emend. comm. altera. Bonn 1867 p. VIII σῶν ὅσον στένω (vgl. Eur. Phoen. 1430). — Ueber die Nachstellung der Präposition vgl. K. Lehrs Jahrb. f. Philol. 85 S. 312, meine Studien zu Aesch. S. 79.

77. Helmsoeth Wiederh. S. 35 τοῦδ' ἔργου, well die im Guelf. über der Zelle stehende Bemerkung εἰ κακὸν γένοιτο auf den Singular hinweise.

83. Blomfield vermuthet προσείθη nach Et. M. 478, 10 οὕτω καὶ οἱ Ἀττικοὶ .. χρῶνται τοῖς τρίτοις προσώποις τῶν παρατατικῶν ἐν τοῖς προστακτικοῖς· οἷον ἐτίθην, ἐτίθης, ἐτίθη, τίθη. **86** f. Elmsley προμηθίας. — Die Lesart anderer ll. τύχης ist Correktur für das missverstandene τέχνης.

94. Oberdick Zeitschr. f. öst. G. XXII S. 328 τρισμυριετῇ für τὸν μυριετῇ nach dem Schol. (s. oben.)

99. Ueber die Schreibung πῇ, οὐδαμῇ, εἰκῇ, σῴζω u. a. vgl. La Roche Zeitschr. f. öst. G. XVI 89, meine curae epigr. p. 45.

107. Ueber die Bildung des fünften Fusses vgl. meine Studien unter VII.

112. Die Verweisung auf Cho. 42 (Wunderlich obs. crit. in Aesch. tr. p. 113 u. Hermann zu Soph. Ai. 448) u. auf das lateinische hic dolor (Schömann) kann τοιάσδε nicht rechtfertigen; τοιάσδε wäre nur richtig, wenn ποινὰς ἀμπλακημάτων einen Begriff wie Uberschrift über χθονὸς πέδον, während hier ἀμπλακημάτων die ihm logisch gehörige Bestimmung auch grammatisch fordert, da erst so der Gedanke seine eigentliche Schärfe erhält (vgl. V. 563, 620). Aehnlich hat der Med. Ag. 1626 αἰσχύνουσ' für αἰσχύνων.

113. Die Lesart anderer Handschriften πασσαλευτὸς (Turnebus πασσαλευτὰς ὤν) ist nur eine Correktur des Überlieferten πασσαλευμένος (sic); Dindorf betrachtet πασσαλευμένος als Ueberschrift über προσπεπαρμένος; ὑπαιθρίοις verlangt einen Begriff wie αἰκιζόμενος; darum ist πασσαλεύμενος in προυσελούμενος zu ändern, vgl. meine Studien zu Aesch. S. 34. Die erste der oben angegebenen Erklärungen von προυσελεῖν ist gegeben von Buttmann Lexil. II 159, die zweite von W. Clemm in Acta soc. Philol. Lips. ed. Fr. Ritschl I 1 p. 77. — (Mittlerweile ist auch M. Schmidt Rh. Mus. 26 S. 223 auf προυσελούμενος gekommen.)

117. Dindorf τίς ἵκετ' αἶας τόνδε τέρμονα πάγον; vgl. dagegen Helmsoeth die Wiederh. S. 307.

139. Well betrachtet παῖδες u. Ὠκεανοῦ als Glosseme; die beiden ersten anapästischen Systeme entsprechen sich, wenn die Interjektion αἰαῖ αἰαῖ V. 136 nicht zählt (vgl. Sept. 870). Doch kann vor V. 152 eine Interjektion wie φεῦ φεῦ ausgefallen sein.

142. Leicht konnte προσπορπατός in πρὸς πατρός übergehen, indem πορ nach προ ausfiel. Die Variante des cod. Lips. προσπαρτός, welche Dindorf aufgenommen hat, ist desshalb sehr bedenklich, weil sie die Ergänzung von ἐγώ nothwendig macht.

156 f. Dindorf hat gesehen, dass in der anfänglichen Lesart des Med. μήποτε θεός μήτε τις ανος (in αλλος corrigiert: ανος ist die Verkürzung von ἄνθρωπος) die Erklärung ἄνθρωπος, welche über ἀνδρῶν geschrieben war, enthalten ist. Aber das ist ein Zeichen, dass der nom. θεός ursprünglich ist, und auch der dichterische Wechsel des Ausdrucks (vgl. Eum. 70, Soph. El. 199, Ai. 243) verlangt die Beibehaltung von θεός. Darum habe ich ἀνδρῶν, nicht aber auch θεῶν von Dindorf (μήτε θεῶν μήτε τις ἀνδρῶν) angenommen. — Elmsley u. Cobet schreiben ἐγεγήθει nach Hesych. ἐγεγήθει· ἔχαιρεν. Dindorf, welcher ἐπίγηθεν für möglich hält, bemerkt mit Recht, dass ἐπιγηθεῖν gerade hier passend sei. Durch Cho. 772 γηθούσῃ φρενί ist der vollständige Gebrauch von γηθεῖν für Aeschylus erwiesen.

161. L. Dindorf (Thesaur. I 2 S. 2320) hält die Form ἀσχολᾶν für unattisch statt ἀσχαλλειν (vgl. V. 303), so dass hier, V. 243 u. V. 764, wo auch Herwerden Exerc. crit. p. 63 ἀσχαλεῖ verlangt, ἀσχαλᾷ in ἀσχαλεῖ geändert werden müsste. Aber so gut die epische Sprache beide Formen kennt, so wenig Grund ist vorhanden dem höheren tragischen Stile des Aeschylus die eine Form abzusprechen. Zudem bleibt ἀσχαλᾶν durch Eur. Iph. A. 920 für den tragischen Sprachgebrauch gesichert. Der Sinn verlangt an keiner der drei Stellen das Futurum, wie Dindorf selbst anerkennt.

163. Hermann ἀστραφῆ, Dindorf ἄκναφον u. V. 182 δίδια δ' mit Porson für δίδια γάρ. Die doppelte Aenderung ist unstatthaft. Ahrens (Philol. XXIII 6) bezieht nach Hermanns Vorgang die Glosse des Hesych. ἀκανθόν· ἄγναμπτον auf unsere Stelle und corrigiert in ansprechender Weise ἀνάμπτον νόον· ἄγναμπτον.

170. Die anfängliche Lesart des Med. ἀφ' ὅτου ist von Weil wieder zur Geltung gebracht worden.

187. Der Med. bietet ἕξων Ζεύς· ἀλλ' ἔμπας δίω (ο in litura) mit einem überschüssigen Anapäste. Bruuck hat δίω weggelassen. Hermann nimmt mit Scholefield nach οἴω, welches er in οἴῳ ändert, eine Lücke an, um dieses anapästische System mit dem vorhergehenden gleich zu machen (zu dem gleichen Zwecke nimmt Weil eine Lücke nach ῥαισθῇ V. 189 an). Bothe u. Helmsoeth (die Wiederherstellung S. 248) halten mit Recht Ζεύς u. ἀλλ' für beigesetzte Erklärung.

203. Der von Nauck Z. f. Alt. 1855 S. 110 unter Vergleichung von Eur. Hec. 789 angefochtene V. wird von Weil mit Recht in Schutz genommen.

210. 'Itaque potius Γαῖα mater Themidis intelligenda, nisi forte totum hunc versiculum ab interpolatore adlectum esse placeat' Schütz. Auch Jacobs Att. Mus. III S. 406, Schömann, Caesar lassen Gäa von Themis verschieden sein. Dagegen erklären sich Hermann, Welcker Tril. S. 39, Ahrens über die Göttin Themis. I. Hannover 1862 S. 9, K. Keil Philol. XXIII S. 608, Weil u. a. Reisig nimmt eine Lücke zwischen V. 209 u. 210 an.

209. Elmsley u. Dindorf κρανοῖτο.
213. Wunder Advers. In Soph. Phil. p. 37 ὑπειρόχους, Hermann ὑπερτέρους.
217. Auch der Schol. hatte προσλαβόντι: gewöhnlich wird die Lesart anderer H. προσλαβόντα aufgenommen. S. oben.
223. Hermann mit einigen geringeren Handschr. τιμαῖς. — Die seit Blomfield aus zwei geringeren H. gewöhnlich aufgenommene Lesart ἀντημείψατο ist nur eine Ersetzung des ungewöhnlichen durch das gewöhnlichere.
234. Elmsley τοιαίδ᾽.
239. Nauck Bulletin de l'Acad. de St. Pét. 1860 S. 317 ἐν οἴκτῳ θέμινος εἶτ᾽ οἴκτου τυχεῖν. Die Erklärung von Passow 'sich jemand in seinem Mitleid zur Aufgabe machen' kann allerdings nicht richtig sein.
246. Hermann φίλοισιν οἰκτρός, weil in einigen H. φίλοισιν steht (Hesych. οἰκτρά· ἐλεεινά, οἰκτρός· ἐλεεινός). Es scheint φίλοις γ᾽ nöthig zu sein (vgl. Blomfield Gloss. zu V. 1018).
248. Das τ᾽ nach θνητούς im Med. verdankt man wie V. 776, 946 einer Caprice der Abschreiber, vgl. meine ars Soph. emend. p. 27. Ueber θνητούς γ᾽, wie einige H. haben, vgl. Meineke Philol. XIX 231. Hermann γε παύσας, dazu Hartung κατοικίσας. — Weil der Mod. προσδέρκεσθαι mit ausradiertem σ hat (vgl. Cho. 647 προσχαλκεύει für προχαλκεύει), vermuthet Keck Jahrb. f. Ph. 81, 479 προσόσσεσθαι, weil es nicht denkbar sei, dass die Menschen, welche ein dumpfes Traumleben führten, den Tod vorausgewusst hätten. Vgl. Well's Anmerkung.
253. Meineke a. O. φλογωπὸν φῶς (wie Sept. 25 πυρὸς für φάους in den Text gekommen). Aber der Beisatz φλογωπόν und der Nachdruck, der auf ἐφήμεροι liegt, lässt eine solche Aenderung als unnöthig erscheinen.
255—57 sind in den Handschriften sämmtlich dem Chorführer gegeben. Die Stichomythie ist von Welcker Tril. S. 62 (Nachtrag S. 69) hergestellt worden. Der Zusatz οὐδαμῇ χαλᾷ ist die Bestätigung dafür. — O. Ribbeck αἰνίζεταί γ᾽.
260. Ueber die Erklärung von ἥμαρτες vgl. Moller Philol. VIII 753, Caesar Philol. XIII 608, Welcker Götterlehre II S. 259.
264. Reisig τοὺς κακῶς πράσσοντας· αὐτὸς ταῦθ᾽, Elmsley εὖ δὲ ταῦθ᾽. Vgl. Eum. 313.
268. Elmsley τοιαισίδε u. τυχών. Wahrscheinlich ist τοιαῖσδέ με zu schreiben, da Aeschylus τοῖος nur zu gebrauchen scheint, wo die Form τοιόσδε für das Metrum nicht bequem ist (Prom. 920, Sept. 580, Suppl. 400, Pers. 606, Eum. 378).
271. Die Aenderung von καί μοι in καί τοι (Blomfield, Hermann) ist ungeeignet. S. oben.
272. Schol. γρ. βλάβας, eine ungeschickte Erklärung.
275. Weil πυκνά τοι oder πανταχοῖ.
291. Madvig (Advers. crit. p. 189) οὐκ ἔστ᾽ ἂν ὅτῳ; eher νεί-

Anhang. 135

μαιμ' ἄν (ohne ἦ σοι), wenn Madvigs Meinung von der Nothwendigkeit des ἆν richtig wäre.

298. Dindorf ἴα, | τί χρῆμα λύσσω nach Cho. 10.

313. Schoemann erklärt χόλον μόχθων 'der Strafe Grimm d. h. der Grimm, der sich in den dir auferlegten Leiden ausspricht' u. vergleicht ὧν δίδωκ' εὔνοιαν (V. 446). Eher könnte man ἀλατείαις πόνων (V. 900) beiziehen; aber beides ist verschieden, da das gleiche Verhältniss nur bei der Beziehung von μόχθων auf Zeus stattfände. Unpassend ist die Ansicht Caesars (Philol. XIII 609), welcher μόχθων mit παιδιάν verbindet. Zudem ist die Stellung von τὸν νῦν χόλον παρόντα für τὸν νῦν παρόντα χόλον weit erträglicher, wenn noch eine zu χόλον gehörige Bestimmung folgt. Gegen M. Haupt (ind. lect. Derol. 1860 S. 6), welcher jene Stellung weder durch die Rücksicht auf gewählte Sprache noch durch das Bedürfniss des Versmasses für gerechtfertigt hält, verweist Dindorf (Jahrb. f. Phil. 87 S. 75) auf Thuc. I 11 (vgl. Classen z. d. St.), III 54, Xen. Anab. V 3, 4. Sehr vielen Beifall hat die Aenderung von Doederlein (Reden u. Aufs. S. 393) gefunden, der ὄχλον für χόλον schreibt ('Masse' vgl. μυρίοις V. 541). Meineke (Philol. XV 139) hat ὄκλον vermuthet, später aber (Soph. O. Col. p. 227) der Vermuthung Haupts a. O. τὸν νῦν πολὺν παρόντα μόχθον den Vorzug gegeben. Der Sinn verlangt den Begriff χόλος als Vermittlung zwischen den mit πλύει u. μόχθων angegebenen Vorstellungen. Ich habe desshalb τὸν νῦν χόλον παρόντα μόχθον geschrieben; χόλου ging nach τὸν νῦν in χόλον über (vgl. V. 792 πόντον für πόντου, 806 πόρον für πόρου).

328. Auf die Verbindung von ἀκριβῶς mit περισσόφρων hat Meineke Philol. XX 51 aufmerksam gemacht.

331. Die Handschriften geben μετασχών. Kiehl (S. 55) will voraus αἰτίας in αἰκίας ändern u. V. 331—33 aus dem Text entfernen, weil weder die Sage etwas von einer Gemeinschaft des Okeanos und Prometheus wisse noch der Charakter u. die Rolle des Okeanos eine solche Theilnahme anzunehmen gestatte. In der That schliesst V. 234 die Theilnahme eines anderen Gottes ausdrücklich aus; an eine Interpolation ist jedoch nicht zu denken. Weil hat auf Grund der Scholien, welche ἐμοὶ συναλγῶν bieten, πόνων μετασχεῖν καὶ τετολμηκὼς ἐμοί geschrieben. Aber die Worte der Schol. ὅπερ ἦν σοι δυνατὸν ἐπ' ἐμοὶ ποιῆσαι weisen deutlich auf πάντων hin u. die Worte des älteren Scholions θαυμάζω σε πῶς οὐδὲν πέπονθας ὑπὸ Διὸς συναλγῶν μοι geben nur eine allgemeine Erklärung. Was aus V. 373 f. folgt, ist oben gezeigt. Weil man καί nicht im Sinne von 'auch nur', sondern von 'und' nahm, ging μετασχεῖν wegen τετολμηκὼς in μετασχόν über. (Die für die Ergänzung von μετά zu τετολμηκὼς [Schütz, Welcker Rh. M. XI 315] angeführten Belege Soph. Ant. 537 und O. R. 347 sind nicht treffend.)

334. Fr. W. Schmidt Anal. Soph. et Eur. 1864 S. 86 πημανθῇς μολών.

345. Hirschig οὐ κτλ. — Brunck hat überall εἵνεκα in οὕνεκα

geändert; aber οὕνεκα (οὗ ἕνεκα vgl. ὁθούνεκα) kann nur Conjunktion, nicht Präposition sein. Vgl. meine curae epigr. p. 36.
347—372 sind in den Handschriften dem Okeanos gegeben. Elmsley hat sie mit Recht zur Rede des Prometheus gezogen. (Wieseler u. Bergk Z. f. Alterth. 1851 S. 533 wollen V. 347—369 oder 347—365 dem Okeanos lassen.) Sehr richtig bemerkt Hartung 'die Erzählung von Jupiters Thaten ist so grossartig, dass der Dichter durch den Mund des Prometheus fast zu vernehmlich sich selbst kund gibt'. Vgl. auch Well's Anmerkung.
348. Nach Valckenaers Bemerkung zu Eur. Hipp. p. 277, dass πρός hier, wo an keine Bewegung oder Richtung gedacht werden könne, den Dativ haben müsse, haben Hartung u. andere πρὸς ἑσπέροις τόποις in den Text gesetzt (Bergk Jahrb. f. Philol. 1860 S. 417 schreibt προσεσπέροις τόποις); eher müsste man ἐς als Wiederholung der ersten Silbe von ἑσπέρους, πρός aber als metrische Correktur für ἐς betrachten und dem Acc. der Ueberlieferung entsprechend καθ' ἑσπέρους τόπους schreiben. Aber s. oben.
349. Blomfield ἕστηκε κίων . . ἐρείδων ἄχθος. — Unrichtig hält Schömann κίον' für den Dual: etwas anderes ist der Plural bei Homer.
354. Galsford u. Porson ὅστις (ohne πᾶσιν) ἀντίστη, Wunderlich (observ. crit. in A. tr. Gott. 1809 p. 27) πᾶσιν ὃς ἀνίστη (vgl. dagegen Bergk Z. f. Alterth. 1835 S. 946, Dindorf ebd. 1836 S. 5); Naeke opusc. I 175 nimmt eine Lücke zwischen πᾶσιν ὅς u. ἀντίστη an; G. Schneider und Bergk στάσιν ὃς ἀντίστη, Kviçala παῖς ὃς ἀ., Wieseler πάλιν u. πᾶσιν ὃς ἀ., Weil εἰς ὃς ἀ., Heimsoeth (de diversa div. mend. emend. Bonn 1866) πᾶσιν ὃς προύστη (was früher schon Lobeck vorgeschlagen, aber wieder zurückgenommen hat: zu Soph. Ai. 803 p. 355²). Einzig richtig scheint Hermanns Emendation.
359 Heimsoeth Wiederh. S. 98 ἐκφυσῶν φλόγα.
378. Die Handschriften haben ὀργῆς νοσούσης, Stobaeus flor. XX 13 ὀργῆς ματαίας (u. αἴτιοι für ἰατροί), Plut. in consol. ad Apoll. p. 102 B ψυχῆς γὰρ νοσούσης εἰσὶν ἰατροὶ λόγοι, ἵ‌ταν τις ἐν καιρῷ γε μαλθάσσῃ κέαρ, Themist. or. VII p. 98 φάρμακον δὲ ὀργῆς οἰδαινούσης τὸ μὲν αὐτίκα λόγος ἐστὶν, ᾧ σὺ τηνικαῦτα ἰπραΰνας σφαδάζουσαν καὶ ζέουσαν ἔτι. — Hermann welcher bemerkt 'νοσοῦσα non erit nimia et modum excedens ira intelligenda, sed quae non impleat modum nec possit recte censeri ira esse', hat nach Plutarch ψυχῆς νοσούσης geschrieben, dabei aber nach schol. A οἱ λόγοι οἱ παρακλητικοὶ θεραπεύουσι τὴν ὀργὴν ἀγριαίνουσαν καὶ ἐπαιρομένην an ὀργῆς σφριγώσης gedacht, was Heimsoeth Wiederherst. S. 139 zur Geltung bringt. Reisig vermuthet ὀργῆς νοσούσιν, Dindorf ὀργῆς ζεούσης, Weil φρενὸς νοσούσης. Bei Themistius ist ὀργῆς οἰδαινούσης die Paraphrase von ὀργῆς σφριγώσης, σφαδάζουσαν καὶ ζέουσαν ἔτι von σφυδῶντα θυμόν. Ebenso weisen die bei Cic. Tusc. III 31 (s. oben) der Uebersetzung vorausgehenden Worte erat in tumore animus auf ὀργῆς σφριγώσης wie gravescens auf σφυδῶντα hin.
384. Turnebus τήνδε τὴν νόσον.

388. Hermann *δόκει σύ*, Weil *μεῖζον δοκήσει*.
398 ff. Zur Herstellung der Responsion hat Heath *δὲ* u. *λειβο-
μένα* weggelassen (n. Im Dg. V. *ἴυγξ* nach Par. A geschrieben). 'Sed
particula abesse non potest neque *λειβομένα* delendum est, sed excidit
aliquid in antistropha' Hermann, welcher *δακρυσίστακτον ἀπ*'.. *ῥα-
δινῶν δ' εἰβομένα* schreibt u. über die Lesart *ῥαδινόν* bemerkt 'po-
test videri verum esse, ut Aeschylus expresserit *τέρεν δάκρυον*'. Wegen
der bedenklichen Stellung von *δὲ* s. oben zu V. 321, Burgard quaesit.
gramm. Aesch. p. 71. Well *δακρυσίστακτον ἀπ*'.. *δ' ἀδινόν*. G.
Wolff Rh. Mus. 19, 464 (früher schon Hermann El. d. metr. p. 494)
δακρυσιστακτί δ'. Das mit dem *α* priv. zusammengesetzte *ἀστακτί*
darf nicht als Beleg gelten. Es ist einfach *δακρυσίστακτα δ*' zu
schreiben.
407. Hermann ⟨*δακρυζίει*⟩ *στένουσα* (so geringere H. für *στέ-
νουσι*), Dindorf ergänzt *περθομέναν*, Well *τ' ἰσχοτιαί*. Ich halte *θ'
ἑσπέριοι* für den nothwendigen Begriff. S. oben.
420. Das handschriftliche *Ἀραβίας* ist metrisch unrichtig u. die
Lage des damals wohlbekannten Landes konnte nicht In so ungeheuer-
licher Weise verrückt werden. (Boissonade *Ἀβαρίας*, Schütz *Χαλυβίας*,
Wieseler nach Plin. N. H. VI 17, 19 *Ἀραμίας*); Hermann *Σαρματῶν*,
Helmsoeth (Wiederh. S. 488 u. de interpol. comm. alt. p. 1) *Χαλκί-
δος* (das scythische Chalkis vgl. Steph. Byz. unter *Χαλκίς*), B. Poss
Ἀερίων. — Hartung *Ἀρίας τ*' oder *Κάρίας* wegen Cho. 423: das
letztere unterliegt grossem Bedenken (vgl. meine Studien S. 12). Der
Dichter konnte die Quantität eines solchen Wortes nach Willkür be-
handeln, wie er Pers. 318 *Μάγος* gebraucht u. ebd. 29, 302, 31,
957 die vorletzte Silbe in *Ἀρτεμβάρης* u. *Φαρανδάκης* bald lang bald
kurz genommen hat.
422. Hermann *Καυκάσου πύλας*, Wieseler *Καυκάσου λέπας*. —
Das Lemma des Schol. u. mehrere H. haben *νέμονται*: Ich habe die
Lesart des Med. *νέμουσιν* beibehalten als Abwechslung nach *νέμονται*
V. 412.
425—430. Hermann stellt zwischen 425—430 und 431—435
antistrophische Responsion her; ebenso unten zwischen 901—903 und
904—6. In beiden Fällen sind dazu die gewaltsamsten Aenderungen
nöthig, welche die Beschaffenheit der Ueberlieferung nicht gestattet. —
Die Handschriften haben *δαμέντ' ἀκαμαντοδέτοις* (Colb. 1 *ἀδαμαντο-
δέτοις*) *Τιτᾶνα λύμαις εἰσιδόμαν θεὸν Ἄτλανθ' ὅς* (Med. *ὡς*) *αἰὲν
ὑπείροχον* (*ὑπίροχον* Viteb.) *σθένος κραταιὸν οὐρανοῦ τε πόλον νώ-
τοις ὑποστενάζει*. Dass diese Stelle durch Interpolation gelitten hat,
ist von O. Ribbeck Rh. Mus. 14, 627 bemerkt worden, welcher *δα-
μέντ' ἀκαμάτοις εἰσιδόμαν θεόν* schreibt: *Τιτᾶνα* ist eine Bemerkung
zu *θεόν*; das widersinnige *ἀκαμαντοδέτοις* rührt von der Ueberschrift
ἀδαμαντοδέτοις λύμαις her (aus V. 148; vgl. die ähnliche Verderbniss
V. 6); aber auch *Ἄτλαν* oder *Ἄτλανθ*' gibt sich als Interpolation zu
erkennen. Mit *δαμέντ' ἀκμάτοις εἰσιδόμαν θεὸν ὅς* ist ein entsprechen-
des Metrum hergestellt (vgl. z. B. Eur. Andr. 1027). — Vor *οὐράνιόν*

τε πόλον fehlt der Begriff Erde: Hermann Ἄτλαντος ὑπέροχον σθένος κραταιόν, ὃς γᾶν οὐράνιόν τε, Halm (lectt. Aeschyl. Monach. 1835) 'Ἄτλανθ᾽ ὃς αἰὲν ὑπερέχων χθονός (χθονός schon Schütz) κραταιόν, Ludwig u. Pleitner (Beiträge zur Kritik u. Erkl. von A. Agam. u. S. Antig. S. 23) ὃς αἰὰν für ὃς αἰὲν (αἰα heisst 'Land', nicht 'Erde'). Ich habe γᾶς vor αἰὲν eingesetzt. — Für ὑποστενάζει schreibt Hermann, um den Begriff des Tragens zu gewinnen, ὑποστεγάζει nach Hesych. στέγει· βαστάζει, ὑπομένει, Aesch. frg. 298 πατρὸς [Ἄτλαντος] μέγιστον ἆθλον οὐρανοστεγῆ; Dindorf ὀχῶν στενάζει; der Begriff στενάζειν muss wegen des folgenden beibehalten werden (s. oben): ich habe desshalb ὑποστέ⟨γων στε⟩νάζει geschrieben. — V. 431—435 will Ribbeck vor V. 425 setzen als Fortsetzung der vorausgehenden Strophen. S. oben.

433. Dindorf versetzt δ' nach Ἄϊδος.
442. Koechly (S. 402) βροτοῖς δ' εὑρήματα, Meineke δὲ πράγματα: das überlieferte ist richtig. S. oben.
446. Meineke εὔσοιαν.
450 ff. Porson κοῦτι. — Ueber ἀήσυρος vgl. G. Curtius Studien z. gr. u. l. Gr. l 2 S. 297.
458. Dobree ὁδούς aus Stob. ecl. phys. l 1, Hermann φύσεις: dass δυσκρίτους auch zu ἀντολάς gehört, hat Heimsoeth Wiederh. S. 43 bemerkt.
461. Hemsterhuis (zu Lucian. l p. 88) μνήμης (u. γραμμάτων τε σύνθεσιν). Die Bemerkung Hermanns 'multo aptius et commodius cum aperto genitivo coniungitur ἐργάνην, quam si Μουσῶν ei μουσομήτορα esset intelligeudum' kann nichts gegen die Uebereinstimmung der Handschr. u. des Stobaeus entscheiden. Es ist auch minder richtig gesagt, zu ἐργάνη sei Μουσῶν aus μουσομήτορα zu ergänzen.
463. Hermann will das überlieferte σώμασιν von den Körpern der aufsitzenden Reiter verstehen u. vergleicht σωματηγός, σωματηγεῖν; aber in diesem Sinne passt es nicht zu ζεύγλαισι, auch nicht zu dem Gedanken ὅπως . . μοχθημάτων γένοιντο.
472. Brunck πέπονθας αἰκὲς π. ἀ. φρενῶν πλάνῃ, Hermann π. αἰκὲς π. ἀ. φρενῶν, κακός δ᾽ . . πεσὼν κακοῖς ἄθυμεῖς, Hartung π. εἰκὸς πῆμ', Weil π. ἀπηθὲς πῆμ', Heimsoeth Kr. Stud. 263 αἰκὲς πεπονθὼς πῆμ'. S. oben.
475. Hartung ἰατέον, Nauck (Bulletin de l'Ac. de St. Pét. 1863 S. 34) u. Meineke (Philol. XX 52) ὅτοις εἰ (oder οἷοις εἰ), Heimsoeth u. Weil ἰάσιμον, Herwerden exerc. crit. p. 93 ἱστός εἰ. S. oben zu V. 42.
495. Die Lücke zwischen V. 494 u. 495 hat Hermann bemerkt ('nam non solum copula deest, sed etiam fellis color et forma res alienae sunt'). Dass auch ein neues Verbum erforderlich ist, hat Weil gesehen. (Caesar Philol. 13, 610 will χολῆς λοβός als einen Begriff betrachten 'der λοβός an welchem die Gallenblase sich befindet'; Heimsoeth Wiederh. S. 222 χολῆς τε ποικίλην λοβοῦ τ' εὐμορφίαν).
496. Reisig χἄμ' ἄκραν, Hartung σύν τ' ἄκραν (eher συγκα-

λυπτά τ' ἠδ' ἄκραν). Schömann 'lauges Rückenstück', aber ἡ ῥάχις τρεῖς ἐπωνυμίας ἔχει, καὶ ἡ μὲν πρώτη καλεῖται αὐχήν, ἡ δὲ δευτέρα ἰξύη, ἡ δὲ τρίτη ὀσφύς Et. M. p. 636, 23. Hermann 'μακρὰν ὀσφὺν dicit, quod ea pars etiam caudam comprehendebat'. Allerdings hatte nach dem schol. zu Eur. Phoen. 1255 (vgl. Aristoph. Pac. 1054) der Schwanz des Opferthieres besondere Bedeutung in der Empyromantie u. es ist möglich, dass nach V. 496 ein V. ausgefallen ist, indem das Auge des Schreibers von καὶ μακρὰν | ⟨πέρκον⟩ auf ⟨ἄκραν⟩ ὀσφῦν abirrte. Zu der obigen Erklärung vgl. Caesar a. 0.
511. Keck μ' αἶσα für μοῖρα.
522. Helmsoeth Kr. St. S. 142 τοῦτον für τόνδε δ'.
535. Hermann u. Bergk μάλα μοι τόδ' ἐμμίνοι.
541. Excidisse videtur adverbium 'crudeliter' significans. Hermann. Dindorf γυιοφθόροις, Hartung θεῖον δέμας, Helmsoeth μυρίοις δέμας διακναιόμενον μοχθήμασιν.
543 f. Für ἰδίᾳ γνώμᾳ Reisig αὐτογνωμόνως (γν macht Position), Dindorf αὐτόνῳ (ohne Gewähr) γνώμᾳ, Meineke αὐτόβουλος ὢν (Sept. 1058), Well οἰόφρων γνώμαν, Heimsoeth (de Interp. c. alt. p. XI) αὐτοβουλίᾳ (ein spätgriechisches Wort). S. oben. — Dindorf ἴδ' für φίρ'.
548. Reisig ἀντόνειρον (ebenso ist Cho. 319 ἰσοτίμοισρον aus ἀντίμοιρον u. übergeschriebenem ἰσο— entstanden). Hermann in V. 558 λέχος εἰς für καὶ λέχος.
549 ff. Hermann ἁρμονίαν βροτῶν, Dindorf οὔποτε θνατῶν τὰν Διὸς ἁρμονίαν ἀνδρῶν. Ich habe θνατῶν und V. 560 πείθων (gewöhnlich πιθών nach anderen Handschr.) beibehalten.
559. Dass auch hier Hesione als Schwester der Okeaniden, nicht wie Hermann meint als Schwester des Prometheus, bezeichnet wird, ergibt sich daraus, dass die Okeaniden den Brautgesang singen.
561. Ueber Io in der Kunst vgl. R. Engelmann de Ione. Halae 1868 u. Archäolog. Zeit. III S. 37.
564. Dindorf nach Guelf. u. Robort. ποιναῖς.
568. Dindorf mit Schleusner (zu Et. M. p. 60, 8) ἀλεῦ δᾶ, Hermann mit Monk ἄλευε δᾶ. Zu der Erklärung vgl. Ahrens Philol. XXIII 206.
570. Wieseler δόλιον ἄμμ', Koechly φόνιον ὄμμ', Thomas (Münch. Gel. Anz. 1859, 49 S. 385) θαλερὸν ὄμμ'.
575 f. Hartung ὑπνολέταν. — Hermann ἄγουσιν ⟨μακραὶ· oder χθονὸς⟩ πλάναι; Dindorf ergänzt πάλιν.
599. Hermann κέντροις ⟨φρένας⟩ oder κεντήμασιν.
601. Hermann ergänzt Ἥρας aus dem Schol. τοῖς τῆς Ἥρας: aber dieser Scholiast hat Ἥρας offenbar nicht im Text gehabt; passender ist eine allgemeine Bestimmung, die nicht leicht eine andere als ἄλλων sein kann.
624. Hermann ist geneigt nach diesem V. den Ausfall des vom Schol. angeführten V. ἃ δεῖ γενέσθαι, ταῦτα καὶ γενήσεται anzunehmen.
628. Cobet Nov. Lect. p. 655 führt für die Länge des α in

θράξαι das Wortspiel bei Aristot. Rhet. III 11, 2 Θρᾴττης εἶ und θράττει σε an.

629. Drunck nach einer von Turnebus angeführten Lesart μᾶσσον ἢ ὡς. Elmsley dachte an μασσόνως ἢ 'μοί, Hermann an μᾶσσον ὤν ἐμοί. Dindorf hat ὤν aufgenommen vgl. dagegen R. Foerster de attractionis usu Aesch. p. 28 ("consentaneum non est modum curandi et rem ipsam ad quam cura spectat inter se comparari"). Das überlieferte ὡς haben Bekker Homerische Blätter S. 314, Meineke Philol. XIX 237, Schoemann, Lehre von den Redetheilen S. 233, welcher zu dem Resultate kommt, dass ὡς nach dem Comparativ wenigstens rationell ebenso gut berechtigt sei als ἤ oder das gleichbedeutende deutsche 'als' und 'wie' (vgl. Gött. Gel. Anz. 1862. II S. 729 f.), mit den oben ang. Beispielen gerechtfertigt.

636. O. Ribbeck ist geneigt diesen V. als Interpolation zu streichen, um auch hier die so häufig wiederkehrende Vierzahl der Verse herzustellen. Mit mehr Recht wird man den 5 Versen des Prometheus die 5 ersten Verse der Io entsprechen lassen.

642. Med. (mit den meisten Handschr.) ὀδύρομαι, dabei γρ. αἰσχύνομαι. Mit Unrecht verschmäht man allgemein die gute Ueberlieferung u. nimmt eine schlechte Correktur dafür auf; denn etwas anderes ist αἰσχύνομαι nicht. Wieseler ὀρίνομαι.

657. Weil zieht νυκτίφοιτα φάσματα (nach Soph. El. 502) vor.

677. Blomfield ἀκτήν τε Λέρνης, Reisig u. Hermann Λέρνης τ' ἐς ἀκτήν. Wahrscheinlich verdankt man die Lesart ἄκρην der Ueberschrift κρήνην über νᾶμα (Λέρνης τε νᾶμα vgl. frgm. 399 ναρᾶς τε Λέρνης, Eur. Phoen. 126 Λερναῖα νάματα).

680. Porson αἰφνίδιος αὐτὸν μόρος, Galsford (zu Hephaest. p. 242) ἐξαίφνης μόρος, Hermann αἰφνίδια, Wieseler αἰφνηδίς (vgl. Hermanns Anm.).

686. Koechly (S. 403). Γχθιστον (vgl. II. 9, 312): Γχθιστον wäre am Platze, wenn wie V. 1069 gesprochen würde.

688 ff. Med. οὔποτ' οὔποτ' ηὐχόμην· ηὔχουν schol. u. mehrere H. — Hermann οὐπώποτ' οὐπώποτ' nach einigen H.; Dindorf hält den Text für lückenhaft: οὔποτ' οὔποτ' ηὔχουν ἐν ἄντροις ἐμοῖς ὧδε παραξένους μολεῖσθαι λόγους εἰς ἀκοὰν ἐμάν, Schömann οὔποτ' οὐπώποτ', Heimsoeth Kr. Stud. S. 221 ηὐχόμαν τοιουσδὲ σκυθρoὺς μολεῖσθαι. Ich habe σύποθ' ⟨ὧδ'⟩ οὔποτ' geschrieben. — Hermann πήματα, λύματ' ἀμφάκει σὺν κέντρῳ, Meineke Z. f. Alt. 1844 S. 11 ψήξειν (vgl. Stob. Π. 38, 53 ὥσπερ ὁ ἰὸς σίδηρον, οὕτως ὁ φθόνος τὴν ἔχουσαν ψυχὴν ἀναψήχει), Dindorf δείματ' ἐμὰν ἀμφάκει κέντρῳ ψήξειν ψυχάν; die Aenderung von Weil, welcher ψύχειν mit Eum. 161 gerechtfertigt hat, erscheint als die annehmbarste.

706. Hartung θυμῷ ἔμβαλ'.

708. Hermann τρέψασα nach einigen H.

712 f. Die Handschriften haben ἀλλ' ἁλιστόνους γυιοπέδας: Turnebus πόδας, Elmsley γ' ὑπό, Hartung ἀλλὰ λισσάσιν πόδα, Hermann ἀλλὰ γυῖ' ἁλιστόνοις. Die über πέδας geschriebene Erklärung γυῖα

(Hesych. γυῖα, μέλη, χεῖρές τε καὶ πόδες) hat das Wort Γύποδας geschaffen, worin man den Namen eines Volkes fand (Γήπαιδες, Gepiden). — Meineke (Philol. XX 718) nimmt zwischen πιλάζειν u. ἀλλ' eine Lücke an (οὐ γὰρ προσήγοροι ξένοις πέλουσιν); Jos. Meyer (S. 16) will nach V. 713 die V. 729—31 einsetzen: eine Lücke nach V. 713 sucht B. Foss (S. 24) zu erweisen. S. oben.
717. Hermann nimmt auf Grund der oben angeführten Stellen den Ausfall eines Verses an: σμερδνοῖς Ἀράξην κύμασιν βρυχώμενον. Vgl. dagegen Weil's Anm. Rohort hat ἥξεις δ' Ἀράξην. — Reisig will V. 717—28 nach V. 791 versetzen.
735. Elmsley Ἀσίδ' für Ἀσιάδ'.
738. Helmsoeth Wiederh. S. 97 ἐπέσκηψεν (vgl. Pers. 102, 514, 740): ἐπέρριψεν ist charakteristischer.
741. Zu μηδίπω 'ν vgl. Ag. 1200, wo Enger ἀλλόθρῳ 'ν emendiert hat. Wieseler μηδ' ἱπῶν ἐν φροιμίοις.
760. Med. τῶνδε μαθεῖν σοι (ν σοι in Iltura) πάρα: Turnebus τῶνδέ σοι μαθεῖν πάρα. Schütz vermuthet τῶνδέ σοι γηθεῖν πάρα, Weil τῶνδ' ἰανθῆναι πάρα. Die Stellung μαθεῖν σοι führt auf γαθῆσαι (wie Cho. 772 γαθούσῃ geschrieben ist) d. i. γηθῆσαι. Vgl. zu V. 157.
761 f. Meineke σκῆπτρα δὲ στερήσεται oder δ' ἀποσυλήσεται. — Zu πρὸς αὐτὸς αὐτοῦ vgl. M. Haupt a. O. S. 3. — Ludwig μενεόφρων.
766. Brunck θεμιτὸν für ῥητόν.
770. Andere II. haben πρὶν für πλὴν u. λυθῶ für λυθείς: Dindorf πλὴν ἐὰν ἐγὼ 'κ δεσμῶν λυθῶ. Wieseler ἄν' (d. i. ἀναλυθείς) für ἄν.
776. Blomfield μή τι, Hermann σαυτῆς γ'. Vgl. zu V. 248.
780. Weder darf man εἰ πόνων corrigieren noch gestattet γὰρ den Satz ἢ πόνων — ἐμέ unabhängig zu machen.
782 f. Ueber die Aenderung τούτοιν vgl. meine Studien S. 46. — Helmsoeth Kr. SL 247 ἀτιμάσῃς μ' ἔπους.
794 f. Hermann Φορκυνίδες für αἱ Φορκίδες, ebenso V. 797 οὔτε νύκτερος. — Wieseler κυκνόφορκοι nach Hesych. φορκόν· λευκόν, πολιόν, ῥυσόν u. Eur. Bacch. 1362 πολιόχρως κύκνος.
801. Elmsley τοιοῦτον ἔν σοι, Blomfield τοιόνδε μέν σοι: vgl. dagegen meine curae epigr. p. 30.
803. Dindorf ἀκλαγγεῖς.
806 f. Wieseler Πλουτωνόσπορον. — Elmsley γῆς. Bergk, welcher Jahrb. f. Philol. 81, 409 über die παντοτρόφος λίμνη handelt, Κελαινῶν, Wieseler κελαινόφυλον.
817. Dindorf ἐπανδίπλαζε. Vgl. C. Fr. Müller de ped. sol. p. 15.
822. Hermann hält auch ἦν πρὶν ἠτούμεσθα für möglich, was Koechly (S. 403) empfiehlt.
829. Porson γάπεδα, welches sonst die Bedeutung 'Grundstück', κηπίον hat. Meineke λάπεδα.
835. Turnebus ἔσεσθ' εἰ. Dindorf 'hic versus aut delendus est

aut ex duobus versibus defectis conflatus'. Dass nur die Worte μέλλουσ' ἔσεσθαι als Glossem zu tilgen sind, haben Hartung (ἦ δὴ μάκαιρ' εἰ), Heimsoeth Wiederh. S. 177 (κλύουσαν εἴ τι), Weil (εἰ τὴν τάλαιναν) gesehen. Ueber den Gedanken s. oben.
836. Weil nimmt nach diesem V. eine Lücke an. Der Gedanke 'donec ad hanc orbis extremam rupem ventres' liegt im praes. χειμάζει.
848 ff. Madvig (adv. crit. p. 192) τίθησ' ἐγκύμονα. Dindorf tilgt mit Elmsley V. 849, der an die Stelle eines andern getreten sei. Hermann nimmt nach demselben eine Lücke an (παύσας τε μόχθων τῶνδε φιτύει γόνον nach Suppl. 312); Heimsoeth Wiederh. S. 459 setzt φιτύει γόνον an die Stelle des als Glossem betrachteten καὶ θιγών μόνον (u. schreibt ἐπαφῶν τ'); Wieseler γέννημ' ἀφῶν für γεννημάτων (Heimsoeth hiefür φιτυμάτων): lauter unnöthige Aenderungen. — (In der oben angeführten Stelle Suppl. 576 habe ich δίῳ für das überlieferte βία geschrieben.)
858. Med. mit den meisten II. θηρεύσοντες, was Weil mit der Bemerkung vertheidigt, dass θηρᾶν u. θηρεύειν öfters bei Aeschylus 'erjagen, erreichen' bedeute. Dindorf θηρεύοντες aus einigen II. Der Dichter würde θηράσοντες geschrieben haben, wenn er nicht das praes. hätte setzen wollen (Cho. 493 hat Dindorf θῶ' ᾑρέθης emendiert). Vgl. Sept. 406 μαντεύεται von erster, μαντεύσεται von zweiter Hand.
859 f. σωμάτων kann nur auf die Jungfrauen, nicht auf die Jünglinge bezogen werden. Hermann nimmt zwischen δέξεται u. θηλυκτόνῳ eine Lücke an. Andere lesen δαμέντα (wie eine geringe Handschr. hat) oder δαμέντας. Der Fehler scheint in δέξεται zu liegen: Hartung πλάγξεται, Schömann Philol. XVII 228 δ' ἐνέξεται .. ἄγει δαμέντων, W. Hoffmann Jahrb. f. Ph. 85, 589 δινεῖται .. Ἄρει δαμάρτων. Der Mangel der geläufigen Cäsur scheint Anlass gewesen zu sein, dass δ' αἱμάξεται in δὲ δέξεται überging.
870. Hermann mit Schütz δὲ für δεῖ. Die Schollen, welche Hermann zur Bestätigung anführt, gehören zu V. 875.
872. Da mehrere andere Handschriften in der Stellung von ἐκ τῶνδε schwanken (τῶνδ' ἐκ πόνων ἐμέ, ἐκ πόνων τῶνδέ με, ἐκ πόνων τῶν ἐμέ, πόνων τῶν ἐμέ), so scheint die Lesart des Med. κλεινοῖς eine Verbindung von κλεινός und ἴνις (ινος und ινις), ἐκ τῶνδε aber nachträgliche Ergänzung zu sein (τόξοισι κλεινὸς ἴνις ὅς πόνων ἐμέ).
874 f. Hermann aus Guelf. Τιτανὶς θεῶν, Heimsoeth Τιτανὶς θεός. — Einige Handschr. haben χρόνου für λόγου (vgl. Pers. 713).
884. Für die Erklärung vgl. meine Studien S. 8.
893. Vielleicht ist für χερνῆταν ἐρασσεύσαι γάμων zu lesen χερνήταν γε μνηστεύσαι γάμον (μν macht bei Aesch. öfters keine Position).
894. Weil, welcher V. 887 ἦν beibehält, μήποτί τοί μ'.
898. Die Erklärung von Doederlein (zu Soph. O. C. 563) virginitas mortalium connubium detrectans zurückweisend gibt Hermann die

Erklärung virginitas non amans alicuius mariti i. e. expers conuubii. Die richtige Erklärung hat Schütz gegeben.

901 ff. Elmsley und Hermann wollen antistrophische Responsion herstellen: vgl. zu V. 425. Hermann ἐμοὶ δέ γ' ὅτι (ὅτε für ὅτι Pauw) μὲν ὁμαλὸς ὁ γάμος, ἄφοβος, οὐδὲ δίδια. Schoemann betrachtet mit Recht οὐ δίδια als Glossem von ἄφοβος u. vermuthet ἐμοὶ δὲ τίμιος ὁμαλὸς γάμος. Dindorf ἐμοὶ δ' ἔτι μὲν ὁμαλὸς ἄγαμος ὁ βίος ἐν πατρὸς δόμοις, Weil ἐμοὶ δ' εἴη μὲν ὁμαλὸς ὁ γάμος ἄφοβος, εὔδιος. Ich habe δοτιμενομαλός in δὲ τιόμενος ὁμαλός geändert. — Im Folgenden lassen Musgrave u. Blomfield θεῶν, Schütz u. Dindorf ἔρως (κρεισσόνων ἐμοῦ θεῶν ἄφυκτον) weg. — Dindorf ἀπολέμιστος u. γενοίμαν· Διός. — Weil hat mit Meineke (Philol. XIX 232, zurückgenommen ebd. S. 704) τί ἄν γενοίμαν geschrieben. Der Hiatus τί ἄν kommt nur der Komödie zu (bei Aeschylus bloss τί οὖν).

307 f. Gegen αὐθάδη φρονῶν u. τοῖον wie andere ll. bieten hat Hermann mit Recht die Lesart des Med. festgehalten.

917. Porson τινάσσων χειρὶ πυρπνόον βέλος, Weil τινάσσων πυρπνόον χεροῖν βέλος. S. oben.

923. Blomfield βροντᾶς, Weil ὑπερφέροντα.

942. Nauck Bulletin de l'Acad. de St.-Pétersb. 1863 S. 35 τὸν Διὸς λάτριν.

945. Für πορόντα hat es vielleicht προδόντα (V. 38) geheissen.

948. Dindorf 'fortasse οὔ τ' ut 966'. — Der Gedanke des blossen κομπεῖν verlangt ἐκπίπτοι für ἐκπίπτει.

965. Med. καθώρισας, ε von der gleichen Hand in ο verwandelt: Hermann κατούρισας, was hier nicht geeignet ist. Die Endung οσας könnte vielmehr auf καθήρμοσας, dieses auf καθήρμασας bringen, da auch sonst καθηρμόσθαι und καθηρμάσθαι verwechselt werden. Zu καθήρμασας ('hast dich festgefahren') vgl. Hesych. ἑρμάζει· στηρίζει, ἥρμασεν· ὠχύρωσεν, Ag. 1005 ἔπαισεν ἄφαντον ἕρμα.

968—970 sind in den ll. noch dem Prometheus gegeben. Die richtige Ordnung hat Erfurdt hergestellt. Dindorf, welcher die handschriftliche Ordnung beibehält, will V. 970 mit Kiehl streichen. O. Ribbeck hält 968—970 für unecht. Mit Recht hat Keck Jahrb. f. Philol. 81, 840 vor V. 970 eine Lücke angenommen.

974. Valckenaer (zu Eur. Phoen. 632) aus einer geringeren H. συμφοράς (vgl. Soph. O. R. 645, Thuc. VI 28). Den Dativ erklärt Hermann propter casus tuos u. rechtfertigt Weil mit Cho. 81.

980. Für Προμ. ὤμοι. Ἑρμ. τόδε Ζεύς haben Lachmann (de chor. syst. p. 124), Meineke, R. Schneider Προμ. ὤμοι, Ἑρμ. ὤμοι, τόδε Ζεύς corrigiert, weil elue Antilabe bei Aeschylus nur hier vorkommt. Nur ist ὤμοι, τόδε zu schreiben. Vgl. meine Studien S. 46. — Die herkömmliche Auffassung von τόδε Ζεύς τοῦπος οὐκ ἐπίσταται ist durch den Zusammenhang nicht begründet.

985. Blomfield 'imo certe, Iori adeo sum obstrictus, ut gratiam ei rependam'. Schömann 'fürwahr, ich zollt' ihm damit wohl verdienten

Anhang.

Dank'. Droysen 'wohl gar ein Schuldner soll ich vergelten seine Lieb'?' Hartung 'und wär es doch wohl schuldig für erwiesne Gunst'. Diese Auffassungen sind verfehlt.
966. Hermann ὥστε παιδά με (vgl. Helmsoeth Indir. Ueberl. S. 15).
1001. Vgl. Valckenaer zu Eur. Hipp. 305, Elmsley zu Soph. O. R. 445, M. Haupt a. O. S. 6.
1002. Med. μηπώθ', worin α von derselben Hand aus ω oder υ gemacht ist: dies legt die Vermuthung nahe, dass es ursprünglich εἰσελ-θέτω μὴ νυτθά σ' ὡς (vgl. Pers. 565) geheissen habe.
1010. Das handschriftliche βιάζει ist hier in ungewöhnlicher Weise gebraucht: ich habe dafür λιάζει geschrieben. Vgl. meine Studien S. 48.
1013. Gegen die gewöhnlich aufgenommene Aenderung von Stanley μεῖον nimmt Halm (lectt. Aesch. p. 9) das überlieferte μεῖζον in Schutz. Vgl. auch Schoemann Mantissa an. opusc. III p. 87.
1021. Reisig δ' ἔτι, Hermann δί σοι.
1022 f. Brunck, Dindorf mit einer geringeren II. ἀετός: vgl. meine curae epigr. p. 63. — Helmsoeth Wiederh. S. 430 σώματος μελάνδρυον, Weil σώματος κύτος μέγα.
1031. Med. εἰρημμένος (εἰ von erster Hand aus einem anderen Buchstaben gemacht). Gewöhnlich wird aus anderen II. εἰρημένος aufgenommen. Hartung ἐτήτυμος, Wieseler ἐρρωμένος. — Ich habe εἱμαρμένος, geschrieben. Vgl. Studien S. 49.
1034 f. Helmsoeth Kr. Stud. S. 247 φρόντιζε μὴ δυσβουλίαν φρονήσεως ἀμείνον' ἡγήσῃ ποτέ. Weil nimmt zwischen ἡγήσῃ und ποτε eine Lücke an, weil ποτέ keinen Sinn habe. S. oben.
1037 ff. Schütz betrachtet die Worte ἄνωγε .. πιθοῦ als Interpolation u. Hermann wie Bernhardy Gr. Lit. II 2 S. 255 sind geneigt beizustimmen. Vgl. dagegen oben zu V. 196.
1040. Dass die folgenden anapästischen Systeme in antithetischer Weise sich entsprechen, hat Hermann El. d. metr. p. 784 bemerkt.
1048 f. Schütz κῦμα δὲ πόντον. Besser lässt Weil im flg. V. τ' nach οὐρανίων weg.
1052. Hermann 'praeferenda videtur apud Aeschylum antiquior forma στεραῖς, qua versu quoque 174. usus est'.
1056. Für μὴ παραπαίειν habe ich μὴ οὐ παραπαίειν für nöthig erachtet. S. oben u. V. 627, wo auch οὐ im Med. ursprünglich weggelassen war.
1057. Porson εἰ μηδ' ἀευχῶν τι, Wellauer εἰ τῇδε τύχῃ τί χ-, Dindorf ἡ τοῦδε τύχη; τί χαλᾷ, Hermann εἰ γ' οὐδ' εὐχῇ τι χ., Helmsoeth Wiederh. S. 216 εἰ δ' εὖ τὰ τύχῃ, τί χ.
1068. Bothe τοὺς γὰρ προδότας.
1081. Hartung glaubt, dass nach σεσάλευται zwei Anapäste ausgefallen seien, vgl. zu V. 1090. Die Dipodie entspricht der Tetrapodie wie Sept. 1000. 1075, vgl. Westphal, Gr. M. 2. Aufl. S. 177, meine Studien S. 70.

1087. Wegen der contrahierten Form und der Verlängerung der mittleren Silbe von ἀντίπνουν will Kiehl (p. 79) πάντων ἀποδεικνύμενα στάσιν ἀντίπνοον schreiben, Dindorf ἀποδεικνύμενα einfach weglassen oder als Glossem für ein anderes Wort betrachten (Well ἀντίπνοον στασιαζόμενα). Wieseler u. Meineke ἀντιόπνουν (vgl. Hesych. ἀντιόφρων· ἐναντίον φρονῶν und ἀντιοσταεῖν) oder ἀντιόπουν. S. oben.

1090. Um dieses System dem entsprechenden vollkommen gleich zu machen, fügt Hermann ὦ Θέμις, ὦ Γῆ vor ὦ μητρός ein. S. zu V. 1081. — Eine abweichende Erklärung gibt Keck Jahrb. f. Philol. 81, 485 (nicht Mutter u. Aether, sondern der Aether allein als seiner Mutter Lust werde angerufen).

Zu den Fragmenten des *Προμηθεὺς λυόμενος*.

II. Für χαλκοκέραυνον vermuthet Hermann χαλκομάραυγον, Bothe χιλιόκρουνον, Wieseler (observ. in Theogon. Hesiod. p. 10) εἰλικόκρουνόν τι παρ' Ὠκεανοῦ, Well χαλκοστέροπον (vgl χαλκοῦ στεροπήν II. 11, 83): χαλκοκέραυνον bedeutet dasselbe wie χαλκοστέροπον; s. oben.

VI. Hermann ποῦ τό, Helmsoeth (de interpol. comm. alt. p. IX) κλῶθι für τοῦτο: s. oben.

VII. ἥξεις für ἥξει Stanley. Meineke ἵξει. — βροτῶν ist von Hermann ergänzt.

X. V. 6. Meineke σε für σ' ἱ. — V. 7. ὑπερσχών für ὑποσχών Casaubonus. — V. 8. σὺ βαλών für συμβαλών Salmasius. — V. 9. διώσεις Leopardus, διώσει Dobree für δρώσει.

c. Metra.

Molische Parodos.

Erste Strophe V. 128—135 = 144—151.

```
– – ⏑ ⊥ – –– ⊥ – – – ⊥ –
          ⏑ ⊥ – – – ⏑ ⊥ –
          – ⊥ – – ⏑ ⊥ ⏑ – – ∧                130, 146
⏑ ⊥ – – – ⊥
– –– ⊥ –– – ⊥ –
⏑ ⊥ – ⊥ – –– ⊥ ⏑ – ⏑ – ⊥ –
– ⊥ ⏑ – – ⏑ ⊥
– –– – ⏑ ⊥ –
⏑ – ⏑ ⊥ ⏑ –– – ⏑ ⊥ –                        135, 151
```

Zweite Strophe V. 159—166 = 178—185.

```
⏑ ⊥ ⏑ – – – ⏑‾ –
⏑ ⊥ ⏑ ⏑ – ⏑ ⏑ ⏑ –                           160, 179
```

⏑ ⏓ ⏑ _ ⏑ _ ⏑ _
⏑ ⏓ ⏑ ⏑⏑ ⏑⏑ ⏑ ⏑⏑ ⏑ _ ⏑ _
⏑ ⏓ ⏑ _ ⏑ _ ⏑ _ (nach V. 182)
⏓ ⏑⏑ _ ⏑⏑ _
⏓ ⏑ _ ⏑ _ ⏓ ⏑⏑ _ ⏑⏑ _ ⏑⏑   165, 184
⏓ ⏑⏑ _ ⏑⏑ _ ⏑⏑ ⏓ ⏑⏑ _ ⏑ _ _

Erstes Stasimon.
Erste Strophe V. 307—405 = 406—414.
⏑ _ ⏑ ⏓ _ ⏑⏑ ⏓ ⏑ _ ⏑ ⏓ _
⏑⏑ ⏓ _ ⏑⏑ ⏓ _ ⏑⏑ ⏓ _
⏑⏑ ⏓ _ _ ⏑ ⏓ _ ⋏   400, 400
⏑⏑ ⏓ ⏑ _ _ ⏑ ⏓ _
⏑⏑ ⏓ ⏑ _ _ ⏑ ⏓ _
⏑⏑ ⏓ ⏑ _ _ ⏑ ⏓ _
⏑⏑ ⏓ ⏑ _ _ ⏑ ⏓ _
⏑⏑ ⏓ ⋈ _ _ ⏑ ⏓ _   405, 411

Zweite Strophe V. 415—419 = 420—424.
⏓ ⏑ _ _ ⏑ _ ⏑ _ ⋈   415, 420
⏓ ⏑ _ _ ⏑ _ ⏑ _ ⋈
⏓ ⏑ _ _ ⏑ _ ⏑ _ _
⏓ ⏑ _ ⏑⏑ _ _ ⏑ _
⏓ ⏑⏑ _ ⏑ _ _

Epodos V. 425—435.
⏑ ⏓ _   ⏓ ⏑ _ _ ⏑ _   425
⏑ ⏓ ⏑ _ _ ⏓ ⏑⏑ _ ⏑ ⏑ _
⋈ ⏓ ⏑ ⏑⏑ _ ⏑ _ ⏑ _ ⋈
⏓ ⏑⏑ _ ⏑⏑ _ ⏓ ⏑ _ ⏑ _ ⏑ _ _   430
⏑ ⏓ ⏑ _ ⏑ _ ⏑ _
⏓ ⏑ _ ⏑ _ ⏑ _
⏑ ⏓ ⏑ ⏑⏑ ⏑ ⏑⏑ _ _ ⏑ _ _
⏓ ⏑⏑ _ ⏑⏑ _ ⏑ ⏓ ⏑ _ ⏑ _ _   435

Zweites Stasimon.
Erste Strophe V. 526—535 = 536—544.
⏓ ⏑⏑ _ ⏑⏑ _
⏓ ⏑ _ _ ⏓ ⏑⏑ _ ⏑⏑ _ _
⏓ ⏑ _ _ ⏓ ⏑⏑ _ ⏑⏑ _ _ ⏓ ⏑⏑ _ ⏑⏑ _   530, 540
⏓ ⏑ _ ⋈ ⏓ ⏑⏑ _ ⏑⏑ _ _ ⏓ ⏑ _
⏓ ⏑⏑ _ ⏑⏑ _
⏓ ⏑ _ ⋈ _ ⏑ _ _ ⏓ ⏑ _ ⏑ _ _

Zweite Strophe V. 545—552 = 553—560.
⏑⏑ ⏓ ⏑⏑ _ ⏑⏑ _ ⏑⏑ ⏓ ⏑ _ _ ⏑ _ .
⏑⏑ ⏓ ⏑⏑ _ ⏑ _ ⏑ ⏓ ⏑ _ _
⏑⏑ ⏓ ⏑⏑ _ _ _ ⋈

Anhang.

⏑́ ⏑ – – – – –
⏑ ⏑́ – – ⏑ ⏑́ ⏑ ⏑ – – –   550, 558
⏑́ ⏑ – ⏑ ⏑ – – ⏑́ ⏑ – – ⏑ ⏑ – –

Monodie der Io.
Proodos V. 566—573.

– ⏑́
⏓ ⏑́ ⏑ – – ⏑ – ⏑ – ⏓
⏓ ⏑́ ⏑ – – – ⏑ –
⏑ ⏑́ – –
⏓ ⏑́ ⏑ – ⏑ – ⏑ – ⏑ – ⏓
⏑ ⏑́ – ⏑ –   ⏑ ⏑́ ⏑ ⏑ –   570
⏑ ⏑́ ⏑ – ⏑ – ⏑ – ⏑ ⏑ – ⏓
– ⏑́ ⏑ – ⏑ – ⏓
– ⏑́ ⏑ ⏑ –   ⏑ ⏑́ – ⏑ –
⏑ ⏑́ ⏑ ⏑ –   ⏑ ⏑́ – ⏑ –

Strophe V. 574—588 = 593—600.

⏑ ⏑́ – – ⏑ – ⏑́ ⏑ ⏑ –
⏑́ ⏑ –   ⏑ ⏑́ ⏑ – ⏑ –   575, 594
⏑ ⏑́ ⏑ – ⏑ – ⏑́ ⏑ – ⏑́ ⏑ –
⏓ ⏑́ ⏑ – ⏑ –
⏑ ⏑́ ⏑ – ⏑ ⏑ ⏑́ ⏑ ⏑ ⏑
⏑́ ⏑ – ⏑́ ⏑ – ⏑́ ⏑ – ⏑́ ⏑ –
– ⏑́ ⏑ – ⏑ –
⏓ ⏑́ ⏑ – – ⏑ ⏑ ⏑ – –   580, 600
⏑ ⏑́ ⏑ – ⏑ – –
⏑ ⏑́ ⏑ ⏑ – ⏑ ⏑́ ⏑ – ⏑ – ⏑́ ⏑ –
⏑ ⏑́ ⏑ – ⏑ –
– ⏑ ⏑́ ⏑ ⏑ –
– ⏑ ⏑́ ⏑ –
⏓ ⏑́ ⏑ ⏑ ⏑ ⏑ – ⏑ –   585, 605
⏑ ⏑́ ⏑ – ⏑ ⏑́ ⏑ – – ⏑ – –
⏑́ ⏑ – ⏑ – –
⏑ ⏑́ – ⏑ – ⏑́ ⏑ – ⏑́ ⏑ –

Mesodikon.
V. 587—595.

⏑́ ⏑ – ⏑́ ⏑ –
⏑́ ⏑ – ⏑́ ⏑ – ⏑́ ⏑ –
⏑ ⏑́ ⏑ ⏑ – ⏑́ ⏑ – ⏑ –
⏓ ⏑́ ⏑ ⏑ – ⏑ – ⏑ ⏑ ⏓
⏑́ ⏑ ⏑ – ⏑ ⏑ – ⏑ ⏑ –
⏑́ ⏑ – – – – –
⏑́ ⏑ – ⏑́ ⏑ – ⏓
⏑ – ⏑́ ⏑ – ⏑ – – –

Anhang.

Drittes Stasimon.

Strophe V. 887—893 = 894—900.

```
́ ∪ _ ∪ ∪ _
́ ∪ _ _ ́ ∪ ∪ _ ∪ ∪ _ _ ́ ∪ ∪ _ ∪ ∪ _ ⨳
́ ∪ _ _ ́ ∪ ∪ _ ∪ ∪ _ _ ́ ∪ _                    890, 897
_ ́ ∪ _ _ ́ ∪ ∪ _ ∪ ∪ _
́ ∪ _ _ ́ ∪ ∪ _ ∪ ∪ _
́ ∪ _ _ ́ ∪ _ _ ́ ∪ _
```

Epodos V. 901—906.

```
∪ ́ ∪ ∪ ∪ ∪ ∪ _ ∪ ∪ ∪ _ _
́ ∪ _ _ ∪ _ ∪ _
∪ ́ ∪ _ ∪ _ _ ∪ _ ⨳
∪ ́ ∪ _ ∪ ∪ ∪ _ ∪ ∪ ∪ ∪ _ ∪ ⨳
́ ∪ _ ∪ _ _ ∪ _ _
́ ∪ _ ∪ _ ∪ _
́ ∪ _ _ ∪ _ _
```

Druckfehler:

In der Anmerkung zu V. 86 S. 36 Z. 5 lies:
προμαθὶς für προμαθὶς.

www.ingramcontent.com/pod-product-compliance
Lightning Source LLC
Chambersburg PA
CBHW022125160426
43197CB00009B/1161